Kohlhammer

Der Autor

Klaus Werner studierte in Köln Kunstpädagogik, Kunsttherapie und Gehörlosenpädagogik und absolvierte das Referendariat in Bielefeld. Ab 1994 war er Förderschullehrer in Bad Camberg, Hessen, Schwerpunkt Hören und Kommunikation. Seit 2006 lehrt er am Institut für Kunstpädagogik, JLU-Gießen. Dort betreut er Schulpraktika, kunstpraktische Seminare in Zeichnen, Druckgrafik und Malerei sowie kunstdidaktische Seminare, u.a. mit den Schwerpunkten *Improvisation/performative Methoden und künstlerisches Arbeiten*, sowie Kunstpädagogik der Grundschule, Förderschule, Sek. I und Sek. II. Er ist selbst im Bereich Malerei künstlerisch tätig.

Klaus Werner

In den Kunstunterricht einsteigen

Grundlagen und Übungen für Universität, Referendariat und Weiterbildung

Verlag W. Kohlhammer

Für Tine, Romy und Tilda

Dieses Werk einschließlich aller seiner Teile ist urheberrechtlich geschützt. Jede Verwendung außerhalb der engen Grenzen des Urheberrechts ist ohne Zustimmung des Verlags unzulässig und strafbar. Das gilt insbesondere für Vervielfältigungen, Übersetzungen, Mikroverfilmungen und für die Einspeicherung und Verarbeitung in elektronischen Systemen.

Die Wiedergabe von Warenbezeichnungen, Handelsnamen und sonstigen Kennzeichen in diesem Buch berechtigt nicht zu der Annahme, dass diese von jedermann frei benutzt werden dürfen. Vielmehr kann es sich auch dann um eingetragene Warenzeichen oder sonstige geschützte Kennzeichen handeln, wenn sie nicht eigens als solche gekennzeichnet sind.

Es konnten nicht alle Rechtsinhaber von Abbildungen ermittelt werden. Sollte dem Verlag gegenüber der Nachweis der Rechtsinhaberschaft geführt werden, wird das branchenübliche Honorar nachträglich gezahlt.

Dieses Werk enthält Hinweise/Links zu externen Websites Dritter, auf deren Inhalt der Verlag keinen Einfluss hat und die der Haftung der jeweiligen Seitenanbieter oder -betreiber unterliegen. Zum Zeitpunkt der Verlinkung wurden die externen Websites auf mögliche Rechtsverstöße überprüft und dabei keine Rechtsverletzung festgestellt. Ohne konkrete Hinweise auf eine solche Rechtsverletzung ist eine permanente inhaltliche Kontrolle der verlinkten Seiten nicht zumutbar. Sollten jedoch Rechtsverletzungen bekannt werden, werden die betroffenen externen Links soweit möglich unverzüglich entfernt.

1. Auflage 2024

Alle Rechte vorbehalten
© W. Kohlhammer GmbH, Stuttgart
Gesamtherstellung: W. Kohlhammer GmbH, Stuttgart

Print:
ISBN 978-3-17-043618-3

E-Book-Formate:
pdf: ISBN 978-3-17-043619-0
epub: ISBN 978-3-17-043620-6

Inhalt

Einleitung		9
I	**Kunst und ihre Vermittlung – Grundlagen**	
1	**Was brauchen Anfänger*innen?**	17
	1.1 Der Didaktische Kreis – ein einfaches Planungs- und Reflexionsmodell	17
	1.2 Das Bewusstsein für die eigene Ausgangsposition des Nachdenkens	18
	1.3 Ermutigung, aktiv die Rolle des bzw. der Lehrer*in einzunehmen	18
	1.4 Freiräume des Ausprobierens	19
2	**Der Didaktische Kreis – zur Einführung**	21
3	**Kunst und Klientel – die Schüler*innen und die Kunst**	23
4	**Zum künstlerischen Prozess: Subjekt und erweitertes Subjekt**	26
	4.1 Ein Beispiel: Eleanor Rigby	29
	4.2 Eine Beobachtung aus der Schule	32
5	**Zu den subjektiven und allgemeinen Anteilen im Künstlerischen**	33
	5.1 Kunst und Kunstdidaktik: Ist Kunst lehrbar?	35
	5.2 Kunst und Bildung im Generationswechsel – Enkulturation als Neukonstruktion	38
	5.3 Pädagogische Konsequenz: Induktion statt Deduktion	41
	5.4 Warum das alles?	45
6	**Elemente des Didaktischen Kreises für Einsteiger*innen**	46
	6.1 Die Schüler*innen	46
	6.2 Die Kunst	47
	6.3 Didaktik	48
	6.4 Methodik – Projekt im Praktikum?	50

	6.5	Einleitung des Übungsteils – ein Blick auf das Ganze	51

II Kunstpädagogik zwischen Lenkung und Offenheit – Übungsteil

7	**Didaktik – im Spannungsfeld von Schüler*innen und Kunst**		**57**
	7.1	Der künstlerische Prozess und die Pädagogik	59
	7.2	Der Didaktische Kreis	63
	7.3	Unterrichtsideen sortieren, verschriftlichen, prüfen	75
	7.4	Die Schüler*innen und ihre Entwicklung	82
	7.5	Ziele in der Kunstpädagogik	83
8	**Methodik**		**102**
	8.1	Der größere Rahmen	102
	8.2	Aufgaben in der Kunstpädagogik	103
	8.3	Methodische Entscheidungen – Unterrichtsphasen abwechslungsreich gestalten	110
9	**Kunstbereiche und ihre Bildungspotenziale – didaktisch-methodische Felder der Kunstpädagogik**		**113**
	9.1	Kunst als Inhalt-Form-Verschränkung	114
	9.2	Inhalt und Thema als Sinnstiftung für das künstlerische Denken	116
	9.3	Formales-sprachfernes Denken im Zentrum des künstlerischen Prozesses	120
	9.4	Gegenständliche (Mimesis) versus ungegenständliche Kunst (Konstruktion) als pädagogisches Problem	123
	9.5	Kunstrezeption	128
	9.6	Aneignen, interpretieren, transformieren – Kunstrezeption gestaltungspraktisch und bildkompetent	130
	9.7	Kreativitätsförderung als übergreifendes Prinzip	134
	9.8	Performative Methoden – Körperlichkeit und Bewegung als Sinnstiftung	136
	9.9	Räume gestalten – Rauminstallation	140
	9.10	Konzeptkunst	143
	9.11	Der Fördergedanke in der Kunstpädagogik – die personale Entwicklung im Fokus	144
	9.12	Werken	155
	9.13	Keine Kunstpädagogik	155
10	**Interaktive Übungen mit der Gruppe**		**156**
	10.1	Übung 34 – Unterrichtssimulation (ca. 120 Min.)	156
	10.2	Übung 35 – Klassengespräch anhand einer Bildbetrachtung	159
11	**Reflektieren, bewerten und benoten**		**163**

12	Unterrichtsbesuch	167
13	Nachbereitungsseminar – kompakt an 2 Tagen	170
	13.1 Tag 1	171
	13.2 Nachbereitung – Tag 2: Kooperative Beratung (KB)	176
14	Einen Praktikumsbericht verfassen	189

Anhang

Zusatzmaterial zum Download 201

Literatur 202

Einleitung

Die Kunst und damit auch die Kunstpädagogik stehen in einem widersprüchlichen und auf weiten Strecken auch verunsichernden Spannungsfeld. »Diese Spannungen sind in der Existenz des Menschen begründet – in seiner Lust am Schöpferischen einerseits, in seiner Liebe zur Ordnung und Vernunft andererseits; wesensmäßig sucht er das Unabsehbare wie das Übersehbare« (Schmoll, gen. Eisenwerth, 1961, S. 634). Die Suche nach Regeln in der Kunst und gleichzeitig nach künstlerischen Freiheiten und das Bestreben, die gefundene Regeln zu durchbrechen und zu erweitern, führen zu einer janusköpfigen Ausgangslage für den Kunstunterricht: Wann gewähre ich als Pädagog*in Freiheiten oder erwarte sogar einen freien Umgang mit einer Aufgabenstellung von den Schüler*innen? Wann überfordern diese Freiheiten die Schüler*innen womöglich und wann ist daher die Vermittlung von Regelwissen angezeigt?

Dieses Buch wendet sich an Erwachsenenbildner*innen sowie Lernende in erster und zweiter Phase der Lehrer*innenausbildung sowie im Fortbildungszusammenhang gleichermaßen. Studierende der Kunstpädagogik, Referendar*innen oder Kunstpädagog*innen in außerschulischen Arbeitsbereichen finden in den Texten und Übungen konkrete Handreichungen, um eigene Unterrichtsvorhaben im Selbststudium zu planen und zu reflektieren. Lehrende, sei es an der Universität, im Referendariat oder in Fort- und Weiterbildung, finden Möglichkeiten, ihre Seminargestaltung auszudifferenzieren. Die Materialien eignen sich für Lehrangebote verschiedenster Art, vom Universitätsseminar bis zu kollegialen Fortbildungen etwa für fachfremd unterrichtende Kolleg*innen, ob als Workshop an einem Tag oder am Wochenende oder als vielwöchiges Angebot, das 30–40 Stunden und mehr umfasst. Auch Kunstpädagog*innen, die in außerschulischen Einrichtungen in öffentlicher oder freier Trägerschaft arbeiten, können sich mit den Angeboten gegenseitig fortbilden oder Anregungen für die eigene Arbeit finden. Es ist dann jeweils zu entscheiden, welche Lektionen ausgewählt werden und ob ein Unterrichtsbesuch oder ein Praktikumsbericht für das Fortbildungskonzept relevant ist.

Die Übungen sind über 15 Jahre im Zusammenhang mit den Universitätsseminaren zum *Schulpraktikum Kunst* gewachsen: Vorbereitungsseminar, Durchführung mit Unterrichtsbesuch und Nachbereitungsseminar als Kompaktveranstaltung am Wochenende. Insofern kann ich wirklich von *Lernen durch Lehren* sprechen, denn durch die Fragen und Diskussionen mit den Studierenden, die in den Veranstaltungen auftauchten, hatte ich immer wieder neu Anlass, Lehrinhalte zu überdenken und geeignete Übungen weiterzuentwickeln. Dieser Prozess ist mit diesem Buch nicht abgeschlossen, es handelt sich also gewissermaßen um einen Zwischenbericht.

Die Tatsache, dass in einer konkreten Lehrsituation, ob in der Schule oder außerschulisch, die Grundproblematiken eines Inhalts besonders deutlich werden, ist auch der Grund, weshalb das *Schulpraktikum Kunst* eine so wesentliche Schnittstelle im Studium darstellt. Es verbindet die bis dahin erarbeitete didaktische Theorie und den künstlerischen Entwicklungsstand der Seminarteilnehmer*innen mit der aktiven und konkreten Unterrichtspraxis in der Schule. Nach der Praktikumserfahrung können die angehenden Kunstlehrer*innen andere Fragen an das Studium oder die Ausbildung stellen, denn ihre Problemsensitivität ist nun erheblich geschärft. Die Teilnehmer*innen verlassen die Beobachterrolle der Hospitant*innen und betreten die Bühne der aktiv Unterrichtenden, was qualitativ etwas ganz Anderes ist. Vielleicht konnten sie sich schon in einem anderen Praktikum erproben und dabei erste Erfahrungen sammeln, doch nun kommt der Anspruch hinzu, vorausschauender und komplexer als bisher den Kunstunterricht zu planen. Dabei ahmen einige ansatzweise den Kunstunterricht nach, den sie selbst erlebt haben, weil er für die eigene Schüler*innenbiografie so prägend war (vgl. Wahl, 2006, S. 13). Das kommt sogar dann vor, wenn sie diesen bei näherer Betrachtung selbst durchaus kritisch beurteilen würden. Den anderen fällt es schwer, überhaupt als Unterrichtende zu handeln, weil sie ausgesprochen selbstkritisch sind und jeden Schritt, jede Entscheidung zunächst durchdenken möchten. Das schränkt ihre Handlungsfähigkeit stark ein. Sie sind sich ihrer Wirkungsmächtigkeit bewusst, überschätzen diese möglicherweise sogar, sind ausgesprochen vorsichtig und möchten die Schüler*innen nicht einschränken. Beide Gruppen müssen sich behutsam in Richtung des anderen Pols bewegen: Die erste Gruppe wird im Seminar dazu angehalten, das zu problematisieren und zu reflektieren, was sie für »normal« oder selbstverständlich halten. Die anderen werden ermutigt, bewusst Entscheidungen zu treffen, Aufgaben zu stellen und im Unterricht die Aktivitäten der Schüler*innen zu lenken – selbstverständlich immer didaktisch-methodisch reflektiert.

In der Seminararbeit ist es wesentlich, die Übungen mit der Fachtheorie zu verknüpfen, damit Theorie und Praxis nicht parallel nebeneinander existieren, ohne miteinander zu kommunizieren. Noch immer bringt das Auseinanderklaffen von Theorie und Praxis bei Studierenden zwei Haltungen hervor: 1) *An der Universität wird (zu) viel Theorie erörtert, die man nicht anwenden kann, jetzt kommt die Praxis und die funktioniert nach eigenen Gesetzen. Endlich Praxis, endlich keine Theorie mehr* (vgl. dazu Wahl, 2006, S. 12) oder: 2) *Die Theorie hat Spaß gemacht, war interessant und positiv herausfordernd, die Praxis aber ist zu banal und kann meinen Idealen nicht entsprechen, ich entferne mich von ihr.* Beide Positionen bleiben unbefriedigend, weil sie die Herausforderung nicht annehmen, Theorie und Praxis zu verschränken. Wenn ich die Entwicklung der jüngeren Vergangenheit richtig einschätze, findet eine Bewegung aufeinander zu statt: Die Universitäten bemühen sich um eine verstärkte Theorie-Praxis-Verschränkung schon in der ersten Phase der Lehrer*innenausbildung und die Ausbilder*innen im Referendariat sind bestrebt, die Theorie differenzierter einzubinden, und wenden sich gegen das »Rezepthandeln« (vgl. Schoppe, 2019, S. 27 f.). Diethelm Wahl konstatiert dennoch, dass es die erworbenen Wissensbestände aus der ersten und zweiten Ausbildungsphase kaum »vermögen, das Planungshandeln von Lehrerinnen und Lehrern nachhaltig zu beeinflussen« (2006, S 12). »Lernziele werden nicht reflektiert. Methodische Aspekte bis hin zu Differenzierung oder Individualisierung treten in den Hintergrund« (Haas, zitiert nach Wahl, ebd.). Diese Tatsache hat viele Ursachen. Eine könnte sein, dass an Universitäten zu wenig konkret geübt wird. In der zweiten Ausbildungsphase ist dann der Notendruck schon so stark, dass Experimentierfelder kaum noch Platz haben. Dieses Buch bietet Übungen an, die konkret in Unterrichtsplanungen und Erprobungen hineinführen. In den Lektionen sollen freie und gerne auch kontroverse Diskussionen unter Anbindung an die fachdidaktische Theorie angeregt werden. Das Buch soll den Einsteiger*innen helfen, sich in theoriegeleiteten Übungen mit Feedback zu erproben, ohne immer direkt benotet zu werden. Hierzu sind Übungen beschrieben, die auch die persönliche Verbindung zur Berufswahl, den aktuellen Standpunkt beleuchten und das vertiefte Nachdenken über die eigene Lehrer*innenrolle fördern können. Dieses Kompendium möchte einen Beitrag dazu leisten, mit Lernenden, die das Unterrichten beginnen, die ersten Schritte des Durchdenkens und Erprobens gemeinsam zu gehen.

Die Praktikumserfahrung hat noch eine andere wichtige Funktion, die mitunter schmerzhaft ist: Es geht für die Teilnehmer*innen darum herauszufinden, ob der Lehrer*innenberuf die richtige Entscheidung für das eigene Leben ist. Die Seminarleiter*innen müssen diese Frage spätestens in der Nachbereitung offen ansprechen. Dies löst mitunter Ängste und Widerstände aus, daher sollte das Angebot von Einzelgesprächen hinzukommen. Lehrer*in sein heißt, Freude am Wechsel der Blickrichtung zwischen Schüler*innen und Unterrichtsinhalten zu haben. Es bedeutet, sich in die Ebene, auf der sich die Schüler*innen bewegen, ohne »Wenn und Aber« einzudenken und einzufühlen, um dann wieder gedanklich zum Unterrichtinhalt zu wechseln und diesen mit den Schüler*innen zu verbinden. Wenn dieses »Pendeln« als sehr anstrengend erlebt wird oder gar nicht stattfindet, sollte der Berufswunsch überdacht werden, denn es macht den Kern einer erfolgreichen Lehrtätigkeit aus. Die Erkenntnis, besser auszusteigen, ist ein wichtiger persönlicher Schritt, der aber meistens als persönliches Versagen erlebt wird. Diesen Prozess konstruktiv zu begleiten und zu unterstützen, ist eine wichtige Aufgabe der Seminarleitung.

Das Buch gliedert sich in zwei Teile.

I Kunst und ihre Vermittlung – Grundlagen

Grundhaltungen zum *Kunstverständnis* und zur *Unterrichtsstruktur* wirken sich konkret auf den täglichen Unterricht aus und müssen thematisiert werden, bevor man in eine Unterrichtsplanung einsteigt. Daher ist es notwendig, einige theoretische Überlegungen den Übungen in Teil II voranzustellen.

Zu Beginn wird ein einfaches Modell zur Planung von Kunstunterricht vorgestellt, in dem wesentliche Aspekte einer Unterrichtsplanung in ihren Interdependenzen zusammengedacht werden: Die Schüler*innen, die Kunst, die Didaktik und Methodik. Ich nenne es den *Didaktischen Kreis*. Weiter wird der Frage nachgegangen, was einen *künstlerischen Prozess* auszeichnet, welche Strukturelemente er aufweist und welche Konsequenzen dies für die Kunstpädagogik hat. In dem Zusammenhang wird gefragt, ob Kunst überhaupt lehrbar ist und welche Bedingungen erfüllt sein müssen, um künstlerische Prozesse in einen Unterrichtszusammenhang zu bringen. Dabei geht es um die *allgemeinen und subjektiven* Anteile der Kunst, um ihre *Regeln und deren Durchbrechung im Generationswechsel.* Der künstlerische Prozess der Schüler*innen ist von Subjektivität geprägt, obwohl er ebenfalls Allgemeines und Überindividuelles aufnimmt und verarbeitet. Dieser Spannungsbogen muss sich in seiner Widersprüchlichkeit auch auf das Verständnis des Kunstunterrichts auswirken, das heißt, im Kunstunterricht braucht es *Spielräume für subjektives Handeln jenseits der Beliebigkeit.*

Absichten und Ziele: Unterrichten heißt immer *Ziele verfolgen,* aber das Verhältnis der Kunstpädagogik zu ihren Zielen ist von besonderer Art. Die Unterrichtsziele im Kunstunterricht dienen dazu, die Schüler*innen in das künstlerische Denken und Handeln hineinzuführen, sie in einen Such- und Gestaltungsprozess zu schicken, aber nicht, um alles vorzugeben, schon gar nicht die Ergebnisformen eines entstehenden Produkts, im Gegenteil: Sie wollen die *eigenen Wege* der jeweiligen Klientel sinnvoll und vertiefend unterstützen. Im Kunstunterricht geht es nicht in erster Linie um das unkritische Nachvollziehen und »Lernen« von Kunst, sondern um das Einüben eigener Wege unter Einbezug der Kunstgeschichte und ggf. Kunstwissenschaft sowie der aktuellen Kunstlandschaft. Um dies leisten zu können, müssen Kunstpädagog*innen über ausreichend Erfahrung mit eigenen künstlerischen Prozessen verfügen; fehlt diese, sind die Pädagog*innen durch die Versuche und Experimente der Schüler*innen verunsichert und stehen ihnen ratlos gegenüber. Im Theorieteil werden die Unterschiede eines *deduktiven und induktiven kunstdidaktischen Denkens* erläutert, im Übungsteil werden dazu Übungen angeboten. Kunst ist im eigentlichen Sinne nicht lehrbar, aber wir müssen alles tun, um das künstlerische Denken und Handeln zu vermitteln – wie ist mit diesem Dilemma umzugehen?

II Kunstpädagogik zwischen Lenkung und Offenheit – Übungsteil

Leitziel der Kunstpädagogik ist es, die Heranwachsenden zu selbständigem Denken und Handeln im Künstlerischen zu befähigen und letztlich auch frei mit dem Vorhandenen kenntnisreich umzugehen. Wenn kenntnisreiche Freiheit im Künstlerischen das Ziel ist, muss sie auch im didaktisch-methodischen Vorgehen eine Rolle spielen. Weil Schüler*innen aber keine Künstler*innen sind, die ihren Prozess schon vollständig autonom bestimmen und lenken, müssen im Kunstunterricht in der Regel über die Aufgabenstellungen Wege eröffnet, Prozesse angestoßen und auch gelenkt werden. Die Methodik bewegt sich zwischen Lenkung und Offenheit, immer mit dem Ziel, die Selbständigkeit zu erweitern.

Auch das *kunstpädagogische Handeln* muss erlernt werden. Auch hier ist das Ziel, die zukünftigen Lehrer*innen zu einem selbständigen kunst*pädagogischen* Denken und Handeln zu befähigen und nicht nur Vorgaben zu befolgen. Im Übungsteil werden nun zu den verschiedenen Aspekten der Unterrichtsplanung und -reflexion Seminarübungen angeboten. In einem Seminarzusammenhang können wahrscheinlich nicht alle Übungen umgesetzt werden, vielmehr handelt es sich um einen Pool von Übungen, die ausgewählt und miteinander in Verbindung gebracht werden können. Die Übungen stehen daher zwar in einem sinnvollen Aufbau, können aber selbstverständlich je nach Bedarf aus diesem herausgelöst und in einer anderen Abfolge eingesetzt werden. Die Übungen und Theoriegesichtspunkte verstehen sich als Anstoß des Nachdenkens, nicht als Rezepte für einen guten Kunstunterricht. Um Verbindungen und Interdependenzen anzuzeigen, sind Querverweise zu anderen Kapiteln eingefügt. Das Schema des Didaktischen Kreises wird zur Planung von Unterricht und zur Reflexion nach einer Unterrichtshospitation oder im Nachbereitungsseminar genutzt. Immer geht es darum zu verstehen, welches Element gerade reflektiert wird (Klientel, Kunst, Didaktik/Absichten, Methodik), wie die Bausteine der Planung zusammenhängen und sich bedingen. Die Übungen werden durch *Impulstexte, Infoboxen, Schaubilder und einführende Texte* ergänzt und unterstützt, um einen Einstieg in das Denken und Handeln zu erleichtern. In der Regel schließen sich noch *Kommentare* an, um transparent zu machen, welche Absichten mit den Übungen verfolgt werden.

Aufbau der Übungen: Der Übungsteil beginnt mit

- *einem Blick auf das Ganze.* Gegenwärtige und historische Konzeptionen von Kunstunterricht werden auf verschiedene Gesichtspunkte befragt: das *Menschenbild/Schülerbild*, das *Kunstverständnis*, die *Vermittlungsabsichten/Ziele* und die *Methodik* einer Zeit oder eines kunstpädagogischen Konzepts.
- Es schließen sich Übungen zu den *Grundaspekten einer Unterrichtsplanung* an, wie sie im Didaktischen Kreis dargestellt sind. Hier wird von den persönlichen Beziehungen ausgegangen, die die Teilnehmer*innen bereits mit diesen verbinden, als auch nach Perspektiven der Erweiterung und Fortentwicklung gefragt.
- Weitere Übungen thematisieren die *Suche nach eigenen Unterrichtsideen*, deren Verschriftlichung und kritische Befragung.
- Mehrere Übungen sind den *Zielen und Aufgabenstellungen* im Kunstunterricht gewidmet.
- Grundsätzlich fließen in einer kunstpädagogischen Aufgabenstellung alle bisherigen Überlegungen zusammen und konkretisieren sich dort. Bereits an der Struktur einer gestellten Aufgabe können schlüssige oder sich widersprechende Vorannahmen aufgezeigt werden. Im Hintergrund stehende Überlegungen zur Didaktik oder Methodik werden hier deutlich, aber auch logische Brüche, Befürchtungen oder Unsicherheiten. Eine gut gestellte Aufgabe ermöglicht Fortschritte, ohne alles vorzuschreiben. Eine schlecht gestellte Aufgabe lässt die Schüler*innen, ob über- oder unterfordert, auf ihr Handlungsspektrum zurückfallen, auf dem sie sich schon vorher bewegt haben, es kommt aber nichts hinzu. In diesem Zusammenhang tauchen wieder die Begrifflichkeiten des *deduktiven und induktiven kunstpädagogischen Denkens* auf und es werden grundsätzliche Überlegungen zur Struktur von Unterrichtszielen in der Kunstpädagogik bearbeitet.
- In einem weiteren Kapitel werden *wesentliche methodisch-didaktische Felder* von Kunstunterricht dargestellt und in ihrer Struktur beschrieben. Durch Übungen werden diese näher untersucht und ihre Bedeutung für den Unterricht befragt. Die Teilnehmer*innen sollen auf diese Weise ihr eigenes Spektrum an künstlerischen Verfahren und Zugängen erweitern.

- Die Übungen zur *Bildbetrachtung und Unterrichtssimulation* bieten Möglichkeiten, konkrete Unterrichtssituationen in der Gruppe zu erleben, auszuwerten und zu reflektieren.
- Ein weiteres Thema ist das *Reflektieren und Bewerten* im Kunstunterricht. Dies wird in den Seminaren häufig von den Teilnehmer*innen nachgefragt, weil sie die besondere Brisanz der Problematik erkennen und dazu arbeiten möchten.
- Eine wichtige Erfahrung ist der *Unterrichtsbesuch* als Zusammenführung von Planung, Durchführung und Reflexion von Unterrichtsversuchen. In der konkreten Erfahrung samt anschließendem, strukturiertem Beratungsgespräch liegen wesentliche Chancen von Erkenntniszuwachs.
- In der *Nachbereitung des Praktikums* werden erstens die kunstpädagogische Arbeit (Unterrichtsversuche) im engeren Sinne beleuchtet und zweitens die weiteren Eindrücke aus der Schulwirklichkeit, die im Praktikum in ihrer Vielfalt und Komplexität auf die Studierenden eingewirkt haben. Dies geschieht u. a. mit Übungen zur *kooperativen Beratung* nach Wolfgang Mutzeck.
- Am Ende steht ein Vorschlag für die Struktur eines Praktikumsberichts mit einem ausführlich formulierten Unterrichtsentwurf. Beides dient der vertiefenden, schriftlichen Reflexion der Unterrichtsversuche und der gesamten Praktikumserfahrung.

Zur Orientierung im Buch

Erläuterung
Übung
Infobox

I Kunst und ihre Vermittlung – Grundlagen

1 Was brauchen Anfänger*innen?

1.1 Der Didaktische Kreis – ein einfaches Planungs- und Reflexionsmodell

Als Planungs- und Reflexionsmodell bringe ich den Didaktischen Kreis (DK) ein (bei Übung 7, ▶ Abb. 6, siehe *Download*). Das Modell fiel mir während eines Unterrichtsbesuchs ein, zu dem ich eine differenzierte Rückmeldung geben wollte. Die Arbeit mit dem DK soll immer wieder die Interdependenzen der Elemente einer Unterrichtsvorbereitung im Fach Kunst verdeutlichen. Der DK hat seine Rolle in der U-Planung, aber auch bei der Reflexion von U-Versuchen. Beim Einstieg in das kunstpädagogische Denken ist das Modell hilfreich, um die relevanten Aspekte einer Unterrichtsplanung zusammenführen, Einseitigkeiten zu durchschauen und zu überwinden. Es ist noch so übersichtlich, dass die Neueinsteiger*innen nicht von der Komplexität erdrückt werden, die das Gefüge »Unterricht« durchaus ausmacht. Es handelt sich dabei also zunächst um ein recht einfaches Konstrukt, das nicht den Anspruch hat, Details einer Unterrichtsplanung und -wirklichkeit zu erfassen, sondern nur die unverzichtbaren Eckpunkte einer Planung zu markieren. Von hier aus sollen sich weitere Diskussionen und Differenzierungen entwickeln.

Als Anker des Denkens stehen die Kategorien *Schüler*innen, die Kunst, Absichten/Ziele und Methodik* zur Verfügung. Die Absichten/Ziele werden nochmals in *Fachziele und Förderziele* unterteilt, weil das Fach einen Leistungsgedanken *und* einen Fördergedanken beinhaltet. Als Grundlage für einen gelingenden Kunstunterricht wird zuallererst eine solide Verbindung von Schüler*innen und der Kunst gefordert. Diese herzustellen, erscheint die erste Bedingung, die erfüllt sein muss, um Kinder und Jugendliche die Kunst zugänglich zu machen. Daran knüpfen sich die Gedanken zur Zielperspektive und schließlich zur Methodik. Alles fließt in der Gestaltung der Aufgabenstellung zusammen, der immer wieder eine gesteigerte Aufmerksamkeit zukommt: In der Aufgabenstellung münden verdichtend alle relevanten Überlegungen und bestimmen wesentlich den Unterricht.

1.2 Das Bewusstsein für die eigene Ausgangsposition des Nachdenkens

Wenn junge Erwachsene sich für die Kunstpädagogik entscheiden, ob innerschulisch oder außerschulisch, ist ihre Motivation und ihr persönliches Interesse in der Regel zunächst bei der Kunst angesiedelt oder im Hinblick auf eine Klientel, mit der sie Erfahrungen gemacht haben. Meistens sind diese beiden Seiten des Interesses nicht gleich groß. Entweder sind die Studierenden 1) schon in die eigene künstlerische Arbeit oder auch in die kunstgeschichtliche Auseinandersetzung tiefer eingetaucht oder 2) sie haben vermehrt Erfahrungen mit Kindern und Jugendlichen in pädagogischen Einrichtungen gesammelt und verbringen dort gerne Zeit. Es ist dann die Entwicklungsaufgabe im Studium, einerseits die ursprüngliche Neigung auszubauen, die oft die persönliche Stärke ausmacht, und andererseits auch die Seite zu entwickeln, die zunächst nicht im Vordergrund steht.

Auch bei den ersten Gedanken einer Unterrichtsvorbereitung gehen die beiden Denkrichtungen von den verschiedenen Positionen aus: Die einen denken zuerst an Kunst, die sie fasziniert, die sie vielleicht selbst ausüben und die sie vermitteln möchten. Die anderen denken an Heranwachsende, Kinder und Jugendliche, die sie zu neuen Erfahrungen anregen wollen, ohne zu wissen, wie das methodisch gehen könnte. Auch die Zielperspektive erscheint bei beiden Gruppen noch sehr unklar. So kann man durchaus von der Einseitigkeit des gedanklichen Einstiegs bei den Studierenden sprechen, was ganz normal ist. Ausgehend von dem Bewusstsein, von woher die einzelnen in das Planen einsteigen, können sie nun die fehlenden Aspekte ergänzen.

1.3 Ermutigung, aktiv die Rolle des bzw. der Lehrer*in einzunehmen

Wir sind alle geprägt von den Erfahrungen unserer eigenen Schulzeit, von den positiven wie den negativen. Wir haben unausgesprochen Lehrer*innen-Vorbilder und auch Negativ-Bilder in uns abgelegt: Das war ein toller Lehrer, eine tolle Lehrerin, oder: so will ich auf keinen Fall werden. Die Lehrer*innenrolle zu entwickeln, ist eine Aufgabe, die nur über die Zeit und mit wachsender Erfahrung gelingen kann. Im Studium ist es aber bereits wichtig, Elemente der Rollenfindung anzubahnen, jedoch unter erschwerten Bedingungen: Im Studium wird von den Studierenden die Rolle des/der Lehrer*in kaum abverlangt, es werden vielmehr zunächst Theorien und Konzepte vermittelt, die mitunter recht weit von der selbst erlebten Schulwirklichkeit entfernt sind. Um die Praxis stärker in das Studium hineinzuholen, werden seit einigen Jahren an den Universitäten Erfahrungen mit dem sogenannten *Praxissemester* gesammelt, in dem das Praktikum auf Woche 8–10

Wochen ausgedehnt wird, das Problem ist also seit langem bekannt. Wenn die Studierenden in die Lehrer*innenrolle kommen, sind viele durch die Fülle an Informationen und Ansprüchen, die sie mittlerweile in sich aufgenommen haben, stark verunsichert. Sie habe das Gefühl, auf keinen Fall diesen hohen Ansprüchen (»was ist guter Kunstunterricht?«) gerecht werden zu können. Das Ergebnis ist Ratlosigkeit, die sich regelrecht zu einer Lähmung der Eigenaktivitäten auswachsen kann. Geradezu symbolisch für diese Unsicherheit ist für mich geworden, dass die Studierenden, wenn es als Übung um einen motivierenden Unterrichtseinstieg ging, sehr gerne den *Stillen Impuls* wählten, also das Zeigen eines Bildes oder Objekts ohne Sprache. Ich habe mich gefragt, wieso der Stille Impuls so beliebt ist. Möglicherweise, weil er den Unterricht eröffnet, ohne dass die Studierenden das Wort ergreifen müssen, was eine viel aktivere Handlung darstellt. Denn die Verunsicherung der Studierenden, was denn eigentlich ihre Aufgabe als Kunstpädagog*in sein soll, ist groß. Es geht im Kunstunterricht nicht nur darum, die Schüler*innen bei ihren Prozessen vorsichtig und zurückhaltend zu begleiten und dabei keinesfalls zu sehr zu beeinflussen und zu lenken. Unterrichten heißt auch, etwas Neues vor Augen zu führen, etwas hervorzuheben, zu verdeutlichen, zu unterscheiden, Richtungen aufzuzeigen, Wege zu unterstützen und andere Wege mit den Schüler*innen gemeinsam möglicherweise als Sackgassen zu erkennen. Kunstpädagog*innen sind kompetente Türöffner, die den Schüler*innen eigene kreative Wege ermöglichen. Einsteiger*innen brauchen Ermutigung auf diesem Weg, didaktisch-methodische Entscheidungen zu treffen, diese zu begründen und zu erproben, und freilich auch die Bereitschaft, kritisch darüber zu sprechen.

1.4 Freiräume des Ausprobierens

Wenn wir Neues lernen, ist es wichtig, sich zu erproben, erste Erfahrungen zu machen und dabei jemanden an der Seite zu haben, der bzw. die korrigiert und berät, aber noch nicht benotet. Manchmal ist es sogar wichtig, ganz allein mit einer Situation zu sein, weil schon das Beobachten durch eine andere Person als hemmend erlebt wird. Leider gibt es diese Freiräume in der Lehrer*innenausbildung kaum – im Fortbildungszusammenhang mag es anders aussehen. Sehr schnell entsteht im Ausbildungsrahmen, sei es im Studium, sei es im Referendariat, der Druck der Notengebung, der das gesamte Setting verändert, weil das Element der Existenzsicherung prägend wird. Die Angst, Fehler zu machen, führt vielfach zu einer Unterrichtskonzeption, die auf »Sicherheit« ausgerichtet ist und die deshalb stark auf Vorhandenes zurückgreift. Phasen des Experimentierens und Erprobens, der Suche nach künstlerischen Wegen mit den Schüler*innen, werden vermieden, weil sie unwägbar und zu riskant erscheinen. Dies widerspricht jedoch den Grundintentionen des Faches, das kreative Spiel- und Bewegungsräume eröffnen möchte, Risiko eingeschlossen.

Ich erinnere mich an einen Unterrichtsbesuch an einem Gymnasium, bei dem die Nachbesprechung auf mich gleich sehr merkwürdig wirkte: Die Studentin begann sofort, sich für alles, was in ihren Augen »nicht so gut gelaufen war«, zu rechtfertigen (schwierige Klasse, problematische Themen im Alltag der Klassengemeinschaft, verhaltensauffällige Schüler*innen, ungeeignete Räume, zu wenig Zeit). Dabei unterstützte sie offensiv die Mentorin. Zudem zitierte die Studentin Auszüge aus den Lehrplänen, Kompetenzstandards und Rahmenrichtlinien, die sie berücksichtigt habe und brachte Fachtermini an, wo es nur ging. Ich unterbrach sie und betonte noch einmal, dass dieser Unterrichtsversuch nicht benotet würde, sondern nur die Reflexion, die sie dann später schriftlich abzugeben hätte. Daraufhin sahen sich Mentorin und Praktikantin an und die Mentorin sagte: *OK, dann können wir ja offen reden.* In der Folge entspannte sich die Gesprächsatmosphäre deutlich und es begann ein klares Beratungsgespräch ohne Missverständnisse über Stärken und Schwächen der Planung und Umsetzung des Unterrichts. Die Studentin erlebte es als positiv, dass ihr viel konzentrierte Aufmerksamkeit zuteilwurde, und bedankte sich anschließend dafür. Planungsschwächen konnten ohne Angst vor negativen Konsequenzen besprochen werden.

Weil die Unterrichtsbesuche eben nicht benotet werden, empfinden die Studierenden sie als bereichernde Beratung und fordern sie ein. Wir befinden uns bei ersten Unterrichtsversuchen in einer Phase des Lernens, die durch Reflexion und Beratung begleitet wird, und noch nicht in einer Prüfungsphase. Auf Bewertung und Benotung wird jedoch nicht verzichtet: Benotet wird ein Praktikumsbericht, in dem die Versuche reflektiert werden. Misslungene Unterrichtsversuche können so in der Reflexion und Suche nach Alternativen noch Basis von Erkenntnis werden.

Erfreulicherweise sind auf dem Gebiet der Unterrichtsbesuche und Nachbesprechungen in den letzten Jahren vielversprechende theoriegeleitete Modelle publiziert worden (z. B. Mutzeck, 2008b, S. 151, Köhler, 2015), die das beratende Auswerten der Unterrichtsversuche jenseits einer Benotung thematisieren. Die Benotung erzeugt gerade am Anfang einer Lehrer*innenausbildung einen destruktiven Druck und ist an dieser Stelle durchaus schädlich zu nennen. Der Weg des Lernens ist das Üben, Ermutigen, Kritik Anhören, Wiederholen, auf Details Achten und gezielter Üben, sich selbst und andere Beobachten, Fehler Verbessern und nicht Aufgeben. Meines Erachtens braucht es in den Ausbildungsphasen vermehrt Inseln des Erprobens unter Begleitung (Coaching) und Reflexion *ohne* Benotung.

2 Der Didaktische Kreis – zur Einführung

Das Modell des Didaktischen Kreises (▶ Abb. 6 Didaktischer Kreis und *Download*) ist zwar ein recht einfacher gedanklicher Einstieg in die Planung von Kunstunterricht, dies darf aber nicht darüber hinwegtäuschen, dass das Unterrichtsgeschehen ein ausgesprochen komplexes Gefüge aus sich beeinflussenden Bedingungen ist.

> **Herleitung des Modells**
>
> Paul Heimann und seine Mitarbeiter legten Anfang der 1960er Jahre ein Modell für das Planen von Unterricht vor, das unter dem Namen »Berliner Modell« große Bekanntheit erfuhr und ebenso große Kritik auf sich zog. Wie immer man dazu stehen mag, das Berliner Modell brachte wesentliche Elemente einer Unterrichtsplanung zusammen, die ansonsten in der didaktischen Theorie zu wenig miteinander verknüpft werden, so auch in der Kunstpädagogik: die anthropogenen Voraussetzungen, soziokulturellen Voraussetzungen, Absichten und Ziele, Inhalt und Gegenstände, Methoden und Medien (Heimann, Otto, Schulz, 1965). Das Berliner Modell war dann der Ausgangspunkt für vielfältige didaktische Entwicklungen in seiner Nachfolge. Eine gute Übersicht hierüber bietet der kleine Reader »Didaktische Theorien« (1979/2006), in dem fünf relevante Didaktiker vorgestellt werden (Klafki, Schulz, von Kube, Möller, Winkel), die ihre Überlegungen parallel zur Berliner Didaktik entwickelt oder modifiziert haben. Ausgesprochen interessant ist das dokumentierte Gespräch am Ende des Buches, in dem die Autoren miteinander ins echte Gespräch kommen. Außerdem sitzen drei Lehrer*innen am Tisch, die das Problem der Unterrichtsplanung und der Didaktik-Theorie aus Sicht der täglichen Schulpraxis befragen. In diesem Gespräch wird die Brisanz der Theorie-Praxis-Verschränkung exemplarisch sehr deutlich, welche auch das Thema des Schulpraktikums sein muss: das Engagement der Beteiligten, das Bemühen, sich zu verstehen und Brücken zu schlagen, aber auch die Grenzen der Kommunikation und vor allem die Schwierigkeit, die notwendige tiefergehende Theorie und die Alltagspraxis in einen fruchtbaren Austausch zu bringen.

Der Didaktische Kreis, wie er hier vorgestellt wird, bezieht sich auf Paul Heimanns grundlegende Überlegungen zur Planung und Realisierung von Unterricht (siehe auch: Heimann, 1962a, S. 142 ff.). Allerdings ist das Modell an die besonderen Bedingungen des Kunstunterrichts angepasst und verändert worden. Nach Hans-Günther Richter bleibt es Heimanns Verdienst, die Grundbausteine von »Entscheidungsfeldern und Bedingungsfeldern mit ihren Untereinheiten in einen Strukturzusammenhang gebracht, das heißt ihre rationalen Beziehungen bestimmt zu haben« (Richter, 1981, S. 15). So lassen sich die wesentlichen und hilfreichen Bausteine des Berliner Modells auch für den Kunstunterricht heute nutzen, *ohne* damit automatisch die Kunstdidaktik G. Ottos zu übernehmen. Otto war Mitarbeiter von Heimann und wendete das lernzielorientierte Berliner Modell auf die Kunstdidaktik an, was dann zu einer problematischen Prägung und Einseitigkeit (Richter, 1976, S. 53) des Fachs führte. Ottos »Generalthema« (ebd.) war die »Intellektualisierung« als Gesamtaufgabe der Schule, das Vermitteln des überindividuellen, rationalen Strukturverstehens in der Kunst, wie er sie verstand (Buschkühle, 2017, S. 78 ff.) und damit die Überwindung des *Subjektiven* im Unterricht. Diese Auffassung darf heute als überwunden gelten, muss jedoch weiter unten dennoch thematisiert werden, weil sie nach wie vor ausgesprochen wirksam ist (▶ Kap. 5.3, ▶ Kap. 5.4 und ▶ Kap. 7.5).

Es darf hier also nicht der Eindruck entstehen, dass durch die Bezugnahme zum Berliner Modell nach *Heimann, Otto, Schulz* eine lernzielorientierte Auffassung des Kunstunterrichts erneuert werden soll, wie sie Gunter Otto versucht hat (z. B. Otto, 1969). Interessanterweise kommt Richter zu dem Ergebnis, dass Heimanns theoretische Grundlegung, die übrigens zur Analyse von Hospitationen im Rahmen der Lehrer*innenausbildung entwickelt wurde (Richter, 1981, S. 128), mehr Möglichkeiten bietet, als sie später von Otto unter Bezugnahme auf das Modell für den Kunstunterricht herausgearbeitet wurden. Nach Richter lässt Heimanns Modell durchaus »einen situationsgerechten, schülerzentrierten (…) Kunstunterricht« (ebd., S. 128) und »ausdruckshaft individuelle Gestaltungsvorgänge der Schülerinnen und Schüler zu, wie auch eine (wirklich) ›produktive‹ künstlerische Praxis« (ebd.).

3 Kunst und Klientel – die Schüler*innen und die Kunst

Im Zentrum dieses Kompendiums soll das *produktive Subjekt stehen*, also die Schüler*innen, die im Kunstunterricht die Möglichkeit erhalten, visuelle Kulturen kennenzulernen und eigene künstlerische Wege zu gehen, sich neben der Sprache, die in der Schule dominant ist, auch im symbolischen Denken und Handeln zu üben. Es ist eine Errungenschaft, dass das Fach Kunst den produktiven Anteil des Fachs seit Beginn der Reformpädagogik etablieren, ausbauen und erhalten konnte. »Auch in diesem Symbolsystem kann, wie im Sprachunterricht, gelernt werden, (um) die Vielfalt, Differenziertheit und Ausdrucksqualität der eigenen Artikulationsmöglichkeiten zu erweitern, d. h. ›bildsprachliche‹ Kompetenzen zu entwickeln.« (Legler, 2011, S. 344) Wobei es fraglich ist, ob man von ›bildsprachlich‹ reden sollte, wo es doch darum geht, die besondere Struktur der Bildenden Kunst hervorzuheben und von der Sprache abzugrenzen.

Ein wesentlicher Unterschied zur Sprache liegt darin, dass sich das Kind sein Symbolsystem selbst erarbeitet: »Gegenüber der Sprache als »ererbter« (de Saussure) Ausdrucksform gilt das kindliche Zeichnen als Beispiel einer ›selbsterarbeiteten Symbolik‹ (Meili-Dworetzki 1975, S. 131); d. h. während das Kind in ein vorgegebenes Sprachsystem hineinwächst, entwickelt es eine zeichnerische (oder allgemein: bildnerische) Ausdrucksweise in einer aktiven Auseinandersetzung mit den Personen seines sozialen Umfeldes und den Gegenständen seiner empirischen Welt als *Darstellung* dieser Gegebenheiten. (…) Diese analoge Beziehung zu den Gegenständen der empirischen Welt verschafft der symbolischen Mitteilung ihre Spielräume (Mehrdeutigkeit, individuelle Äußerungsformen u. ä.), (…) «(Richter, 1984, S. 45).

Diese bewusste Schwerpunktsetzung für das eigene künstlerische Denken und Handeln der Schüler*innen bedeutet aber nicht, die Vermittlung von kunsthistorischem Wissen und den kritischen Umgang damit gering zu schätzen. »Das Unterrichtsfach erfüllt die Bildungsansprüche, die sich aus der Kunstgeschichte und aus dem künstlerischen Arbeiten ergeben: von der Sicherung des kulturellen Erbes bis zur Fähigkeit, eine künstlerische Haltung gegenüber der Welt zu entwickeln« (Busse, 2015, S. 44). Das künstlerische Denken und die Kunstproduktion kommen ohne das Nachdenken über Kunst, also die Kunstrezeption und Reflexion, nicht aus. Busse fordert mit Recht eine Überprüfung der Beziehung von Kunstdidaktik und Kunstgeschichte ein (ebd., S. 68). Die achtbändige Reihe »Kunst, Geschichte, Unterricht« (Kirschenmann/Schulz, 2021) kommt in diesem Zusammenhang zur rechten Zeit, leistet in dieser Denkrichtung Grundlegendes und bietet einen Überblick über aktuelle und schon bekannte Konzeptionen, insbesondere im Zusammendenken von Rezeption und Produktion. Das Üben eines kenntnisreichen

I Kunst und ihre Vermittlung – Grundlagen

und distanzierten Nachdenkens über historische, gegenwärtige Kunst und visuelle Kultur ist ein unverzichtbares Instrument, damit Enkulturation gelingen und Bildkompetenz aufgebaut werden kann. Vielleicht liegt es an der Schnelligkeit, mit der Bilder und visuelle Kunst im Gegensatz zum geschriebenen Wort rezipiert (angeschaut, aufgenommen) werden können, weshalb es nur wenig Problembewusstsein für dessen Traditionen, Strukturen und Wirkungen gibt. Bilder sind ›irgendwie einfach da‹, was gibt es da viel zu reden? Es ist schwer zu verstehen, weshalb Schüler*innen mit einem mittleren oder höheren Abschluss kaum Kenntnisse der Kunstgeschichte haben, wo doch die Möglichkeiten der viel geforderten Anschauung im Unterricht nirgendwo interessanter sein dürften als im Kunstunterricht. Kunstbetrachtung kann Schüler*innen doch in Staunen versetzen! Auch die immer wieder zu vernehmende Empfehlung, sich angesichts der flüchtigen Bilderflut im Internet und anderswo vermehrt von den Bildern ab- und dem Lesen zuzuwenden, löst das Problem nicht. Wir sollten uns in der Schule den Bildern auch lesend und schreibend zuwenden, sie tiefgehend betrachten, durchdenken und diskutieren. Bild und Wort lassen sich nicht gegeneinander ausspielen, künstlerische Praxis und Kunstgeschichte im Fach auch nicht.

Zurück zu der Beziehung der Kunst und der Schüler*innen: Die beiden zentralen Pole bilden im Modell (▶ Abb. 6) *die Schüler*innen und die Kunst*, die wegen ihrer fundamentalen Stellung und Zusammengehörigkeit durch einen Pfeil verbunden sind. Damit soll die wesentliche Forderung erhoben werden, dass diese beiden Pole im pädagogischen Geschehen immer einen Bezug aufweisen müssen. Dieser Forderung erscheint zunächst banal, ist in der Praxis aber schon nicht selbstverständlich. Auch in der fachdidaktischen Literatur begegnen uns nicht wenige Vorschläge und Konzepte, die nicht in erster Linie die Schüler*innen *und* die Kunst zusammen denken, sondern in nur einem der beiden Bereiche beheimatet sind und nur an einem Bereich echtes Interesse zeigen. Wo diese Pole aber nicht zusammengebracht werden, muss Kunstpädagogik scheitern: entweder a) indem sie die Schüler*innen nicht erreicht, weil nicht ausreichend nach den Anschlussstellen zwischen der Kunst und den Heranwachsenden gesucht wird (Interessen, Lebensweltbezug, kognitive Entwicklungsebene), wie zwei Züge, die aneinander vorbei rasen: Da war etwas, aber es ging zu schnell, es war zu flüchtig und es gab keinen echten Kontakt, daher hat es für mich keinerlei Bedeutung. Ein Kunstunterricht ohne Anschluss an die Lernbasis der Schüler*innen mündet in letzter Konsequent in einem Verlust des Respekts der Schüler*innen vor dem Fach. Oder b) im anderen Fall, wenn die Kunst im Unterrichtszusammenhang bedenkenlos »kleindidaktisiert« wird, also zugunsten einer eindimensionalen und *scheinbar schülerorientierten Vereinfachung* der Vermittlungsabsicht ihre Vielschichtigkeit verliert.

»Der Heranwachsende muss autobiografische Inhalte, Inhalte seines Lebensgeschehens, seiner Auseinandersetzung mit der Umgebung in die Produktion einbringen können« (Richter, 1984, S. 37).

> »In der didaktisch eingeleiteten, hergestellten, initiierten Produktivität treffen sich damit zwei Entwicklungslinien: die der ›Werdeform‹ (Salber, zitiert nach Richter, 1984, S. 38), das heißt der Darstellungs- und Ausdruckssysteme, die dem Heranwachsenden in einem bestimmten Alter zur Verfügung stehen (im Didaktischen Kreis sind das *die Schüler*innen* mit

ihren Lernvoraussetzungen, KW), *und* die der künstlerischen Entwürfe in ihrer jeweiligen geschichtlich-inhaltlichen Formulierung (im Didaktischen Kreis *die Kunst*, KW)« (ebd.).

»Ist eine solche Verbindung (…) nicht möglich, greift der didaktische Entwurf zu kurz« (ebd.). Legler spricht in diesem Zusammenhang von einer notwendigen »doppelten Loyalität« (Legler, 2011, S. 297), einerseits dem Gegenstand des Unterrichts (der thematisierten Kunst) und andererseits der »Integrität der Schülerinnen und Schüler« (ebd.) gegenüber, das heißt: a) Auch im didaktischen Kontext darf die Kunst nicht ihre Vielschichtigkeit und Mehrdeutigkeit verlieren und b) die Schüler*innen werden zur Nutzung von individuellen Spielräumen im Umgang mit Kunst ermutigt und vollziehen sie nicht nur nach. Für diese individuellen Entscheidungsspielräume übernehme ich den Begriff der »Selbstbewegung« von Buschkühle (2007, Bd. II, S. 49).

4 Zum künstlerischen Prozess: Subjekt und erweitertes Subjekt

Da es im Kunstunterricht darauf ankommt, bei den Schüler*innen einen künstlerischen Prozess (▶ Abb. 1) in Gang zu bringen und zu fördern, soll er hier in der gebotenen Kürze betrachtet werden. Sehr vereinfacht zerfällt der Prozess in zwei Phasen, die aber auch ineinander und miteinander wirken und nicht wirklich zu trennen sind: 1) Die der Wahrnehmung (Tätigkeit der Sinne) in Verbindung mit den dazugehörigen Empfindungen und 2) die der Verarbeitung der Wahrnehmung unter Einbeziehung von Wissen und Erfahrung.

Der erste Schritt (1) (Sinneswahrnehmung) besteht aus der Wahrnehmung (gegenstandsbezogen und erkenntnishaft) und den Empfindungen (lustbezogen und gefühlshaft) und wird nach Welsch als das *aisthetische Bedeutungselement (Aisthesis = Wahrnehmung)* bezeichnet (W. Welsch, dargestellt bei Fritz Seydel, 2005, S. 151).

Den zweiten Schritt (2), in dem die Wahrnehmungen und Empfindungen *zur Gestaltung und Kunst weiterentwickelt* werden, bezeichnet er als das *elevatorische[1] Bedeutungselement* (Sinnwahrnehmung). In das künstlerische Handeln fließen Kenntnisse, handwerkliche Fähigkeiten, Imagination (Einbildungskraft/Vorstellungsvermögen/visuelles Denken) und das intuitive Denken ein. Dazu gehört im Gegensatz zur Unmittelbarkeit der Aisthesis auch die abstandnehmende Reflexion: »In der distanznehmenden Reflexion lassen sich Form und Inhalt – im Unterschied zur unmittelbaren Wahrnehmung – getrennt betrachten« (ebd., S. 152).

Aus beiden Elementen (1 und 2) entsteht das *Ästhetische* oder *Künstlerische:* Wahrnehmungen und die mit ihnen einhergehenden Empfindungen und das darauffolgende Handeln, begleitet durch das kritisch-reflektierende Denken im Zusammenspiel mit der Intuition, machen im fortwährenden Austausch und Wechsel das künstlerische Tun aus (▶ Abb. 1, vgl. dazu Richter, 1984, S. 41 ff., Seydel, 2005, S. 150–153, Buschkühle, 2017, S. 218).

Seit den späten 1970er Jahren richtete sich die fachdidaktische Diskussion in einer Verkürzung vermehrt auf die Prozesse der Aisthesis, also der Wahrnehmung, verbunden mit den begleitenden Empfindungen. Die gute Absicht lag in der Erweiterung der Wahrnehmung, hin zu allen Themen des täglichen Lebens, zu Subjekt und Gesellschaft. Man gab sich nicht mehr zufrieden mit einer Auffassung »von Kunst als Summe der anerkannten etablierten Kunstwerke« (Hentig, 1969, zitiert nach Franke, 2007, S. 112). Allerdings wurde dabei die künstlerische Transformation vernachlässigt, auf die es aber auch ankommt. Legler konstatiert: Durch den Einzug von Begriffen wie ›Alltagsbezug‹, ›Subjektivität‹ oder ›Sinnlichkeit‹ (Legler, 2011,

---

1 Elevatorisch: das Moment des Erhebenden.

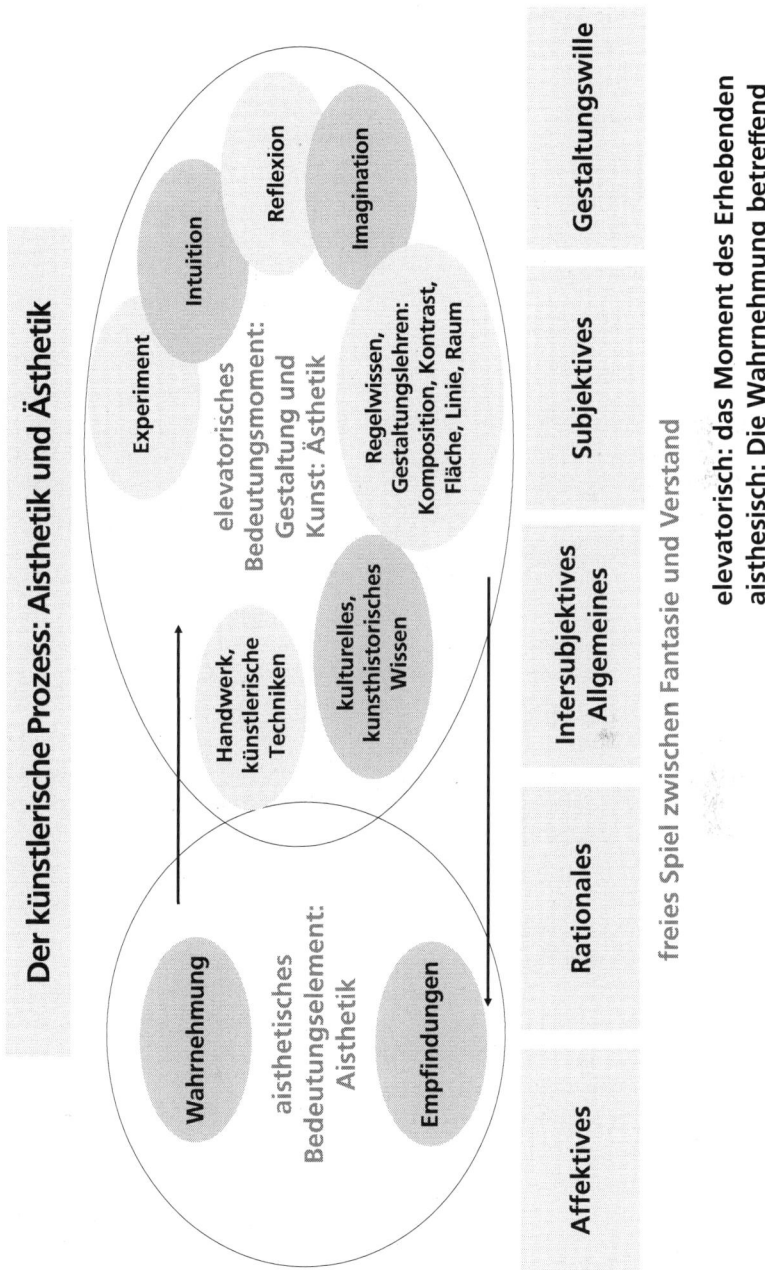

Abb. 1: Der künstlerische Prozess (siehe *Download*)

S. 323) fand eine einerseits sinnvolle, andererseits problematische Ausweitung für »*immer neue* Zieldimensionen« statt (ebd.). »Sinnvolle Vielfalt wurde zu *Beliebigkeit*, und das Fach Bildende Kunst verlor ein erkennbares Profil« (ebd.). Dies ging einher mit einer zunehmenden Oberflächlichkeit des künstlerischen Arbeitens im Unterricht ohne Tiefgang.

Von der *künstlerischen Bildung* gingen seit Mitte der 1990er Jahre wesentliche Impulse aus, die sich gegen diese Beliebigkeit richten (Buschkühle, 2017, 201 ff.). Buschkühle kritisiert den Zustand der »Reflexions- und Rezeptionsdefizite« (Buschkühle, 2017, S. 101, siehe auch ebd., S. 170). Er charakterisiert das Künstlerische erneut umfassender und betont jetzt gewissermaßen den zweiten Teil des künstlerischen Prozesses, den der Umsetzung und künstlerischen Gestaltung, ohne die Aspekte der einfühlsamen Empfindung, der Einbildungskraft (Imagination) oder der Intuition außer Acht zu lassen und ohne das Künstlerische auf das Rationale zu reduzieren (vgl. Buschkühle, 2007, S. 216 ff.). Er weist mit Recht immer wieder auf die Eigendynamik des künstlerischen Such- und Werdeprozesses hin: »Recht besehen, ist das Kunstwerk weder subjektiv noch objektiv, sondern das, was zwischen den beiden Polen geschieht. Es ist ein ›Medium‹ und trägt beide Seiten in sich. Dabei ist es eine Wirklichkeit für sich, die letztlich selbst die Regeln schafft, nach denen sie ›funktioniert‹« (vgl. Buschkühle, 2007, S. 216 ff.) und an anderer Stelle formuliert er mit Wilhelm Schmidt: »›fabricando fabricamur‹ – indem ich gestalte, werde ich gestaltet oder, anders ausgedrückt, gebildet. Das Werk verändert im Prozess seiner Entstehung seinen Autor, indem es auf ihn permanent zurückwirkt auf seine Wahrnehmung, auf sein Fühlen, Denken und Vorstellen. Solchermaßen bewegt, greift er wieder in die Form ein, verändert diese, führt sie weiter aus« (Buschkühle, 2015, S. 471). Buschkühle schreibt dem künstlerischen Prozess und dem entstehenden Werk fast eine wesenhafte, mit Willen ausgestattete Autonomie zu, wenn er schreibt: »Jeder Künstler ist Schüler seines Werks« (Buschkühle, 2017, S. 11), oder »Was sie (die künstlerische Auseinandersetzung, KW) will, ist dabei nicht das, was das Subjekt will, sondern das, was das entstehende Werk von sich aus will« (Buschkühle, K+U Heft 295, 2005, S. 4 f.). Kant spricht in einer merkwürdig widersprüchlichen, aber gerade deshalb treffenden Begrifflichkeit von der »subjektiven Allgemeinheit« (zitiert nach Stephenson, 2004, S. 31) des ästhetischen Urteils, was man auch auf die künstlerische Produktion beziehen kann. Allgemeines und Subjektives verschmelzen im künstlerischen Prozess, ebenso wie Rationales und Affektives; objektiv wird er dadurch nicht, er beinhaltet aber allgemeine Elemente. Er bleibt in Wahrnehmung, Erleben, Einfühlung, Auswahl, Ausführung und Reflexion eine subjektive Leistung. Auf jedes der in Abbildung 1 skizzierten Elemente kann der Kunstunterricht einen Schwerpunkt setzen. Die Aufgabe der Kunstpädagogik ist es, jedes Element dieses Prozesses durch den Anschluss an die Kunst und Kulturgeschichte, durch praktische Übungen, Gespräche und Kunstbetrachtungen zu erweitern und zu bereichern und dafür jeweils nach geeigneten Methoden zu suchen (siehe Übung 5).

4.1 Ein Beispiel: Eleanor Rigby

Ein Beispiel aus der Musik, die Entstehungsgeschichte des Songs Eleanor Rigby, soll einen solchen kreativen Prozess konkretisieren und veranschaulichen. Die Musikjournalisten Werner Köhler (WK) und Frank König (FK) unterhalten sich über die Entstehung des Songtextes (SWR1 Meilensteine 17.2.2020) *der Beatles:*

FK: »… und jetzt dieses filigrane Kunstwerk mit den ausgefallenen Streicherarrangements und dieser Rhythmik, die so bisschen ganz untypisch ist für Rockmusik und einem unglaublich poetischen Text über einsame Menschen, noch dazu eine Entstehungsgeschichte, Werner, die unglaublich spannend war, wo man staunt, was es da alles zu erzählen gibt darüber.

WK: Über diesen Song könnte man, glaube ich, den ganzen Podcast alleine machen. Kommen wir erst einmal zur Entstehung, also die Idee kam – es ist alles auf einem e-Moll Akkord aufgebaut – Paul improvisiert auf dem Klavier über e-Moll und da kam ihnen ein Text in den Sinn, der ging ursprünglich so: ›Ola Na Tungee blowing his mind in the dark, with a pipe full of clay. No one can say.‹

FK: … da könnte man eigentlich auch einen Song draus machen, klingt gut, oder?

WK: Ja, ›no one‹ ist übrigens übrig geblieben ›no one was saved‹, das ist noch drin.

Daraus wurde dann, kam ihnen die Idee plötzlichen in den Sinn: ›… picks up the rice in the church, where the wedding has been.‹ also die Hochzeit ist vorbei und jemand liest den Reis vom Boden auf. Und dann macht er sich Gedanken: Was ist das für jemand, der da den Reis aufliest, dieser jemand muss sehr arm sein, weil er wahrscheinlich den Reis noch kochen will.

Und dann kam die Zeile: ›Miss Daisy Hawking picks up the rice, where the wedding has been.‹ Und dann entstand der Song so langsam…, es kam die Idee mit der einsamen alten Frau, das ist dann alles schon da, aber der Name: ›Miss Daisy Hawkins‹ – und da sieht man wie genau die Beatles gearbeitet haben, wie wichtig ihnen die Details waren – der Name Miss Daisy Hawkins gefiel ihm nicht, der klang ihm unnatürlich und er kam über eine befreundete Journalistin, die hieß Eleanor Bron, auf den Vornamen Eleanor, den hat er schon mal gehabt. Jetzt brauchte er noch einen Nachnamen. Beim Spaziergang in London im Hafengebiet da gab es eine Firma, die hieß ›Rigby and Sons‹ irgendwelche Weinimporte oder sowas und da kam er auf das Wort Rigby, Eleanor Rigby, und das war der Name, der ihm gefallen hat.

Jetzt kommt die verrückte Geschichte: In den ›80er Jahren hat man in Woolton, auf dem Friedhof der St. Peter's Church ein Grab gefunden mit dem Namen Eleanor Rigby.

FK: Das muss man dazu sagen, das ist quasi das Kirchengelände, wo John und Paul sich kennengelernt haben.

WK: Das ist etwa 100 Meter von der Stelle, an der John Lennon damals 1957 mit den Quarryman gespielt hat, wo Paul dazu kam und die beiden sich kennengelernt und ab da befreundet waren und die Band weitergeführt haben, also die Gründungsstelle der Beatles quasi. Und da ist dieser Grabstein und

Paul soll selber, war hinterher überrascht, dass es diesen Grabstein gibt, und hat auch eingeräumt: Wir haben da als Jungs, sind wir da rumgehangen zwischen den Gräbern, haben auch mal Bier getrunken und auch mal heimlich geraucht, da ist ein Mäuerchen, das sieht man von der Straße nicht, und wenn man sich hinter den Grabsteinen versteckt, guckt man tatsächlich auf diesen Grabstein von Eleanor Rigby.

FK: Da kriege ich ja Gänsehaut... ist ja eine irrsinnige Geschichte.

WK: ... und dann muss der Name sich in seinem Kopf fest gehängt haben, um ihn quasi später wieder neu zu entdecken. Dann kommt dieses Gefühl: das ist mir vertraut, das ist natürlich, das gibt's, das ist richtig für den Song. Aber er hat den Namen vorher gekannt, es war ihm nur noch nicht bewusst.

FK: Das verrückte daran finde ich, wenn ihm einfach dieser Name eingefallen wäre und er hätte gesagt: ach, habe ich irgendwo schon mal gehört. Aber er findet tatsächlich zwei Hinweise, die ihn wieder zu diesem Namen zurückführen...

WK: ...und das schöne ist, in der ersten Grabreihe ist ein McKenzie, der ja auch in dem Lied vorkommt, ›Father McKenzie‹ in der zweiten Strophe, und auch da gibt's den Grabstein, das ist zwar eine Reihe weiter von Eleanor Rigby (entfernt) liegt McKenzie.

FK: Ach Gott, und das ist interessant: Der erste Codename sozusagen von McKenzie war ›Father McCartney‹, ne?

WK: Lennon kam glaube ich auf die Idee, ›McCartney‹ mit aufzunehmen, und das war McCartney etwas peinlich, dass sein eigener Vater in so einem traurigen Lied vorkommt und das ist dann auch sowas: Die haben dann im Telefonbuch angeblich geguckt: Was kommt nach ›McCartney‹, da kommt ›McKenzie‹ und dann haben sie den Namen gewählt. Aber auch den gibt's auf dem Friedhof!

FK: Irre Geschichte.«

Es gibt zahlreiche Berichte über die Ideenfindung der Beatles und es ist nicht immer klar zu sagen, was davon Legende ist, dennoch erscheint diese Darstellung nicht frei erfunden. Sie bezieht sich nur auf einen kleinen Teil des Songs »Eleanor Rigby«, nämlich auf die Namensfindung der Protagonist*innen: Eleanor Rigby, Father McKenzie, sowie das Thema des Songs: Menschen am Rande der Gesellschaft. Die Musik bleibt hier noch ganz außen vor. Was zeichnet diesen Prozess aus? Am Anfang steht das *Improvisieren* mit frei erfundenen Unsinn-Texten, die irgendwie zu den ersten musikalischen Improvisationen passen. Für den ganzen Prozess gilt bei aller *Verspieltheit*, dass die Beatles einen *hohen künstlerischen Anspruch* haben. Sie sind unzufrieden mit den ersten Ideen und suchen weiter, bis sich Zufriedenheit einstellt. So ganz klar wird den Außenstehenden nicht, nach welchen Kriterien die Entscheidungen getroffen werden: Warum ist »Miss Daisy Hawking« weniger geeignet als »Eleanor Rigby«? Vermutlich hat es mit der Silbenfolge und Betonung beim Singen zu tun. Paul McCartney weiß genau, wann er am Ziel ist. Der Suchprozess ist *assoziativ und intuitiv und von Zufällen geprägt*. Allerdings überlassen sie dem Zufall nicht das Feld, er ist nur der Auslöser für die eigentliche Arbeit, dafür aber ausgesprochen wichtig. Sie nehmen ihre Umgebung mit *geschärften Sinnen* wahr, sie suchen etwas, das sie überall und zu jedem Zeitpunkt finden können, die Arbeit findet immer statt, ob unterschwellig oder bewusst, und sie nehmen auch Ereignisse wahr, die ansonsten in der selektiven Wahrnehmung des Alltäglichen aussortiert werden, wie die Firmenschilder im Hafen. Sie denken sich die Inhalte ihrer Lieder nicht einfach am Schreibtisch aus, sondern *richten ihre Aufmerksamkeit nach außen:* Schilder, Telefonbuch, Personen, real existierende Dinge. Es fließen darüber hinaus *Erinnerungen und Prägungen* aus der Vergangenheit ein, was ihnen aber gar nicht bewusst ist. Es erscheint durchaus plausibel, dass Erinnerungen aus dem Gedächtnis auftauchen, ohne ihren Ursprung preiszugeben, die man in einer individuell bedeutsamen Zeit öfter gesehen und gelesen hat und die somit Teil dieser Zeit waren: die Inschriften der Grabsteine. Es ist auch plausibel, dass ein Schild mit einem Schriftzug (Rigby) wahrgenommen wird, weil eine alte Gedächtnisspur unterschwellig angesprochen wird.

Auch im künstlerischen Prozess, z. B. dem des Malens, tauchen in den eigenen Produkten Elemente auf, die der oder die künstlerisch Arbeitende nicht bewusst auswählt, sondern die die Spur einer Seherfahrung sind, z. B. aus Katalogen oder besuchten Ausstellungen. Es geht dann darum, diese Beeinflussung zu erkennen und sie in eine bewusste Entscheidung zu überführen. Es muss kaum mehr betont werden, dass es sich dabei um einen hoch individuellen (subjektiven) Prozess handelt, der aber eben nicht beliebig ist, sondern der von einem künstlerischen Anspruch und Wollen angetrieben wird, einem ständigen Pendeln zwischen der Wahrnehmung von Außenreizen und der künstlerischen Verarbeitung (Neukonstruktion) dieser Reize, wobei Wissen, Erfahrung und das Streben nach etwas Neuem zusammenfließen. Das künstlerisch arbeitende Subjekt verbindet sich mit der Außenwelt und erweitert sich dabei ständig. Es möchte innovativ sein, kennt aber dabei seine Einbindungen in die Tradition und in Gegenwartbezüge genau und verleugnet sie nicht.

Eine kunstpädagogische Methodik muss Freiräume eröffnen, in denen solche Suchprozesse, wie sie hier skizziert sind, einen Platz haben. Freilich besteht ein Unterschied zwischen Künstler*innen, die selbstbestimmt und hochmotiviert am eigenen Werk arbeiten, und Schüler*innen; insbesondere die motivationale Ausgangslage ist sehr verschieden. Und doch geht es darum, dem selbstbestimmten künstlerischen Prozess mit seinen kaum zu durchschauenden Quellen auch im Kunstunterricht nahe zu kommen und ihm Räume zu eröffnen. Dafür bedarf es Struktur und Planung. Eine »totale Offenheit« ohne Lenkung, ohne Vorgaben, ohne Aufgabenstellungen und ohne Input ist nicht gemeint. Eine solch unstrukturierte »Offenheit« erzeugt Ratlosigkeit und lässt die Schüler*innen alleine. Sie stellt im pädagogischen Prozess in der Regel eine Überforderung dar und verhindert einen Zuwachs an Erfahrung und Lernen.

»Es gibt zwei Weisen, wie individuelle Kreativität unmöglich gemacht werden kann: Einmal zu rigide Vorgaben. Eine solche Aufgabenstellung erzieht weniger zur Kreativität als zu Gehorsam. Die andere Verfehlung wäre das Gegenteil: Eine Aufgabenstellung, die allem freien Lauf lässt. Solches Laufenlassen führt zu nichts, ist nur unbefriedigendes Treten auf der Stelle« (Buschkühle, 2017, S. 261).

4.2　Eine Beobachtung aus der Schule

Ein Mädchen der dritten Klasse zeichnet versunken an einer Darstellung eines Kopfes. Ich nähere mich, sie hält mir die Hand entgegen, ohne aufzuschauen und sagt: »Warte, warte ich bin gleich fertig.« Ich spüre die hohe Konzentration und Versunkenheit. Zwei Kinder sind eng bei ihr und schauen zu, stören sie aber nicht, sie spüren die Konzentriertheit auch, verhalten sich zurückhaltend, vorsichtig und respektvoll. Die Zeichnerin duldet die beiden in ihrer Nähe und genießt vielleicht sogar ihre Bewunderung. Ich halte Abstand und mische mich nicht ein. Was geht in dem Mädchen vor? Meine Interpretation der Situation: Die Schülerin ist in diesem Moment dabei, eine neue Stufe ihres symbolischen Repertoires zu realisieren. Sie zeichnet hochkonzentriert und folgt dabei ihrer Intuition, ihren eigenen Regeln und Einsichten. Sie ruft ab, was sie woanders gesehen hat, und baut es ein, sie hat Ehrgeiz und will es gut machen. Es handelt sich um eine faszinierende Selbstregulierung, deren Steuerung nicht leicht zu verstehen ist. Das Mädchen will jetzt keine Anregung von außen, denn es möchte es auf seine *eigene Weise* tun und es weiß genau, wann es fertig und zufrieden ist und wann noch nicht. Einzugreifen und diesen hoch individuellen Prozess zu stören, wäre sicherlich falsch gewesen. In einer anderen Situation kann dieselbe Schülerin aber Unterstützung und Input einfordern und es wäre falsch, ihn ihr zu verweigern.

Max Ernst spricht von dem inneren und dem äußeren Auge im künstlerischen Prozess:

> »Man kann mit offenen Augen die äußere Welt betrachten oder man sieht mit geschlossenen Augen seine innere Welt. Ich glaube es ist das Beste, mit einem geschlossenen Augen in das Innere zu schauen – das ist das innere Auge – und mit dem anderen Auge die äußere Welt zu fixieren und es schaut herum in der Welt. Wenn man diese beiden Dinge zusammenbringen kann, kommt man zu einer Synthese von subjektivem und objektivem Leben« (Max Ernst in: Peter Schamoni, 1991, Minute 84).

Beide Seiten sind für den künstlerischen Prozess und auch für die kunstpädagogische Arbeit unverzichtbar. Kunstpädagog*innen müssen fortwährend entscheiden, wann die Ausdrucksprozesse ungestört bleiben sollten (innere Selbstregulierung) und wann es eines Anstoßes von außen bedarf (Input). Darüber hinaus sollten sie ständig auf der Suche nach methodischen Angeboten und Übungen sein, um die äußere Wahrnehmung anzuregen und zu schärfen und die inneren Prozesse auszubilden, insbesondere die Vorstellungskraft und Intuition.

5 Zu den subjektiven und allgemeinen Anteilen im Künstlerischen

> Die Kunst hat subjektiv dynamische Anteile, der Kunstunterricht muss sie auch haben.

Kunst entsteht im Spannungsfeld der Künstler*innenpersönlichkeit und der Außenwelt. Künstler*innen leisten einen Beitrag, der nicht von ihrer Person loszulösen ist, sie kontextualisieren sich aber auch mit ihrer Umwelt und beziehen historische und gegenwärtige Sichtweisen im Sinne einer Kennerschaft in ihr künstlerisches Tun ein und *erweitern so stetig ihre subjektive Perspektive.*

Die Rolle des subjektiven Anteils an der Kunst ist gerade unter Künstler*innen stark umstritten. *Es ist deshalb so wichtig darüber nachzudenken, weil die damit verbundene Kunstauffassung sich unmittelbar auf das spätere Verständnis der Kunstvermittlung auswirkt. In den verschiedenen Konzepten der Kunstpädagogik ist es ausgesprochen prägend, welche Grundannahme zur Rolle des Subjektiven in der Kunst eingenommen wird. Die Kunstauffassung, welche sich daraus ergibt, bestimmt dann den subjektiven Anteil, den man den Schüler*innen im künstlerischen Suchprozess pädagogisch zubilligt oder verwehrt.*

Einige Künstler*innen betonen die Rolle der Subjektivität ausdrücklich. Sie ist der Weg oder das Medium, welche das Freilegen und Vordringen zu einem künstlerischen Kern einer Auseinandersetzung erst ermöglicht. Bei dieser Auffassung geht es darum, nach innen zu arbeiten, Ablenkungen aus dem Wege zu gehen, um das Künstlerische freizulegen, das im Ich verborgen ist oder das nur durch die Befragung innerer Prozesse gefunden werden kann. In dieser Perspektive droht die Flut der Außenreize das Künstlerische zu verschütten. Seinen Anfang nimmt dieses Denken spätestens mit der Romantik, in der sich das Selbstverständnis der Künstler*innen »mit einer neuen Wahrnehmung von Welt, vom Dasein und dem eigenen Ich« (Stephenson, 2004, S. 15) hin zu einer Individualisierung wandelt. Häufig ist diese Ich-Zentrierung oder Innerlichkeit mit der Suche nach dem Vollkommenen, nach dem Paradies oder dem Nirwana und mit einer religiösen Grundhaltung der Künstler*innen verbunden. Diese religiöse Orientierung zeigt sich aber eher als eine selbstbestimmte individuelle Religiosität (ebd.) unter Loslösung von den Traditionen der gesellschaftlichen Institutionen. Diese Sicht auf Kunst und Künstlertum setzt sich in einer zweiten Bewegung um 1900 fort, die sich ausdrücklich auf die Romantik rückbezieht (ebd.). So schreibt Paul Gauguin 1892 in einem Brief an seine Frau: »Schon lange weiß ich, was ich tue und warum ich es tue. Mein künstlerisches Zentrum liegt in meinem Gehirn und nicht anderswo, und ich bin stark, weil ich mich nie von anderen habe beirren lassen und nur meinem Inneren folge« (zitiert nach Cahn, S. 242, 1998).

Kandinsky nimmt bereits eine Zwischenposition ein: Er findet die Quelle des Künstlerischen u. a. in der Innerlichkeit des Subjektiven, strebt aber auch an, »ein Maximum des ›Rein- und Ewig-Künstlerischen‹, des ›Ewig-Objektiven‹ zu realisieren« (Wick, 2000, S. 192). Für ihn entsteht Kunst aus drei mystischen Gründen: 1. aus dem *ihm Eignen (Element der Persönlichkeit)*, 2. aus dem *der Epoche Eigenen (Element des Stils)* und 3. aus dem ›*der Kunst im Allgemeinen Eigenen*‹ *(Element des Rein- und Ewig-Künstlerischen)* (vgl. ebd.). Bei Kandinsky treffen sich also die Elemente der Persönlichkeit und des Zeitgeistes mit dem »unvermeidlich Sichausdrückenwollen *des Objektiven*, als der Kraft, die als innere Notwendigkeit gesehen wird« (ebd.). Hier entsteht eine eigenartige Verschmelzung von Subjektivität (Künstler*innenpersönlichkeit) mit einer postulierten Objektivität oder Allgemeingültigkeit des Künstlerischen. Nur die echte Künstlerpersönlichkeit findet nach Kandinsky aus dem Inneren heraus den Zugang zum entscheidenden *Element des Rein- und Ewig-Künstlerischen,* anderen ist dieser Zugang verwehrt.

Per Kirkeby ist von dieser Auffassung gar nicht so weit entfernt, abgesehen von der elitären Grundausrichtig (Geniekult), die bei Kandinsky ausgeprägt ist, wenn er 1994 sagt:

> »Aber wenn man Bilder malt, ist man immer auf der Suche nach einer Art von Wahrheit. Und ich habe keine Scheu, unbestimmte Behauptungen in den Mund zu nehmen. Ich glaube wirklich, dass es irgendwo draußen eine wirkliche Welt gibt, eine Wahrheit. Die Wahrheit in dieser real existierenden Welt ist komisch genug, sehr schwer zu fassen und sogar sehr schwer zu sehen« (Dickhoff, 1994, S. 82).

Kandinskys und Kirkebys Aussagen führen zu der anderen Sichtweise des Künstlerischen, die dem Subjektiven durchweg kritisch bis ablehnend begegnet. Vertreter*innen dieser Denkrichtung möchten das Subjektive geradezu aus dem künstlerischen Prozess eliminieren, weil sie ihm grundlegend misstrauen. Sie favorisieren den Gedanken, eine objektiv gültige künstlerische Leistung zu erbringen, die frei von subjektiven Anteilen ist, vergleichbar mit den Leistungen in den Naturwissenschaften oder im Bereich der Technik. Laszlo Moholy-Nagy, der wie Kandinsky am Bauhaus lehrte, formulierte:

> »Ich selbst sehne mich danach, jenseits der Eitelkeit in das Reich der objektiven Gültigkeit einzutreten[2] und als namenloser Akteur der Allgemeinheit zu dienen. (…) ich verzichtete darauf, meine Bilder zu signieren. Die notwendigen Daten verzeichnete ich mit Ziffern und Buchstaben und auf der Rückseite der Leinwand, wie es bei Autos, Flugzeugen oder anderen industriellen Erzeugnissen üblich ist« (Bauhaus Utopien, 1988, S. 200).

Das Subjektive hat in dieser Auffassung die negative Aura von Beschränkten, von Dilettant*innen, nicht Informierten, nicht Weltgewandten oder von Tagebuchschreiber*innen mit der immer gleichen, einseitigen Ich-Perspektive, die um sich selbst kreisen und sich weigern, die Welt mit ihren Problemen und Herausforderungen wahrzunehmen oder sie nur als Projektionsfläche benutzen.

---

2 Man darf fragen, ob diese Sehnsucht wirklich »jenseits der Eitelkeit« liegt.

Beide beschriebenen Auffassungen kommen selten in Reinkultur vor. Es handelt sich eher um Mentalitäten, die sich mehr der einen oder mehr der anderen Seite zuneigen und sich damit auf die Pädagogik folgenreich auswirken. Die einen sehen *das Subjektive* positiv, als die Chance, etwas Einzigartiges hervorzubringen, die anderen mit der Aura des Beschränkten, also negativ bis bin zur Auffassung, es müsse zugunsten des Allgemeingültigen überwunden werden (z. B. Pfennig, 1974, S. 237). Aber was ist im Kunstzusammenhang allgemeingültig?

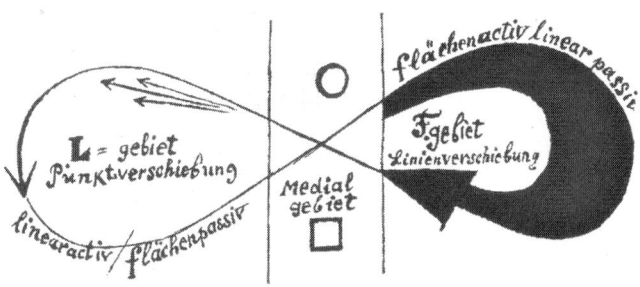

Abb. 2: Klee fasst Regeln für Bildgestaltung in Anlehnung an die Sprachgrammatik (»aktiv, passiv, Fälle«) (Paul Klee: Pädagogisches Skizzenbuch, 1925, S. 11)

5.1 Kunst und Kunstdidaktik: Ist Kunst lehrbar?

> Die Suche des ordnungsliebenden Auges nach dem zum Widerspruch neigenden Gedanken (Untertitel des Buchs »Bildrezepte«, P. Jenny, 1996).

Bei der Komplexität des Gegenstandes, dem Ineinander von Wahrnehmung und internen kognitiven Prozessen, von innen und außen, von Subjektivem und Allgemeinem stellt sich die Frage: Sind Kunst oder Teile von ihr überhaupt lehrbar? Gibt es Regelwerke, die vermittelbar sind, oder verweigert sich die Kunst der Vermittlung im Unterricht von vorneherein? Können wir heute schon z. B. an Akademien die Kunst von morgen gezielt anbahnen oder gar hervorbringen, die von der nächsten Generation als gültig angesehen werden wird? In diesem Fall wäre *Kunst* ein Gebilde aus berechenbaren Elementen und das Neue und Unvorhersehbare bliebe unberührt und spielte keine Rolle. Das Schaffen von Zugängen zum Fremden, zum Unbekannten und zu Grenzsituationen hat zumindest in der Modere für das Künstlerische eine Schlüsselfunktion inne (Seydel, 2005, S. 163). Zumindest im überwiegend europäischen und nordamerikanischen Verständnis der Gegenwartskunst existiert ein Konsens,

> »dass Kunst, die nicht auf ihre jeweilige spezifische Art offen, rätselhaft oder widersprüchlich ist und die nicht eine ganze Breite unterschiedlicher Sinndeutungen zulässt, ohne Funktion und damit belanglos sei. Verschiedene Strukturen der Ambiguität aktueller Kunst erscheinen also in diversen ästhetischen Diskursen als allgegenwärtiges Paradigma und als weitreichende Ästhetische Norm« (Schnurr, 2021, S. 33).

Bereits die Gestaltungslehren, wie sie am Bauhaus entstanden (Wick, 2009), bewegten sich in dem Spannungsfeld, einerseits die Bauelemente der Kunst lehren zu wollen und andererseits das Unergründliche der künstlerischen Intuition, oder das *Unbekannte in der Kunst,* wie es Willi Baumeister (Köln, 1947) später nannte, als wesentlich anzuerkennen.

In den Diskussionen um die sogenannten *Gestaltungslehren* zeigt sich deutlich die Widersprüchlichkeit der Bemühung, einerseits die Kunst zu systematisieren, ihre Strukturmerkmale aufzudecken und anderen zu vermitteln und andererseits die vehemente Ablehnung solcher Entwürfe, vor allem, wenn es um die eigene Kunst geht. Paul Klee legte u. a. in seinem Pädagogischen Skizzenbuch diverse Versuche einer Gestaltungslehre vor (▶ Abb. 2). Klee schrieb aber auch 1928 in der Zeitschrift *bauhaus* »aus gemeinsamer Sorge um die Bedrohung der ursprünglichen spirituellen Qualität des Bauhauses« (Wick, 2000, S. 198) den Satz: »Wir konstruieren und konstruieren, und doch ist Intuition immer noch eine gute Sache« (ebd.). Kandinsky, der ebenfalls seine Gestaltungslehren formulierte,

> »beschreibt den intuitiven Schöpfungsakt in *Rückblicke* (1913) dahingehend, daß alle Formen ›von selbst‹ kamen: ›… sie stellten sich fertig vor meine Augen, und es blieb mir nur, sie zu kopieren, oder sie bildeten sich schon während der Arbeit, oft für mich überraschend‹« (Kandinsky, zitiert nach Wick, ebd.).

Künstler haben

> »nie aufgehört, nach den ›eigentätigen Phantasmen‹ zu suchen und den noch ›unbekannten‹, d. h. jeweils neu zu formulierenden Regeln, welche die Vorstellungen fixieren und in ein künstlerisches System bringen sollen. Regelentwürfe dieser Art lassen sich von P. O. Runge über Kandinsky (…) bis zur Gegenwart nachweisen« (Richter, 1984, S. 36).

Aber gleichzeitig möchten Künstler*innen sich nicht von diesen Regelwerken bestimmen lassen, jedenfalls nicht von denen anderer. Die Auseinandersetzung von Franz Marc und August Macke mit den Theorien Robert Delaunays zu dessen *Orphismus*[3] kann exemplarisch für viele Kontroversen dieser Art stehen. So schreibt Marc an Delaunay:

---

3 Orphismus: Dem Licht kam im orphischen Kubismus eine zentrale Rolle zu: Die schöp-

»Lieber Freund, vielen Dank für die Übersendung ihres aesthetischen Aufsatzes, ich schicke ihn heute an Klee. Ich habe ihn aufmerksam gelesen, seien Sie mir nicht böse, wenn ich Ihnen offen gestehe, dass mir die Art, in der Sie versuchen, sich den geheimen Gesetzen von Kunst zu nähern, nicht sehr fruchtbar erscheint. *Ich liebe Ihre Bilder* und verneine nicht, dass Ihre philosophischen und historischen Ideen notwendig und vernünftig für *Ihre eigene* künstlerische Entwicklung sein mögen und auch für andere, möchte ich annehmen, aber niemals für mich... Ich sehe sogar eine Gefahr für sie. Es ist nicht wahr, mein Lieber, dass 2x2 vier machen, niemals...« (Hess, 1959, S. 90).

Franz Marc, der selbst Versuche des Theoretisierens zur künstlerischen Produktion unternommen hatte (Meissner, 1994, S. 263 ff.), grenzt sich hier deutlich von einer Beeinflussung ab. Die Anwendung von Regeln eines anderen auf sein eigenes künstlerisches Tun erscheint ihm unakzeptabel und geradezu schädlich, weil er dann nicht mehr der eigenen Intuition folgen kann, diese ist aber die Quelle seiner Kunst. Die Freiheit, eigene Wege gehen zu können, erscheint hier als Voraussetzung zur Kunstproduktion überhaupt. Und doch ist auch Marc auf der Suche nach *den geheimen Gesetzen von Kunst* und formuliert diese auch.

Die widersprüchlichen Bemühungen, die Kunst mit Regeln und Gestaltungsgesetzen zu erfassen und andererseits den eigenen *geheimen Gesetzen der Kunst* folgen zu dürfen, finden sich auch in der Kunstpädagogik und prägen sie. Schüler*innen verlangen *einerseits nach Orientierung* und Reflexion im Gespräch (z. B. Schirmer/Werner, 2017, S. 37 ff.), genauso fordern sie aber andererseits – ganz ähnlich wie Marc – die *Möglichkeit* ein, *eigene Wege zu gehen*. Beide sich widersprechende Richtungen haben ihren Platz im Kunstunterricht und entfalten sich naturgemäß auch in der Ausbildung von Kunstpädagog*innen: Die Kunst ist nicht lehrbar, aber wir sollen alles tun, um sie zu vermitteln – wie passt das zusammen? Die angehenden Kunstpädagog*innen spüren die Widersprüchlichkeit, ohne sie schon benennen zu können. Sie wirkt verunsichernd, teilweise führt sie zu Entmutigung, teilweise zu radikalen Lösungen, die in zwei Richtungen gehen können: 1) Keine Einschränkungen in der Aufgabenstellung, um niemanden in der eigenen Kreativität zu beschneiden, oder 2) alles vorher festlegen, um »Sicherheit« zu erlangen. Aber beide Extreme hemmen die Kreativität. In der Seminararbeit geht es darum, von den radikalen oder polaren Auffassungen wegzukommen und die Zwischentöne und Grauwerte zu entwickeln.

Auch im Hinblick auf die Kunstrezeption ist dieser Konflikt wirksam: »Gebrauchsanweisungen zum sogenannten Lesen der Werke sind zugleich Vorbereitungen zu deren Hinrichtung«, zitiert Peez (2003, S. 251) in diesem Zusammenhang den Soziologen Ulrich Oevermann, der damit seine Ablehnung von schnellen Kunst-Deutungsrezepten artikuliert. Wenn sich aber das Bewusstsein über die Grenzen der Vermittelbarkeit dahingehend auswirkt, dass die Bemühungen um didaktische Zusammenhänge und methodische Wege ermüden, weil die Anstrengungen insgesamt als sinnlos erkannt wurden, wären damit die falschen Schlüsse aus der Skepsis gezogen. Wenn die Erkenntnis *Kunstproduktion und Kunstrezeption ist*

---

ferische Energie des Lichts liege allen Farben und jeder Linie zu Grunde, deshalb sei die Malerei eine Lichtsprache, so meinten Apollinaire und Delaunay. https://www.artefakt-berlin.de/archiv/2018/stimme-des-lichts-delaunay-apollinaire-und-der-orphismus/ (abgerufen: 4.9.2022) *nicht vermittelbar, jeder Versuch ist schon ein Verrat an der Sache* dazu führt, die Suche nach Wegen der Vermittlung einzustellen, weil sie aussichtslos erscheinen, geriete der Bildungsauftrag aus dem Blick und würde leichtfertig preisgegeben. Und doch ist der Einwand ernstzunehmen: Die Kunstpädagogik machte es sich andererseits auch zu einfach, wenn sie simple Rezepte des Kunstverstehens (Rezeption) und Kunstmachens (Produktion) verbreiten würde. Die Kunstpädagogik hat es hier mit einem unauflöslichen Widerspruch oder Konflikt zu tun, den Peez das »Vermittlungsdilemma« (ebd., S. 251) genannt hat. Er schlägt vor, in einer »Dezentrierung des Aufmerksamkeitsfokus« von den Ansprüchen der *Vermittlung* wegzuführen, hin zu den Prozessen der *Aneignung* (ebd.). Damit lenkt er den Fokus auf den Aufbau eines Symbolschatzes in der Wahrnehmung und im künstlerischen Tun der Heranwachsenden und nimmt so den übergroßen Anspruch und gewissermaßen die Überforderung der pädagogischen Aufgabe aus der Fragestellung heraus. Denn Kunst ist in der letzten Konsequenz nicht lehrbar oder vermittelbar, aber das künstlerische Denken und Handeln in ihrer zeitgeschichtlichen Bedingtheit sollen jeder heranwachsenden Generation nahegebracht werden. Es geht um die Bildungschancen, die im pädagogischen Prozess mit der Kunst verbunden sind. Und dabei ist es zweitrangig, ob in diesen Bildungsprozessen die Kunst tatsächlich *vermittelt* werden kann oder ob in der Produktion immer schon gleich Kunst entsteht. Obwohl auch diese Grundannahme, dass mit der Kunstbegegnung wesentliche Bildungschancen verbunden sind, in der Fachwelt weiterhin zur Diskussion steht[4], wird hier von ihrer Gültigkeit ausgegangen und dabei ist immer wieder neu zu fragen:

➢ *Didaktik:* Was will ich mit diesem Schüler*innen tun und warum will ich ihnen genau diesen Inhalt anbieten?
➢ *Methodik:* Wie will ich meinen Inhalt methodisch anbieten und warum will ich es gerade *so* tun?

Anfänger*innen im *Kunst Unterrichten* fallen diese Überlegungen nicht leicht: So selbstverständlich sie anmuten, so schwierig sind sie schon in der gedanklichen Annäherung.

5.2 Kunst und Bildung im Generationswechsel – Enkulturation als Neukonstruktion

Ludwig Duncker legt in seinem Aufsatz »Schulkultur und ästhetische Bildung« dar, auf welchen Ebenen sich die Enkulturation, also die Begegnung und Verbindung

---

4 Siehe dazu die Auseinandersetzung mit Franz Billmayer, in Buschkühle, 2017, S. 26 ff.

von Individuum und Kultur/Kunst, vollzieht. Mit Cassirer beschreibt Duncker den Menschen als ein ›animal symbolicum‹, als ein Wesen das symbolfähig ist.

> »Mit der Hilfe der menschlichen Fähigkeit zur Spontanität, Produktivität und Ausdrucksfähigkeit kann sich der Mensch ein eigenes Universum errichten, ein symbolisches Universum, das ihn befähigt, seine Erfahrungen zu verstehen und zu deuten, zu gliedern und zu ordnen, zu synthetisieren und zu verallgemeinern« (Duncker, 2017, S. 129).

Er stellt die Vorläufigkeit und Wandelbarkeit dieser Begegnung heraus, zwischen Tradition und Erneuerung im Gespräch zwischen den Generationen.

> »Kulturaneignung ist deshalb nicht die Herstellung einer Kopie, Erziehung kein Vorgang, um aus der jüngeren Generation ein Duplikat der älteren zu machen. Kulturvermittlung kann nur gelingen, wenn die nächste Generation in die Lage versetzt wird, Kultur eigenständig hervorzubringen, das Neue und Andere zu denken« (Duncker, 2017, S. 127).

Kunst und Kultur sind somit ein *Angebot*, das immer wieder neu gesehen werden muss, von jeder nachwachsenden Generation, von jedem/jeder einzelnen, aber auch von der Wissenschaft, die diese Phänomene untersucht. Die auch subjektiv geprägte Dynamik besteht auf beiden Seiten, auf der des Individuums und auf Seiten des Kulturbetriebs, der keine statische Einrichtung ist. Es wird deutlich, dass es sich bei dem Prozess der Enkulturation um einen aktiven, produktiven und *subjektiven* Zugriff der Schüler*innen handelt, im Umgang mit einer Kultur, die gültige und qualitativ hochstehende Güter hervorgebracht hat, denen wir zutrauen, Bildungsprozesse anzustoßen. Auf Seiten der Künstler*innen und der Kulturakteure existieren subjektive Anteile: Künstler*innen schaffen Kunst immer unter subjektiven Bedingungen, die Person der Künstler*innen ist aus dem Kunstwerk nicht herauszurechnen. Und die Entscheidung, welche Kunst bekannter wird oder sogar für die Zukunft museal bewahrt werden soll und welche nicht, unterliegt einer zumindest gewissen subjektiven Auswahl der Akteure des Kulturbetriebs, die zwar auch im wissenschaftlichen Diskurs getroffen wird, die aber vom Zeitgeist und von Vorlieben mitgeprägt sind und sich im Nachhinein als fragwürdig oder korrekturbedürftig erweisen kann. Somit ist Kunst eine Verbindung von Individuellem und Allgemeinem, von Tradition und Erneuerung, von scheinbar gültigen Regeln und dem Überwinden der Regeln, weil diese doch nur im zeitgeschichtlichen Kontext Gültigkeit haben. Sie ist keine unantastbare Institution, die unkritisch und gläubig nachzuvollziehen ist, sondern im Gegenteil ein Angebot, welches kenntnisreich eigenes Denken und Handeln anstiften soll. Dabei wird die Tradition weder voreilig geringgeschätzt noch wird sie zur objektiven Wahrheit erhoben.

Ein Beispiel aus der Kunstgeschichte kann zeigen, wie dynamisch die Aufnahme und Verarbeitung der Kunst durch Künstler*innen sind, wie wichtig diese individuelle Verarbeitung für das eigene künstlerische Arbeiten ist und wie notwendig auch, sich von anderen bewusst abzugrenzen. Françoise Gilot erzählt in ihren Erinnerungen von einem Gespräch zwischen ihr, Picasso und Matisse:

> »Eines Tages, als wir Matisse besuchten, zeigte er uns ein paar Kataloge, die er von seinem Sohn Pierre bekommen hatte. (…) Die Kataloge enthielten Reproduktionen von Bildern Jackson Pollocks und anderer Maler, die zu dessen Richtung gehörten. ›Ich glaube ich bin unfähig diese Art von Malerei zu beurteilen‹, sagte Matisse, nachdem wir die Kataloge durchgesehen hatten, ›weil man einfach immer unfähig ist, das gerecht zu beurteilen, was auf das eigene Werk folgt‹« (Götz Adriani, 1996, S. 17).

Matisse erzählt dann aus seinen Erinnerungen von einem Besuch als junger Mann bei dem inzwischen betagten Renoir zwischen 1917 und 1918:

> »Er empfing mich sehr freundlich, und deshalb brachte ich ihm nach einigen weiteren Besuchen ein paar meiner Bilder, um seine Meinung darüber zu hören. Er betrachtete sie ziemlich missbilligend. Schließlich meinte er: ›Nun, um die Wahrheit zu sagen: Mir gefällt nicht, was Sie malen. Das hat verschiedene Gründe. Ich würde am liebsten sagen, dass sie eigentlich kein guter Maler sind, oder sogar, dass sie ein sehr schlechter Maler sind. Aber etwas hält mich zurück, ihnen das zu sagen. Wenn sie ein wenig Schwarz auftragen, dann bleibt es wirklich auf der Leinwand. Während meines ganzen Lebens habe ich gesagt, man könne kein Schwarz mehr verwenden, ohne ein Loch in die Leinwand zu machen. Schwarz sei keine Farbe. Aber Sie drücken sich in der Farbensprache aus. Und doch tragen Sie Schwarz auf, und es bleibt haften. Deshalb glaube ich, dass Sie eben trotz allem doch ein Maler sind, obwohl ich überhaupt nicht mag, was Sie malen, und ich Ihnen am liebsten sagen würde, Sie seien ein schlechter Maler‹. Matisse lächelte. ›Seht ihr, es ist sehr schwierig, die nachfolgende Generation zu verstehen und richtig einzuschätzen. Nach und nach schafft man sich, wenn man durchs Leben geht, nicht nur eine eigene Sprache, sondern zugleich eine ästhetische Doktrin. Das heißt, man stellt nicht nur für sich selbst die Werte auf, die man schafft, sondern man erhebt sie gleichzeitig, wenigstens bis zu einem gewissen Grade, zu absoluten Maßstäben. Und so wird es umso schwerer, eine Malerei zu verstehen, deren Ausgangspunkt jenseits der eigenen Endstation liegt. Sie beruht auf vollkommen anderen Grundlagen ‹« (ebd.).

Hier spiegeln sich Differenzen zwischen den Generationen, das Nicht-Mitgehen wollen bei neuen Entwicklungen, aber auch der Respekt vor der Tradition und bei Renoir sogar für die nächste Generation, was selten ist. Eine neue Künstler*innengeneration muss vorhandene Regeln und Kunstauffassungen aufbrechen und erweitern, ansonsten gäbe es keinen Fortschritt. Die Überwindung von Traditionen ist in der Moderne immer wichtiger geworden. Spätestens seit dem Impressionismus haben sich Künstler*innen Freiheiten gegen die Erwartungshaltungen der Öffentlichkeit erkämpft. Auf der anderen Seite müssen aber auch Verbindungen zu Traditionen hergestellt werden, sonst würden sich die kommenden Generationen von wertvollem Wissen abschneiden und die Folge wären möglicherweise verengte Perspektiven, die überwiegend vom Zeitgeist geprägt sind. Heute erscheint es mitunter so, dass das Überwinden oder das »über Bord werfen« von Traditionen regelrecht von Künstler*innen erwartet und ausgesprochen positiv vom Kulturbetrieb beantwortet wird, was wiederum auch einen problematischen Außendruck oder Erwartungsdruck aufbaut und die Kunstfreiheit bedrängt, wenn auch ganz anders als noch im 19. Jahrhundert.

Diese Dualität von *Anbindung und Überwindung von Traditionen* müsste sich auch im Kunstunterricht wiederfinden: Faktenwissen, historisches Wissen, aber *kein unkritisches* Nachvollziehen des »Gültigen«. Das Erlernen von künstlerischen Techniken (Handwerk), das Üben möglicher Rezeptionswege, die mit den Schüler*innen diskutiert werden, gehen eine Verbindung mit den eigenen künstlerischen Wegen der Schüler*innen ein, die ausdrücklich gewünscht sind und gefördert werden sollen. Der Rückbezug auf das Entwicklungsalter der Lernenden darf dabei nicht vergessen werden.

5.3 Pädagogische Konsequenz: Induktion statt Deduktion

> Die kunstdidaktischen Überlegungen und Entscheidungen müssen rational sein, die Kunst selbst ist es nicht!

Die *Berliner Didaktik* ist auch mit einem deduktiv-didaktischen Denken verbunden: Ein Unterrichtsstoff wird in seiner Struktur zunächst analysiert, davon werden dann Intentionen/Lernziele abgeleitet (deduziert) und für diese Ziele die geeigneten Methoden gesucht. Hinzu kommen noch die *anthropogenen Bedingungen* und die *sozio-kulturellen Bedingungen,* die zu berücksichtigen sind. Die Beachtung dieser beiden Aspekte hätte schon das theoretische Potenzial, einen schülerorientierten Unterricht zu konzipieren, der Interessen und Lebensbezüge einschließt.

Dieses Vorgehen im Kontext der Kunstdidaktik ist vor allem, was die rationale Strukturanalyse der Kunst angeht, mit dem Namen G. Otto verbunden. Sie kann jedoch der Sache *Kunst* und auch den Schüler*innen mit ihren individuell-subjektiven Anteilen nicht gerecht werden. Ein Beispiel für das deduktive Vorgehen im Kunstunterricht, wie es Otto entwickelte, ist sein Unterrichtsbeispiel »Reicher Hafen« in dem Grundlagenwerk der Berliner Didaktik: *Unterricht. Analyse und Planung* (Heimann/Otto/Schulz, 1965, S. 125–139). Aber auch schon hier relativiert Otto seine deduktive Sichtweise, ohne sie aufzugeben:

> »Aus der Struktur der Kunst ergeben sich Möglichkeiten der Auseinandersetzung unter verschiedenen Gesichtspunkten: dem der Herstellung von Zeichen, der Bildordnung, des Inhalts und anderer. Auf jeden dieser Aspekte des Kunstwerks kann man andere Intentionen des Unterrichts beziehen. Kein Werk wird jedoch von *einer* Intention her *allein* erschließbar sein. (…) Deswegen wird im Folgenden lediglich noch von ›vorherrschenden‹ Intentionen gesprochen und darüber hinaus angenommen, dass weitere zur Geltung kommen« (ebd., S. 128).

Diese Aussage zeigt, dass Otto schon früh selbst um die Schwierigkeit weiß, das »Ästhetische« in erster Linie mit rationalen Strukturelementen zu erfassen. In der Auseinandersetzung mit Gert Selle schreibt er:

> »Unter meinen Unterrichtsentwurf für die II. Staatsprüfung, der fünf Varianten möglicher Unterrichtsentwürfe enthielt, habe ich auf Anraten meines Seminarleiters geschrieben: Der Verlauf des Unterrichts kann sich gemäß den Intentionen der Schüler verändern. Das war vor 45 Jahren im Jahre 1951. Unterricht ist prinzipiell eine *experimentelle* Situation« (Antwort auf Gert Selle, in K+U, 1995, S. 17).

Bemerkenswert ist, dass Otto hier von den *Intentionen der Schüler* spricht! Dieser ausgesprochen wichtige Gedanke findet kaum Eingang in seine Didaktik. Die Offenheit und Klarsichtigkeit, mit der Otto insbesondere über die Dynamik des künstlerischen Produktions-Prozesses schreibt (Otto, 1969, S. 51 f.), passt so gar nicht zu der didaktischen Konzeption, die er entfaltet. Seine Erkenntnisse über die Kunst und den künstlerischen Prozess finden zumindest in den frühen Schriften kaum Entsprechung in seiner Didaktik. Somit ist Ottos Denken trotz aller Widersprüchlichkeit ausgesprochen deduktiv zu nennen, wie ein anderes Beispiel aus dem

Grundlagenwerk *Kunst als Prozess im Unterricht* von 1969 für das 9. Schuljahr zeigen kann (▶ Kap. 7.5.6). Hier die Aufgabenstellung:

> »**1.0 Bildnerische Problemstellung:** Herstellung eines in sich differenzierten Farbgefüges aus Farbflecken.
>
> 1.1 Die drei Farbbereiche Blau, Braun und Grün sind in sich nach Hell und Dunkel (damit zugleich nach Warm und Kalt) und in Richtung auf ihre jeweilige Nachbarfarbe zu differenzieren;
> 1.2 die drei Farbbereiche sind zur Bildeinheit zu integrieren;
> 1.3 der Bildzusammenhang ist in fleckhafter Malweise, von Farbflecken zu Farbzusammenhängen und Farbgefügen fortschreitend, aufzubauen.
>
> **2.0 Mögliche Motivbindung:** Es steht frei, den Farbbereichen Atmosphärisches (Blau), Erde (Braun) und Vegetation (Grün) zuzuordnen.
> **3.0 Material:** Deckfarben, flacher Borstenpinsel, weißes Papier im Format 46x42 cm.
> **Lernziele (Mager, 1966) der Teileinheit 1**
>
> - Erzeugung von Tonwertfolgen in jedem der drei Farbbereiche (was als ›Tonwertfolge‹ gilt, wird mit der Klasse vereinbart);
> - Integration der drei Farbbereiche zur Bildeinheit, indem innerhalb eines jeden Farbbereiches mindestens eine der beiden anderen Farben sekundär verwandt ist bzw. durch kompositorische Verschränkung der Farbbereiche« (Otto, 1969, S. 202).

Wolfgang Legler stellte die Konzeption Ottos auf die Probe, indem er die Aufgabenstellung in einem Workshop mit Kunstlehrer*innen durchführte (Legler, 2011, S. 290). Intuitiv verweigerten diese sich der Aufgabenstellung und ließen sich stattdessen lediglich durch einige Schlüsselbegriffe zum eigenen künstlerischen Gestalten anregen – die bildnerischen Ergebnisse, die dabei entstanden, sind ausgesprochen gelungen.

Allein die Aufgabenstellung (siehe oben) ist sprachlich so kompliziert gestellt, dass sie sich Schüler*innen der 9. Klasse, aber auch Erwachsenen kaum erschließt. Sie erinnert eher an eine Textaufgabe im Mathematikunterricht, die in erster Linie das sprachliche Denken (Texte sinnverstehend erlesen) beansprucht. Das künstlerische Denken wird durch eine solche Aufgabe nicht angeregt, die Lust an der Begegnung mit Farben und Kompositionen, welche durch Cezanne inspiriert ist, wird so keinesfalls geweckt. Erst die intuitiv-subjektive Umdeutung und Aneignung der Aufgabe durch die selbstbewussten erwachsenen Seminarteilnehmer*innen, was im schulischen Kontext schon einem Ausweichen oder einer Verweigerung der Aufgabe gleichkommt und möglicherweise negativ rückgemeldet wird (schlechte Note), konnte die Auseinandersetzung dann im Ergebnis noch ins Positive wenden. Das *Verstehen* von Cezannes Malerei und das *Verstehen* der ihr zugeschriebenen zentralen Bedeutung für die Entwicklung der Moderne, wie es Otto im Unterricht anstrebt, kann mit dieser Aufgabenstellung, die im Bereich der künstlerischen Produktion angesiedelt ist, wohl kaum befördert werden – dafür ist die Kunst Cezannes zu komplex. Fragestellungen, die sich mit der kunsthistorischen Bedeutung von Cezannes Werk befassen, könnten am ehesten noch mit Gesprächen und kunsthistorischen Quellentexten vertieft werden. Das heißt: Die Deduktion der Lernziele aus der Stoffanalyse (Cezannes Malerei) und die methodische Umsetzung (malerische Übungen) können im Grunde nicht gelingen, sondern führen zu einem verkrampften, von Unsicherheit geprägten pädagogischen Setting, bei dem die Schüler*innen Angst haben müssen, etwas falsch zu machen und eine schlechte Note zu bekommen: Mache ich das richtig? Habe ich das richtig verstanden? Mal gucken, wie es mein*e Nachbar*in macht.

> **Induktion**
>
> Es ist aber durchaus vorstellbar, praktische Aufgaben zu stellen, die sich auf den malerischen Zugang Cezannes beziehen, welche den Schüler*innen die Wege der künstlerischen Arbeit eröffnen, ohne sie festzulegen. Solche Aufgaben zu formulieren und zu diskutieren, könnte ein Thema eines Vorbereitungsseminars für das Praktikum sein. Ein erster Schritt bestünde darin, die einschüchternde sprachliche Form der Aufgabenstellung so anzupassen, dass sie keine zusätzliche Hürde für den Einstieg in ein künstlerisches Tun darstellt, sondern klar und deutlich ist und somit motivierend wirkt. Weiter fehlt bei den Vorschlägen von Otto die Möglichkeit, im Kontext der Malerei Cezannes eigene Wege der Übenden zu gehen, eigenen Impulsen zu folgen, eigene Akzente zu setzen, sich anzunähern oder abzugrenzen, ohne die Furcht, die Aufgabe möglicherweise nicht richtig verstanden zu haben und deshalb auf dem falschen Weg zu sein. Ein solches *Hineinführen* in ein künstlerisches Feld mit seinen künstlerischen Potenzialen kann man *induktiv* nennen. Den Begriff der *Induktion* führte Buschkühle in die Kunstpädagogik ein: »Eine solche Aufgabenstellung ist anders akzentuiert als eine deduktive, die von einem gesetzten Gegenstand ausgeht, von da aus allgemein verbindliche Sachaspekte und Kriterien ableitet, die dann von allen zu bearbeiten sind« (Buschkühle, 2017, S. 301). Die Wege der einzelnen sind nicht vorauszusehen und dennoch sollen Unterrichtsziele formuliert werden, denn eine induktive Auffassung von Kunstunterricht ist nicht ziellos. Die Unterrichtsziele legen aber nicht die Ergebnisform fest! Auch für eine induktive Auffassung von Übungen und Aufgaben ist die Auseinandersetzung der Lehrenden mit dem Unterrichtsgegenstand (»Stoff«) notwendig. Die didaktischen Entscheidungen, welche in der Aufgabenstellung münden, sind aber offener angelegt, ohne beliebig zu sein. Das induktive Vorgehen trägt »Struktur und Charakter des ästhetischen Stoffs« (Richter, 1984, S. 24 ff.) Rechnung sowie den subjektiv-individuellen Anteilen der Schüler*innenäußerungen, was Legler das »Spannungsverhältnis doppelter Loyalität« (Legler, 2011, S. 297) nennt. »Deshalb darf nicht das Erkennen ›wesentlicher‹ Gehalte einer künstlerischen Hervorbringung normativ vorgegeben werden, sondern es ist zu ermitteln, was auf bestimmten Entwicklungsstufen für den Rezipienten, das Kind, als ästhetischer-

> fachspezifischer Erfahrungsgewinn wesentlich sein kann« (Kirchner, 2009, S. 128). Es geht um ein Angebot, das durchaus auch in Aufgabenform an die Schüler*innen herangetragen wird, das sich ein Kind, ein Jugendlicher, ein*e Schüler*in oder ein*e Erwachsene*r dann aber selbsttätig *unter Einbezug eigener Entscheidungen* – und nicht »gehorsam« (Buschkühle, 2017, S. 82) eine Aufgabe erfüllend – erschließen soll: experimentell, systematisch, forschend, suchend, findend und im Austausch mit anderen.

Eine deduktive Kunstdidaktik würde die Frage *Ist Kunst lehrbar?* in der Folge einer recht ahistorischen Kunstauffassung durchaus klar mit *Ja* beantworten: Zunächst sind die »strukturellen Merkmale« des Unterrichtsgegenstandes, der Kunst, herauszuarbeiten (zur »strukturellen Analyse«: Otto, 1969, S. 45 ff., Legler, 2011, S. 300). Davon würden die relevanten Lernziele abgeleitet und damit verbunden die passenden Aufgaben gesucht, welche die gesicherten Erkenntnisse und allgemeingültigen Merkmale des Unterrichtsgegenstands transportieren sollen. Biografische Eigenheiten der Künstler*innen, Zufälle, sich unversöhnlich gegenüberstehende Kunstkonzepte und Kunstmentalitäten, wie sie in der klassischen Moderne überall zu finden sind, werden hier vernachlässigt und geglättet. Dabei sind es gerade diese geschichtlichen Wege, Konkurrenzen, Beziehungen, Einflüsse von herausragenden Persönlichkeiten, Zeiteinflüsse und politische Wetterlagen, die Schüler*innen interessieren können. »So viel Klarheit hatte es in der Geschichte der Kunstpädagogik nie gegeben.« schreibt Legler (Legler, 2011, S. 289) mit einem ironischen Unterton zu Ottos Kunstdidaktik.

> »G. Otto rechnet nicht mit dem besonderen, hermetischen, ›dunklen‹ Charakter der sogenannten modernen Kunst, er sieht sie im Gegenteil als ›theoriebezogen‹, rational, auflösbar, reproduzierbar an. Wäre sie das, dann stünde einer Deduktion nichts im Wege« (Richter, 1976, S. 39).

Der Preis für diese scheinbare Klarheit ist die Simplifizierung des Gegenstands, seine Reduktion auf einige Strukturmerkmale und auf der Aufgabenseite die Instrumentalisierung des praktisch-künstlerischen Arbeitens der Schüler*innen für den Nachvollzug dieser Merkmale ohne eigene künstlerische Initiative. Das bildungsstiftende *in Dialog treten* (Legler, 2011, S. 296) mit dem Gegenstand findet gar nicht erst statt.

Ein deduktives Vorgehen hat in der Kunstpädagogik nur dort seine Berechtigung, wo es nicht um künstlerische Wege geht, sondern um das Einüben künstlerischer Techniken. Für Studierende der Kunstpädagogik ist es wichtig, über die Unterschiede von induktivem und deduktivem Denken in der Kunstdidaktik nachzudenken und sie zu verstehen (▶ Kap. 7.5.4).

5.4 Warum das alles?

Andreas Brenne bemerkt, dass diese Art der »Nachahmungsdidaktik« in der Fachdiskussion vielfache Kritik erfahren hat und als überwunden gelten kann (Brenne, 2004, S. 333). Buschkühle stellte kürzlich noch einmal in Gegenüberstellung der Konzepte von Gunter Otto und Gert Selle die unterschiedlichen didaktischen Optionen prägnant dar (Buschkühle, 2017, S. 78 ff.). Nicht nur Otto trifft seine Kritik, sondern auch Gert Selle, der wesentlichen Fragen von Didaktik und Methodik in seiner Rundumkritik alles Didaktischen ausweicht und unbeantwortet lässt. Es muss auch erwähnt werden, dass G. Otto gerade in seinen letzten Veröffentlichungen sich dieser Kritik öffnete und die Rezeption seiner Schriften sicherlich nicht immer in seinem Sinne gewesen ist (Legler, 2011, S. 325 ff. und 340).

Obwohl der Diskurs bereits ausführlich geführt wurde, ist es wichtig, auch im Ausbildungszusammenhang (Studium, Referendariat und Weiterbildung) noch einmal auf den Unterschied zwischen deduktivem und induktiv-didaktischem Denken einzugehen. Nicht selten taucht ein deduktives kunstdidaktisches Denken in Unterrichtsentwürfen und -versuchen im Praktikum auf. Es wird nicht zuletzt durch fachdidaktische Seminare in anderen Fächern angeregt, bei denen die didaktische Deduktion durchaus Sinn ergeben kann. Von einer Didaktik, die angeblich die Lernziele vorher genau bestimmen kann, geht eine Faszination aus, weil sie in der aktuellen Kunstlandschaft Sicherheit bietet, in der es ausgesprochen schwierig ist, sich zu orientieren. Ein weiter Grund, weshalb die Deduktion attraktiv ist und so viel Wirkung in der Schulpraxis entfaltet und noch den Studierenden aus der eigenen Schulzeit in Erinnerung ist, dürfte die Möglichkeit zur Unterscheidung in *richtig und falsch* sein, anstatt nach Qualitäten zu fragen. Dies ist dann die Grundlage für die ständige und leider oft nicht hinreichend reflektierte Leistungsbewertung und -benotung in der Schule (Sievert, 2000, S. 60–61). Der Preis dieser »Klarheit« ist aber die Gefahr, »den ›Geist‹ der Kunst durch den ›Geist‹ von Lernsystematik zu ersetzen« (Buschkühle, 2017, S. 218) und Prozesse der Einfühlung, der Intuition und unbewusste Vorgänge immer gleich den »rationalen Auslegeprozeduren« (ebd.) unterzuordnen. Daher ist es nach wie vor wichtig, diese Zusammenhänge und Unterschiede zu anderen Fächern intensiv mit den Teilnehmer*innen im Seminar zu diskutieren. Wichtig für Lernende ist auch der Hinweis auf die guten Traditionen im Fach und damit auf ältere kunstpädagogische Konzepte, in denen sich engagierte Kunstpädagog*innen bereits spätestens seit der Kunsterziehungsbewegung über die Förderung der künstlerischen Arbeit von Kindern und Jugendlichen in einem induktiven Sinn Gedanken gemacht haben. Die folgende Aussage stammt von dem amerikanischen Reformpädagogen John Dewey. Sie fasst schon vor 100 Jahren sehr gut eine auch heute noch gültige kunstpädagogische Grundhaltung zusammen:

> »Die Sorge des Lehrers muss (…) stets auf den Ausgleich von Tradition und Neubeginn gerichtet sein. Dem Kinde sollen anregende Impulse zukommen, die allerdings lösend und nicht erdrückend auf seine Kräfte zu wirken haben. Die Lösung besteht für ihn [Dewey, KW] ausdrücklich in der Verbindung beider Seiten (›the solution lies in finding a mid-point between the two extremes …‹) zu einer schöpferischen Einheit; beide verkörpern in einseitiger Betonung ein im Grunde unproduktives Extrem« (Röhrs, 1998, S. 130).

6 Elemente des Didaktischen Kreises für Einsteiger*innen

In diesem Kapitel wird noch einmal zusammengefasst, was für Einsteiger*innen bei genauerer Betrachtung der einzelnen Elemente des Modells besonders wichtig erscheint. Die folgenden Aspekte sind wesentlich und kommen in der einen oder anderen Form durch die Übungen und Seminarinhalte immer wieder zur Sprache und in den Reflexionsfokus. Teilweise sind die Lernaspekte in Frage- und Ich-Form aus Sicht der Seminarteilnehmer*innen formuliert. Viele Aspekte durchdringen sich und sind nicht immer klar voneinander zu trennen. So kann die Forderung, dass eine künstlerische Technik selbst erprobt werden muss, bevor sie im Unterricht mit Schüler*innen eine Rolle spielt, den Sparten *Kunst, Methodik und Didaktik* zugeordnet werden.

6.1 Die Schüler*innen

Die Studierenden sollen im Verlauf des Seminars immer wieder einen vertieften Blick auf die Schülerschaft richten. Es geht darum, sich gedanklich mit der Klientel eingehender zu befassen und später im Praktikum zu beobachten und daraus pädagogische Konsequenzen zu reflektieren.

- Mit welchen Schülergruppen/Freizeitgruppen/pädagogischen Angeboten habe ich bereits *Erfahrungen* gemacht? Mit welchen Altersgruppen arbeite ich besonders gerne und mit welchem nicht, warum könnte das so sein?
- *Allgemeines Verhalten der Lerngruppe*, allgemeines Lernverhalten, Verhalten in informellen Situationen (Schulhof, Flur, Bushaltestelle), Spielverhalten, Sozialverhalten, Wahrnehmung der Lebenswirklichkeit der Schüler*innen: Welche Medien werden konsumiert und genutzt, welche Themen sind wichtig, wie selbständig sind die Schüler*innen usw.
- *Voraussetzungen im Fach Kunst:* Welche Kompetenzen sind bei den Schüler*innen vorhanden im Hinblick auf: Bildbesprechung/Reflexion, Kenntnisse zur Kunstgeschichte, Anwendung von künstlerischen Techniken, Erfahrungen mit Materialien, Kompetenzen im selbständigen künstlerischen Denken und Arbeiten, die Haltung zum Kunstunterricht insgesamt (Motivation)? Welche Leistungsbereitschaft zeigen Schüler*innen im Fach Kunst? Welche Kompetenzen sind im Be-

reich Kinderzeichnung, Jugendzeichnung, zeichnerische Kenntnisse, Fertigkeiten und Interessen feststellbar?
- *Suche nach Anschlussstellen für den Kunstunterricht*; Interessen, Lebensweltbezug: Konflikte, Wünsche, Zukunftsängste usw. Welche Themen könnten für das jeweilige Entwicklungsalter interessant oder wichtig sein?
- *Frage nach Förderbedarf*: Gibt es Schüler*innen mit Entwicklungsrückständen, Nachholbedarf, milieubedingten *Hemmnissen*, Demotivation, Behinderungen oder Benachteiligungen?
- Überlegungen anstellen, welchen Beitrag die Kunstpädagogik zur Förderung leisten kann, welche Beitrag bei einer *inklusiven Beschulung* geleistet werden kann.

6.2 Die Kunst

Die Studierenden sollen im Verlauf des Seminars immer wieder über ihren eigenen künstlerischen Standpunkt reflektieren und dem Einfluss auf ihr kunstdidaktisches Denken nachgehen.

- *Der eigene künstlerische Standpunkt im Moment:* Klärung und Bewusstwerdung der eigenen Beziehung zu Bildern, visuellen Medien, Kunst. Welche Art von Kunst, Kunstderivaten, Trivialem ist mir nah und warum, *Lieblingskünstler*innen*, wie fand meine Enkulturation, eigene künstlerische Entwicklung statt? Wann sind mir Bilder/Kunst wichtiger geworden? Welche *Schlüsselerfahrungen* habe ich mit der Kunst bisher gemacht: Museumsbesuch, Kennenlernen eines/einer Künstler*in, *eigene Erfolge* beim künstlerischen Arbeiten, Entstehung des Berufswunsches, Erfahrungen mit Kunstpädagog*innen, Teilnahme an Workshops, Vorbilder?
- Künstlerische Techniken, die im Unterricht thematisiert werden, sollen immer selbst erprobt werden.
- Welche Kunst ist mir durch das Studium nähergekommen? auch: Kunstgeschichte
- Welche Kunst ist mir fern und wie gehe ich damit um?
- Welche künstlerischen Techniken übe ich selbst gerne aus? Was möchte ich noch entwickeln? Womit bin ich bei meiner eigenen künstlerischen Arbeit noch unzufrieden?
- Wie gehe ich mit *frustrierenden Erfahrungen* um? Wann bin ich kreativ, was brauche ich, um kreativ zu sein?

6.3 Didaktik

Das Verhältnis der Kunstpädagogik zu den Zielen, Intentionen oder Absichten des Unterrichts ist spannungsvoll und kompliziert. Ziele im Kunstunterricht dürfen sich dynamisch verändern, allerdings nicht, um Schwierigkeiten auszuweichen, was einem Themenhopping ohne Vertiefung gleichkäme. Kompetente Kunstpädagog*innen haben genügend Erfahrung mit künstlerischen Prozessen und können gerade im Dienste einer Vertiefung zu eigenen Wegen der künstlerischen Gestaltungen der Schüler*innen begleiten und beraten. Sie sind nicht verunsichert durch Experimente und diverse Versuche der Schüler*innen, sondern wollen diese sehen. Sie müssen sich pädagogisch nicht an unbeweglichen Ergebnisvorstellungen festhalten und die Schüler*innen von Anfang an darauf festlegen, im Gegenteil. Daher sind die Ziele im Kunstunterricht flexibel, aber niemals beliebig.

Der letzte Diskussionsstand ist vom Terminus der »Kompetenzen« geprägt, die die Lernziele an die Person der Schüler*innen knüpft und nicht an den Lerngegenstand. Insgesamt lässt sich über die Jahrzehnte, etwa in den Lehrplänen, ein Wechsel von kleinschrittigen Zielformulierungen zu Zielformulierungen erkennen, die allgemeiner formuliert sind. Beide Konzepte können Inhalt der Seminararbeit sein und aus beiden können wertvolle Erkenntnisse gewonnen werden. Ähnliches trifft für fachdidaktische Literatur außerhalb der Lehrpläne zu. Wichtig ist dabei nur, die kritische Haltung gegenüber den Veröffentlichungen zu entwickeln, nichts »gläubig« und unreflektiert zu übernehmen und das eigene Denken nicht dabei einzustellen. Gute Kunstpädagogik erwächst in erster Linie aus eigenen Ideen der Kunstpädagog*innen. Auch hier gilt, ähnlich wie beim Hineinführen in einen künstlerischen Prozess: Das selbständige Suchen nach Unterrichtsideen ist der Deduktion (Ableitung) von Vorgefertigtem vorzuziehen. Das Vorhandene kann uns aber wertvolle Tipps und Anregungen zum eigenen Denken liefern.

> Das zentrale Ziel eines kunstpädagogischen Seminars muss daher lauten: Wie können wir die angehenden Lehrpersonen befähigen, unter Einbezug von Fachliteratur und anderen Quellen eigene Ideen für den Kunstunterricht zu entwickeln und zu konkretisieren?

Ein Beispiel aus der Praxis: Eine Praktikantin in einer Grundschule erzählte mir während der Maskenpflicht wegen der Coronapandemie, dass ein Junge auf dem Schulhof auf sie zukam und sagte: »Du siehst immer so ernst aus, du lachst nie!« »Aber schau mal«, sagte die Praktikantin, »ich lache doch, siehst du es?« Der Junge meinte aber, »Nein, immer noch nicht.« Sie betonte mir gegenüber, sich besonders bemüht zu haben mit den Augen Freundlichkeit auszustrahlen und zu lachen, der Junge habe es aber nicht so »gelesen« und konnte es nicht erkennen. Diese Begegnung auf dem Schulhof ist eine Schlüsselszene, um daran Kunstunterricht anzuknüpfen: Mimik und Gestik erkennen (lesen, deuten), Körperhaltungen und Gesichtsausdrücke verstehen und selbst bewusst einsetzen können, dazu fotografieren, zeichnen, filmen, plastizieren, Masken gestalten, kleine Theaterdarbietungen improvisieren, wieder filmen usw. Studierende sollten ermutigt werden, solche Situationen pädagogisch aufzugreifen und zu nutzen und erst in zweiter Linie »gehorsam« die Richtlinien befolgen. Die Teilnehmenden sollen im Verlauf des Seminars immer wieder einen vertieften Blick auf die verfolgten Absichten (Ziel-Inhaltsverbindungen) richten.

- Die Seminarteilnehmer*innen sollen sich grundsätzliche Gedanken über die *Rolle von Unterrichtszielen im Fach* machen. Wozu dienen Ziele im Kunstunterricht? Stehen Unterrichtsziele und die Freiheit der künstlerischen Arbeit nicht in einem unversöhnlichen Gegensatz? Was sollen Ziele leisten und was nicht?
- Sie sollen sich bewusstmachen, was ihre *eigenen favorisierten Vermittlungsabsichten* sind: Was ist mir besonders wichtig, wenn ich an Kunstunterricht denke, was möchte ich den Schüler*innnen nahe bringen?
- Sie sollen darüber hinaus *weitere Gruppen von Absichten* kennen lernen, die das Fach in seiner Geschichte entwickelt hat und vertritt.
- Sie sollen *selbständig über Ziel-Inhaltsverbindungen nachdenken* und diese entwickeln. Ähnlich wie der Kunstunterricht induktiv aufgefasst wird, soll auch das Entwickeln von Inhalten und Absichten durch die Teilnehmer*innen induktiv erfolgen, das heißt: Die Seminarteilnehmer*innen sollen *nicht nur vorgefertigte Konzepte übernehmen*, sondern eigene Ideen für Unterricht entwickeln und danach auf die Suche gehen.
- Woher kann ich Inhalte und Ziele im Fach gewinnen? Wie gehe ich mit vorgefertigten Stundenbildern/Stundenentwürfen um? Wie gehe ich mit Richtlinien um?
- Welche Unterschiede bestehen zwischen Schwerpunkten einer *künstlerischen Technik* und solchen der *künstlerischen Gestaltung (deduktives oder induktives Denken)?*
- Wie entwickle ich die *Aufgaben* für den Unterricht? Wie hängen sie mit den Zielen zusammen? Wie ist eine gute kunstpädagogische Aufgabe strukturiert?
- Welche Rolle spielt *meine eigene künstlerische Praxis* für meine Vorstellungen, die ich mir von Unterricht mache? Wieviel Nähe oder Distanz zu meiner eigenen Arbeit ist günstig? Kann ich meine eigenen künstlerischen Erfahrungen direkt didaktisch nutzen? Ist es günstig, meine eigene Kunst in den Unterricht einfließen zu lassen, was sind die Chancen und was die Gefahren dabei?
- Wie kann ich zu einem abwechslungsreichen Unterricht gelangen? Welche Bereiche muss ich noch näher betrachten, um nicht immer das gleiche anzubieten? Wo habe ich *Entwicklungsbedarf*?
- Wie kann ich eine *Unterrichtsreihe* konzipieren, die sinnvoll ist?

6.4 Methodik – Projekt im Praktikum?

Mit Recht gilt die Arbeit im Projekt im Fach Kunst als die bevorzugte methodische Großform, weil sie die kontinuierliche und vertiefte künstlerische Arbeit in der Schule am ehesten unterstützen und hervorbringen kann. Es geht darum, einen sinnvollen künstlerischen Weg mit den Schüler*innen zu verfolgen und nicht in zusammenhanglose Aufgabenfolgen zu verfallen, die abgearbeitet werden. Die Arbeit im künstlerischen Projekt setzt aber einiges voraus: die Kenntnis der Gruppe, eine Vertrauensbasis und vor allem eine gewisse Erfahrung der Lehrperson mit dem Wechsel von offenen und geschlossenen Unterrichtsformen. Außerdem ist ausreichend Zeit erforderlich, der Zugang zu vielfältigem Material, Räumen und Medien. Im Praktikum sind diese Voraussetzungen nicht ohne weiteres gegeben, daher erscheint es aus meiner Sicht eine Überforderung, von den Praktikant*innen die Durchführung eines Projekts zu fordern. Dies steht zunächst gewissermaßen im Widerspruch zu dem Studienziel, eben die Projektarbeit kennenzulernen und sich anzueignen. Um das Praktikum mit seinen vielfältigen Herausforderungen jedoch nicht zu überfordern, erscheint es ausreichend zu betonen, dass die Unterrichtsversuche *projektorientiert* geplant sein sollen, das heißt,

- es soll in Zusammenhängen (U-Reihe) gedacht und geplant werden,
- es soll methodisch vielfältig geplant werden und
- es sollen möglichst eigene U-Ideen Grundlage der Versuche sein.

Überforderungen an die U-Planung und -Durchführung führen schnell zur unreflektierten Übernahme von vorgefertigten Unterrichtsrezepten und verhindern das selbständige Nachdenken.

Die Studierenden sollen im Verlauf des Seminars immer wieder einen vertieften Blick auf die Wege des Lernens richten. Der Unterrichtsverlauf nach dem Schema Motivation, Erarbeitung, Umsetzung, Reflexion muss vielfältig erweitert werden:

- Die Seminarteilnehmer*innen sollen sich an *Methoden des KU erinnern*, die sie selbst erlebt haben.
- Die Seminarteilnehmer*innen sollen sich an *Lehrerpersönlichkeiten erinnern*, die sie selbst erlebt haben (Positivbeispiele, Negativbeispiele).
- Sie sollen sich über die *Wichtigkeit der Aktivierung der Schüler*innen* durch geeignete Methoden bewusstwerden.
- Sie sollen *Methoden des KU im engeren Sinne* kennenlernen und solche, die *außerhalb des Faches* entwickelt werden.
- Welche Methoden gibt es, die *niedrigschwellig* sind und deshalb motivierend einen Einstig in die künstlerische Arbeit ermöglichen *(evokative Verfahren, Zufallsverfahren)*?
- Sie sollen über die *Struktur einer U-Reihe* (Rhythmik, Wechsel der Arbeitsformen) und der *Struktur einer U-Stunde* (Rhythmik, Wechsel der Arbeitsformen) nachdenken.

- Wie kann ich die *künstlerische Wahrnehmung und Ideenfindung* durch die Schüler*innen selbst methodisch unterstützen?
- Wie kann ich eine interessante Stunde zur *Kunstgeschichte/Kunstbetrachtung/ Kunstreflexion* gestalten?
- Wie kann ich die *künstlerische Intuition* methodisch unterstützen?
- Wie kann ich die *Imaginationsfähigkeit* methodisch unterstützen?
- Wie kann ich *Motivation* und einen gelungenen Einstieg einer Stunde erzeugen?
- Wie kann ich eine gelungene *Reflexion* der Prozesse und Arbeitsergebnisse moderieren?
- Wie kann ich *Zwischenübungen* und kleinschrittige Übungen konzipieren?
- Wie kann ich ein *Gespräch mit der ganzen Klasse* führen? Worauf ist dabei zu achten (z. B. Bildbetrachtung)?
- Wie kann ich *frontale U-Phasen* erfolgreich gestalten?
- Wie setze ich *Medien* ein?
- Wie kann ich *Körperübungen und Bewegung* einsetzen?
- Welche Chancen und Grenzen bieten die *Gruppen- und Partnerarbeit*?
- Welchen Stellenwert hat die *Sprache* der Lehrperson?
- Wie stelle ich methodisch *Aufgaben*? Wie gestalte ich sie sprachlich?
- Wie kann ich *Aufgaben unterstützen* und nicht nur stellen? Welche *Barrieren* kann es bei Schüler*innen geben, in eine Aufgabe hineinzukommen, und welche Methoden halte ich dann bereit?
- Wie kann ich eine gute Unterrichtsidee/Aufgabe vereinfachen, um sie nicht gleich ganz aufzugeben?
- Welche *günstigenMaterialen* kann ich nutzen?
- Welche speziellen Methoden gibt es für *förderpädagogische und inklusive Bereiche*?
- Welchen Stellenwert hat die *Performanz* der Lehrperson?
- Welche Möglichkeiten der *Verschriftlichung*, z. B. in der *tabellarischen Darstellung* einer Stunde gibt es?

6.5 Einleitung des Übungsteils – ein Blick auf das Ganze

Übung 1

Sprechen Sie über Abbildung 3. Vielleicht kennen Sie kunstpädagogische Konzeptionen aus der Vergangenheit, die Sie einbringen können. Wie war etwa das Kunstverständnis der Kunstpädagog*innen um 1900, in der Weimarer Republik, in der NS-Zeit, nach 1945, in den 1960–70er Jahren und in der Gegenwart? Wie wirkte sich dieses auf das Verständnis von Kunstpädagogik aus?

Suchen Sie Unterrichtsbeispiele aus verschiedenen Zeiten und diskutieren Sie die dort vertretenen Auffassungen: *Für wen* (Menschenbild)/*wie* (Methoden)/

wozu (Absichten, Ziele)/*was* (Kunstauffassungen). Stellen Sie Vermutungen über Elemente an, die nicht ausführlich dargestellt, aber möglicherweise durch den Sprachgebrauch unterschwellig deutlich werden.

Literaturempfehlung: Giffhorn, 1978; Bering/Bering, 2011; Richter, 1981, 2003; Legler 2011; Franke, 2007; diverse Artikel aus Fachzeitschriften; Unterrichtsvorschläge aus Schulbüchern

Abb. 3: Wesentliche Elemente von Kunstpädagogik (siehe *Download*)

Ein Beispiel für eine Methode

Ernst Johann Adolf Stuhlmann (1838–1924) entwickelte in den 1870er Jahren die Zeichenmethode des »Netzzeichnens«, die er als Gewerbeschulrat in Hamburg verbreitete. Die Methode dominierte schließlich den Zeichenunterricht dort. Die Schüler*innen wurden angehalten, auf Blättern mit mehr oder weniger engen Gitterlinien Muster, geometrische Figuren und Ornamente zu übertragen, die mit steigenden Alter komplexer wurden. Wolfgang Legler schreibt: »Der große ›Vorteil‹ der ›Hamburger Methode‹ lag darin, dass sie von den Lehrern praktisch ohne Vorbildung unterrichtet werden konnte, da die entsprechenden Anleitungshefte im ›Medienverbund‹ mit den passenden Lehrmitteln ohnehin nichts dem Zufall – und das heißt eben auch: nichts der individuellen Entscheidung der einzelnen Lehrerin oder des einzelnen Lehrers überließ.« (Legler, 2011, S. 156)

Ein Beispiel für eine Zielrichtung

Der Text unten stammt aus der Schrift »Gegen den Kunstunterricht« von Heino R. Möller (1971, S. 23).

Die Visuelle Kommunikation wollte zum kritisch-analytischen Denken erziehen, um manipulative Absichten der Massenmedien zu durchschauen und zu entlarven.

»Aufgabe von Unterricht in Visueller Kommunikation ist die kritische Auseinandersetzung mit den visuellen Medien (Medienkritik): Die Auseinandersetzung mit ihren historischen, soziologischen, technologischen und informationstheoretischen Grundlagen und Wirkungen. Diese Auseinandersetzung geschieht in Analysen und Interpretationen visueller Informationen, ihrer Intentionen und Wirkungen; dazu gehört wiederum die Erarbeitung und Vermittlung von Methoden zur selbständigen Durchführung von Analysen und Interpretationen. Analysen und Interpretationen sind sinnvoll nur durchführbar im ständigen Aufweis jeweiliger Bezüge des Unterrichtsgenstandes zur gesellschaftlichen Umwelt: in den Analysen und Interpretationen visueller Informationen wird die gesellschaftliche Umwelt selbst zum Gegenstand des Unterrichts.«

Übung 2

Gehen Sie entweder von der Methode (Stuhlmann) aus oder von dem Text der Visuellen Kommunikation von 1971. Versuchen Sie, die anderen Elemente des Modells gedanklich zu ergänzen (▶ Abb. 3). Wie war das Menschenbild bei Stuhlmann, welche Ziele verfolgte er, welche Kunstauffassung vertrat er? Welche Ziele vertrat die Kunstpädagogik der 1970er Jahre (Visuelle Kommunikation), welches Menschenbild wurde dort vertreten? Gehen Sie selbständig auf die Suche nach Unterrichtsentwürfen/-konzepten, stellen Sie diese im Seminar vor und reflektieren Sie mit dem Modell.

II   Kunstpädagogik zwischen Lenkung und Offenheit – Übungsteil

7 Didaktik – im Spannungsfeld von Schüler*innen und Kunst

Studierende der Kunstpädagogik räumen der Kunst einen Stellenwert im Leben ein. Die Ausbildung verbindet Kunstproduktion und Kunstrezeption sowie didaktische Fragestellungen. Das Interesse beschränkt sich idealerweise nicht auf das Studium, die Kunstrezeption und -produktion hat auch im privaten Bereich, im Alltag und auf Reisen einen Stellenwert.

Kunstproduktion	**Kunstrezeption**
• Erlernen von künstlerischen Techniken	• Kunstgeschichtliches Wissen
• Genügend Erfahrung mit dem künstlerischen Prozess	• Kenntnisse zur Kunstrezeption (verschiedene Zugänge zur Kunst und anderen Bildsorten)
• Erfahrung mit eigener Ausstellungstätigkeit	• Museumsbesuche, Kunst auf Reisen und Ausflügen aufsuchen

AUSTAUSCH

Abb. 4: Kunstbezug bei Lehrpersonen

Gegenstände der Kunstpädagogik nach J. Krautz (2020, S. 30)

»Malerei, Zeichnung, Druckgrafik, Plastik, Skulptur, Objekt, Installation, Bauen, Montieren, Konstruieren, Fotografie, Film, Video, Typografie, Schrift, Grafik, Layout, performative Kunstformen, konzeptuelle Kunstformen, interaktive Gestaltungsformen, u. a.«

Vielleicht sollten *Architektur* und *Design* noch in die Liste aufgenommen werden. Krautz schlägt zudem vor, zwischen *Bildender Kunst* und *angewandter Gestaltung* zu unterscheiden (ebd., S. 28). Spätestens seit der Zeit der Visuellen Kommunikation sind auch die Produkte der Massenmedien (Printmedien, Werbung, TV, Kino, Film) und sogenannte triviale Produkte in den Kanon aufgenommen worden. Kunstpädagogik befasst sich also nicht nur mit offizieller Kunst (historisch und zeitgenössisch) im engeren Sinne, sondern mit der gesamten visuellen Welt. Auch innerhalb der modernen Kunst und nicht nur in der Pop Art spielen visuelle Objekte der Medien, Werbung und des sogenannten Trivialen eine immer größere Rolle. So muss auch den digitalen Medien besondere Aufmerksamkeit zukommen, da die Bilderflut und deren Konsum in diesem Zusammenhang ausgesprochen prägend für die heranwachsenden Generationen sind und mit den digitalen Techniken neue künstlerische Möglichkeiten zur Verfügung stehen.

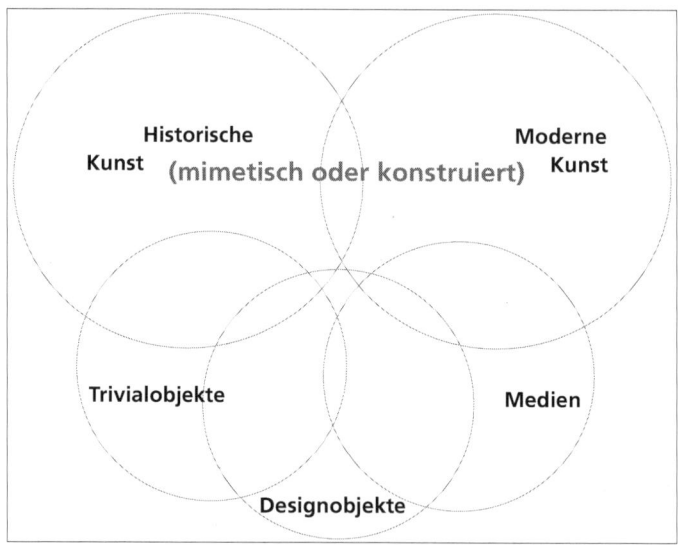

Abb. 5: Gegenstände der Kunstpädagogik (nach H.-G. Richter, 1984, S. 27)

Kommentar zu Übung 1 und 2

Abbildung 5 versucht, die Bereiche in ein Verhältnis zu setzen. Dabei nimmt die Kunst den größeren Anteil ein, weil ihr immer noch die wertvollsten Bildungsimpulse zugesprochen werden. Medien, Triviales und der angewandte Bereich machen aber ebenfalls einen erheblichen Teil aus. Für jeden Bereich muss die didaktische Dimension, also die Frage, welche Absichten mit den Inhalten verfolgt werden sollen, neu reflektiert und verhandelt werden. Das Anteilsverhältnis und die zu verfolgenden Absichten sind in der didaktischen Debatte selbstverständlich umstritten und dynamisch. Die Geschichte der Kunstpädagogik zeigt eindrucksvoll, wie sich Schwerpunkte in kurzer Zeit verändern können, man denke nur an die frühen 1970er Jahre und das Spannungsverhältnis von abstrakter oder auch ungegenständlicher Kunst und der gesellschaftskritischen Kunstauffassung, die dann für die 1970er Jahre prägend wurde. Die Kunstpädagogik mit ihren Zielvorstellungen ändert sich mit der Kunstauffassung ihrer Zeit (Legler, 2011, S. 303). Das Verhältnis von Tradition, Nachvollzug des Vorhandenen und dem Anteil von Differenz (Unterschiedlichkeit der Ergebnisse der Lernenden) ändert sich ebenfalls ständig. Für

Studierende ist es wichtig, die verschiedenen Bereiche zunächst als relevant wahrzunehmen und sich über den Stellenwert eigene Gedanken zu machen. Dies geschieht am besten, indem für die verschiedene Bereiche Unterrichtsvorschläge (Stundenbilder) gesucht und diskutiert werden (siehe Übung 1).

7.1 Der künstlerische Prozess und die Pädagogik

Künstlerischen Prozessen liegen immer Wahrnehmungen zugrunde, die dann die Grundlage für die weiteren künstlerischen Entscheidungen sind. Dies gilt auch für *kunstpädagogische Prozesse*. Auch hier bilden die gesammelten Wahrnehmungen die Basis für die Gestaltungen. Entscheidend ist dann, wie die Wahrnehmungen mit dem weiteren Formfindungsprozess verbunden sind.

1. Phase – Wahrnehmung intensivieren: Das Bekannte ist nicht bekannt und das Fremde wird vertraut

Der erste Schritt einer guten Kunstpädagogik ist die Verfeinerung der Wahrnehmung. Die Lernenden werden angeregt, sich der wahrnehmbaren Welt möglichst neu und mit einer Distanz zu den vielen Vorannahmen und Meinungen zu nähern, die wir in uns abgelegt haben. Sie werden ermutigt, sich gewissermaßen mit neuen oder fremden Augen und vielen Sinnen der Außenwelt zu nähern. Die Verfeinerung der Wahrnehmung wird z. B. im Konzept des »Mapping« (Busse, 2007, 2010) oder auch der »Künstlerischen Feldforschung« (Brenne, 2004) sehr differenziert dargestellt, spielt aber auch in jeder anderen kunstpädagogischen Konzeption eine wichtige Rolle.

> »Das wichtigste Ziel dieses Handlungsmoduls ist das Arrangement von Wahrnehmungssituationen, in denen Kinder und Jugendliche lernen, dass alltägliche und gewohnte Wahrnehmungsprozesse aufgebrochen werden können, wenn man Blickfelder fokussiert und verändert« (Busse, 2010, S. 12).

In dieser Wahrnehmungsphase und der Begegnung mit der Außenwelt sollen vorgefertigte Haltungen und Meinungen zunächst einmal im Sinne einer *Entkonventionalisierung* (Busse, 2007, S. 14) zurückgestellt werden, um neuen Sichtweisen Raum zu geben: Das ist schön, das ist hässlich, das ist langweilig, das ist wertvoll, das ist wertlos, da würde ich niemals reingehen, das ist eklig usw. Gleichzeitig sollen mit der Offenheit für neue Perspektiven (künstlerische) Interessen geweckt und entwickelt werden: »Das ist ja interessant, dem möchte ich nachgehen!« Dieser Prozess geht mit einer Verlangsamung einher, weil er Zeit braucht. Die Dokumente (Zeichnungen, Fotografien, anderes) können bereits künstlerischen Charakter haben, weil Dinge ins Blickfeld kommen, die im Alltag übersehen werden.

2. Phase – Die künstlerische Gestaltung vorantreiben

In der zweiten Phase werden die Schüler*innen bei der Transformation ihrer Wahrnehmungen in eine künstlerische Gestaltung begleitet (▶ Abb. 1; ▶ Tab. 1). Dieser Prozess ist vielschichtig und besteht aus einer Kreisbewegung von Produktion, Reflexion und immer wieder überarbeiteter Wahrnehmung.

Insgesamt ist festzuhalten: Eine möglichst weite Sammlung von Wahrnehmungen (ästhetische Forschung) ist für die künstlerische Arbeit substanziell, weil sie erst aus ihr erwächst und sich aus ihr speist. Die Wahrnehmungsleistung und die folgende Bearbeitung/Veränderung der Wahrnehmung zur künstlerischen Form gehören zusammen und machen den künstlerischen Prozess erst aus.

> Weder sollten die Wahrnehmungen als Grundlage vernachlässigt werden, weil sich dann das Produkt nicht grundständig entwickeln kann. Nicht selten ist die Folge eine Übernahme eines Vorbildes, weil der eigene Zugang fehlt.
> Noch sollte der Prozess in den Sammlungen von Wahrnehmungen verharren und die weiteren Schritte auslassen, denn dann wird die eigentliche Arbeit an der Form vernachlässigt.

Also ist zu fragen: Hat mein eigener künstlerischer Prozess und/oder mein kunstpädagogischer Prozess (Unterrichtsidee) eine ausreichende Grundlage in der Wahrnehmung? Habe ich der Wahrnehmungen ausreichend Raum gegeben, *bevor* ich die Form künstlerisch bearbeite? Habe ich meine Wahrnehmung (Sammlung) dann künstlerisch ausreichend transformiert? Worum geht es mir eigentlich dabei? Wo liegt mein künstlerisches Interesse?

Übung 3

Betrachten Sie veröffentlichte Unterrichtsbilder aus Fachzeitschriften

1. Unter dem Aspekt der Wahrnehmung: Wie wird sie erweitert und verfeinert?
2. Unter dem Aspekt der Umsetzung in eine künstlerische Gestaltung (Transformation):
   - Wie wird diese entwickelt und unterstützt?
   - Welche Aspekte (▶ Abb. 1) werden vorrangig verfolgt? Welche werden eher vernachlässigt? Warum, glauben Sie, ist das so? (Kunstverständnis, Zeitgeist, Zielvorstellungen der Autor*innen)

Übung 4

Wenn der künstlerische Prozess ohne eine Weiter-Verarbeitung der Wahrnehmung nicht vollständig ist, wie legitimieren sich dann die »ready mades« von Marcel Duchamp? Recherchieren Sie dazu und diskutieren Sie diese Frage im Zusammenhang mit dem geschichtlichen Hintergrund, vor dem die Kunst Duchamps entstand.

Ein Kunstwerk ist eine komplexe Form/Inhalts-Verbindung. Eine Idee, ein Gedanke, ein Interesse, ein Inhalt oder eine Absicht der Künstler*innen ist vorhanden und sucht eine Form, die diesen Inhalt künstlerisch transformiert. Dies geschieht aber nicht linear durch eine einfache Verknüpfung von Inhalt und Form, sondern vielschichtig und in vielen Schritten. Ein künstlerisches Vorhaben wird also nicht in einem stringenten Schritt umgesetzt, vielmehr handelt es sich um viele Kreisbewegungen von Handeln (Produktion) und Reflexion, die den Prozess über einen längeren Zeitraum voranbringen.

Tab. 1: Elemente des künstlerischen Prozesses methodisch unterstützt (▶ Abb. 1)

Didaktische Dimension: Angestrebtes Element, das unterstützt werden soll	Methodische Dimension: Wege der Umsetzung
Aisthesis: Umwelt-Wahrnehmung (ästhetische Erfahrung) verfeinern, ausweiten: Forschungen, Recherche, Untersuchungen, Dokumentationen. R. Reichel: Wahrnehmen und Empfindung innerer Prozesse: Das ist Gestaltpädagogik, Münster, 2005	fotografische/zeichnerische/malerische Studien, Dokumentationen, Sammlungen, beispielsweise das *Mapping* (Klaus-Peter Busse), oder die *künstlerische Feldforschung* (Andreas Brenne), bei Gert Selle, 1988, S. 86 ff. Körperübungen, Ansprechen verschiedener Sinne, Wahrnehmungsübungen aus der *Gestaltpädagogik*
Intuition: K+U, Heft 411/412, 2017: Abstraktion, rotierende Kalenderblätter (S. 36); K+U, Heft 366/367, 2012: Ausdruck; Buschkühle, 2017, S. 149, 228 (siehe auch Literatur zum Thema »Kreativität«)	Diese Kategorie hat eine enge Verwandtschaft zu Techniken der *Kreativitätsförderung:* Körperausdrucksübungen, Improvisationstheater, kreativitätsfördernde Übungen, gestalterische Übungen unter Zeitdruck: Collage, Zeichnung, Zeichnen/Malen nach Bewegung und in Bewegung
Handwerkliche Fertigkeiten: diverse Literatur zu künstlerischen Techniken	Gezielte Übungen zu künstlerischen Techniken: Zeichnen, malen, plastizieren, fotografieren, collagieren, schraffieren, lavieren, Lineaturen, malerische Flächen, skulptieren (abtragende plastische Verfahren, aufbauende plastische Verfahren), basteln, Drucken, kombinieren von Material
Kulturelles und kunsthistorisches Wissen: Bering/Heimann/Littke/Niehoff/Rooch, 2004	Bildbetrachtung, Bildbeschreibung und Bilddeutung, Quellentextstudium, Gespräche, Diskussion, Kontroverse, Rollenspiele, Exkursionen, Museumsbesuche, Referate, Vorträge, Schreiben von Kritiken, Erstellung von Katalog- oder Ausstellungstexten, Erarbeitung einer Ausstellungsführung
Reflexion des Prozesses: Klippert, 2006; Wirth, 2009; http://methodenpool.uni-koeln.de/	Diskussion, Gespräch, Bildbeschreibung, Einüben von Verbalisierungen (Erweiterung des Wortschatzes) Feedbackmethoden, Ausstellungsgestaltung, Präsentationen

Tab. 1: Elemente des künstlerischen Prozesses methodisch unterstützt (▶ Abb. 1) – Fortsetzung

Didaktische Dimension: Angestrebtes Element, das unterstützt werden soll	Methodische Dimension: Wege der Umsetzung
Regelwissen zur Gestaltung: Wick, 2009; Sowa u. a. (Hrsg.), 2009, S. 108–176	Diskussion, Gespräch, Kenntnisnahme von Gestaltungslehren (Bauhaus) und aktuellen Theorien zu Gestaltungsfragen (Kunst und Design), Erprobung von Kontrasten (Farbe, Form, Textur, Faktur, Material)
Imagination: K+U, Heft 278, 2003: Fantasiereisen; Sowa (Hrsg.) 2012, 2014; Buschkühle, 2017, S. 201 ff.	Gestaltungsübungen (digital, analog, Collage), Assoziationsübungen, geleitete Imagination (Fantasiereisen), anschließendes Gestalten, Gestalten nach literarischen Quellen (Märchen, Mythen, Erzählungen, selbst geschriebene Texte, Lyrik)
Experiment: Buschkühle, 2017, S. 304–318; Klieber, 2007, 2011, 2014; Reuter, 2007; Jenny, 1996	Ermutigung, frei mit Materialien und Überlegungen (Gedankenexperiment) umzugehen und handelnd in Erprobungen Möglichkeiten des Künstlerischen zu erforschen

Übung 5a: Gesprächsthema: Der künstlerische Prozess der Schüler*innen – wie kann ich ihn im Unterricht fördern?

Unterhalten Sie sich in der Gruppe zur Struktur eines künstlerischen Prozesses (▶ Abb. 1). Wie sieht ein künstlerischer Prozess zunächst bei Ihnen selbst aus? Wie beginnen Sie, wie entwickelt sich Ihr Produkt? Was brauchen Sie, um Fortschritte zu machen (Material, Recherche, Beratung, Austausch, Ruhe, Rückzug, Raum für eigene Entscheidungen usw.)? Was hindert Sie am Weiterkommen? Schauen Sie nun auf die Schüler*innen. Wie unterscheidet sich der Prozess der Schüler*innen von dem künstlerischen Prozess der Künstler*innen? Wo sind Gemeinsamkeiten und wo sind Unterschiede?

Übung 5b

Befassen Sie sich weiter mit dem künstlerischen Prozess und seinen Teilelementen. Versuchen Sie, den einzelnen Elementen künstlerische Verfahren zuzuordnen, erstellen Sie eine Tabelle dazu (vgl. ▶ Tab. 1).

Überlegen Sie, wie Sie auf die einzelnen *Elemente aus Abbildung 1 einen Schwerpunkt* setzen können und wie Sie diesen Schwerpunkt mit gezielten Aufgaben entwickeln könnten: die Wahrnehmung, die Empfindung, die Intuition, die Imagination, das Regelwissen/die Regelreflexion usw.

Zur Unterstützung von Übung 5b

Betrachten Sie vor ihrer Diskussion Abbildung 1 und lesen die folgenden Textstellen. Überlegen Sie dann unter Einbeziehung ihrer eigenen Erfahrungen, wie ein künstlerischer Prozess der Schüler*innen im Kunstunterricht und durch den Kunstunterricht initiiert und fortentwickelt werden kann.

Zur inhaltliche Seite des künstlerischen Prozesses

»Kunst als Philosophie mit anderen Mitteln« (Buschkühle, 2017, S. 156):

> »Die Philosophie nimmt sich die Freiheit des Geistes, dort zu fragen, da zu suchen, wo Sie ihr Interesse an der Sache hinführt, und ihre Untersuchungsmethode besteht darin, in die Tiefe zu bohren und in die Weite zu schauen, um bedeutungsvolle Zusammenhänge zutage zu fördern, die sowohl aus der Geschichte einer Sache erwachsen als auch deren Wissenschaftsgrenzen überschreitende Bezüge erkennbar macht. Die Philosophie ist weniger empirische Wissenschaft als auf Einsicht und Erkenntnis ausgerichtete Erzählung, die Wissen befragt, um neues Wissen, neue Einsichten und Blickwinkel zu generieren. Dem Begriff nach ist der Philosoph der ›Freund der Weisheit‹.« (Buschkühle, 2017, S. 113 f.).

Zur formalen Seite des künstlerischen Prozesses

> »Die Form eines Werkes gibt zu erkennen, welche ästhetischen und inhaltlichen Prozesse darin eingeflossen sind. Es ist die Form, die den Inhalt bildet. Bildet der Inhalt die Form, scheitern beide. Ist die Form nicht ausgearbeitet, bleibt auch die von ihr zur Darstellung gebrachte Bedeutung schwach. Eine schwache Form ist auch diejenige, die, so handwerklich perfekt sie auch ausgeführt sein möge, so sehr sie auch ästhetische Regeln beherrscht, eine Inhalt nur illustriert.« (ebd., S. 172)

Kommentar zu Übung 5

Die Seminarteilnehmer*innen sollen sich darüber Gedanken machen, wie ein authentischer künstlerischer Prozess der Schüler*innen im Kunstunterricht entwickelt werden kann und dort seinen Platz hat.

Sie sollen sich über die Vielschichtigkeit des künstlerischen Prozesses bewusstwerden und erkennen, dass man jeden einzelnen Aspekt gezielt im Unterricht schwerpunktmäßig fördern kann, indem sie eine Tabelle von Fördermöglichkeiten zum künstlerischen Prozess anfertigen und diskutieren.

7.2   Der Didaktische Kreis

Zum Modell des Didaktischen Kreises (▶ Abb. 6 siehe *Download*)

Das Modell soll die wesentlichen Aspekte einer Unterrichtsplanung im Fach Kunst zusammentragen und in Beziehung setzen. Es dient der Planung und der späteren Reflexion von Unterrichtsversuchen. Die Teilnehmer*innen sollen das Modell kritisch zur Kenntnis nehmen und diskutieren. Es ist wesentlich, die Interdependenz der einzelnen Elemente einer Unterrichtsplanung im Fach »Kunst« zu betonen.

Übung 6: Wesentliche Aspekte von Kunstunterricht zusammenführen – ca. 60 Min., Einzelarbeit, Partnerarbeit, Plenum

Schauen Sie sich das Schema des Didaktischen Kreises an (▶ Abb. 6) und äußern Sie sich zu den einzelnen Elementen:

- *Kunst:* Wie kann eine Recherche dazu aussehen (Internetrecherche, Literaturrecherche, Cross-over zu anderen künstlerischen Techniken, Thematiken, kunstgeschichtliche Bezüge)?
- *Zur Klientel:* Wie kann die Lerngruppe charakterisiert werden? Welche Eigenschaften, Vorwissen, Interessen, Medienverhalten, soziales Verhalten, Lern-Leistungsverhalten zeigen die Heranwachsenden? Wo gibt es bedeutsame Lernfelder, Entwicklungsfelder? Welche lebensweltlichen Themen stehen in der aktuellen Entwicklungsphase der Schüler*innen gerade im Vordergrund, die auch anschlussfähig für ein kunstpädagogisches Angebot sind?
- *Didaktik:* Welche Absichten kann man mit kunstpädagogischen Interventionen verfolgen? (Bild/Medienkompetenz, Selbstausdruck, Ziele im förderpädagogischen und personalen Bereich (z. B. Kooperation, Feinmotorik, Konzentration), Erlernen künstlerischer Techniken und Verfahren, Förderung des künstlerischen Denkens usw.)
- *Methodik:* Welche Methoden bieten sich für den Kunstunterricht an? Wie kann eine Aktivierung der Schüler*innen durch geeignete Methoden gelingen? Welche Methoden kennen Sie?

Wie hängen diese zusammen? Mit welchem Bereich würden Sie mit einer Planung beginnen? Worin besteht der Unterschied zwischen Methodik und Didaktik? Unterhalten Sie sich zunächst in Partnerarbeit und kommen dann im Plenum zusammen, um Ihre Gedanken zusammenzutragen.

Gedankenexperiment zur Unterstützung

Stellen Sie sich vor, in einigen Tagen sollen Sie in einer 5. Klasse Kunstunterricht erteilen. Wie beginnen Sie Ihre Ideensuche? Was tun Sie zuerst, um eine Unterrichtsidee zu entwickeln?

Kommentar zu Übung 6

Die Teilnehmer*innen erkennen, dass

- insbesondere zwischen der *Kunst und den Schüler*innen* eine Beziehung/Anschlussstelle bestehen muss, die auch benannt werden soll.

- die Recherche zur Kunst eine Schlüsselfunktion hat: Durch die Kunstrecherche werden erste Ideen zum Inhalt und zu den Zielen mit neuen Impulsen inspiriert. Zu schnell gefasste und wenig reflektierte U-Ideen werden so hinterfragt und erweitert. Hier soll vermittelt werden, dass der Kunstbezug immer zu einer U-Planung dazugehört. Wie die Kunst dann im Unterricht auftaucht und eingebunden ist (Methodik), ist dann von Stunde zu Stunde neu zu gewichten und muss zu Beginn der Planung noch nicht entschieden werden. Zu oft gibt es in der Schule einen *Kunstunterricht ohne Kunst*. Die Teilnehmer*innen können sich an ihren eigenen Unterricht erinnern: Welchen Stellenwert hatte die Kunst (Bildbetrachtung, Reflexionen anhand von Kunstwerken, Kennenlernen von Kunststilen/-epochen) in meinem Kunstunterricht, den ich als Schüler*in genossen habe?
- sich die Überlegungen zu den Absichten des Unterrichts (Ziele/Didaktik) daran anschließen und erst zum Schluss die geeigneten Methoden konkretisiert und begründet werden.

II Kunstpädagogik zwischen Lenkung und Offenheit – Übungsteil

Didaktischer Kreis – Planung und Reflexion

Stichwortartig ausfüllen, beginnen kann man überall, mit Pfeilen
Bezüge kennzeichnen, besonders zwischen Schüler*innen und Kunst

Allgemeines Lern-Leistungsverhalten, Arbeitshaltung,
Motivation, Erschwernisse

Einstieg, Motivation

Erarbeitung, Experiment,

Spezielles Lern-Leistungsver-
halten für das Fach Kunst:
Kinderzeichnung, Jugend-
zeichnung, Vorwissen,
Kenntnisse von künstlerischen
Techniken

Stationsarbeit,

gelenktes Gespräch

Reflexion

… und vieles mehr

Interessen, Wünsche,
Ängste,
Lebenswelt

Schüler*innen (Lernbasis) | konkrete Schritte im Unterricht / Methodik
Didaktik (Ziel-Inhalts-Verbindungen, Begründungen) | Kunst und andere Bildsorten (Sachanalysen)

Ziele auf der
Förderebene:
Motorik,
Sprache,
Kooperation,
Kognition,
Ich-Stärkung,
Selbsterfah-
rung …

Gattungen, Stile, Epochen,
Künstler*innen, Themen,
Motive, Medien, Triviales

Ziele auf der Sachebene:
selbstständiges künstlerisches
Denken und Handeln, künstlerische Techniken und Verfahren
erlernen, Wissen erwerben,
reflektieren, beschreiben,
deuten, …

künstlerische Techniken und
Verfahren: Zeichnen, Malen,
plastisches Arbeiten, bauen,
Drucken, Foto/Film, Materialien,
Performance, spielen,
inszenieren …

Abb. 6: Didaktischer Kreis (siehe *Download*)

7.2.1 Erste Planungsschritte mit dem Didaktischen Kreis

 Übung 7: ca. 90 Min. Einzelarbeit, Partnerarbeit, Plenum

Entscheiden Sie sich für ein Lernalter und legen Sie sich darauf fest (5. Klasse, 2. Klasse, 12. Klasse, …). Beginnen Sie nun mit dem DK (Eintragungen im For-mular) eine erste Planungsskizze zu einem Thema. Vorschläge zur Auswahl: Thema Licht und Schatten, Thema Bewegung, Thema Hände

- *Zur Kunst:* Recherchieren Sie mit ihrem Endgerät, welche Kunst hier interessant sein kann. Suchen Sie zunächst breit in allen Sparten und Techniken: Malerei, Zeichnung, Foto, Film, Plastik, Performatives usw.
- *Zur Klientel:* Oder beginnen Sie mit den Schüler*innen. Welche Beziehungen haben sie in welchem Alter zum Thema? Beispiel für Licht und Schatten, Grundschulalter: Angst beim Einschlafen vor der Dunkelheit, Laternenumzüge, Weihnachten als Lichterfest usw.
- *Zur Didaktik:* versuchen Sie, Absichten des Unterrichts zu formulieren. Worum geht es Ihnen, was möchten Sie vermitteln, worauf möchten Sie den Schwerpunkt setzen (Technik/Gestaltung)? Gibt es Bereiche, die im personalen Lernen liegen (Förderaspekte, förderpädagogische Aspekte)?
- *Zur Methodik:* Haben Sie schon Ideen zu einer methodischen Umsetzung?

Übung 8: (Vertiefend) Partnerarbeit, 3-er Gruppe, 4-er Gruppe, Plenum

Nachdem Sie das Formular bearbeitet haben (Eintragungen, Ideenfindung, Kunstrecherche), legen Sie auf den Boden mit einem Meter Abstand zwei A4 Blätter, eines mit der Aufschrift Schüler*innen, eines mit der Aufschrift Kunst. Stellen Sie sich auf das Blatt Kunst und sprechen Sie über die Kunst, die Sie mit der Lerngruppe thematisieren möchten – hier geht es erst einmal um eine erste Annäherung. Wechseln Sie dann zu den Schüler*innen und sprechen über die Anschlussstellen, die Sie bei der Thematik sehen, aber auch über die Schwierigkeiten und Hemmnisse im Umgang mit dem Lerninhalt. Wechseln Sie noch mehrmals die Position. Sprechen Sie auch über Absichten des Unterrichts und über eine Methodik, die mögliche Lernhemmnisse aufgreift und Lösungen anbietet.

Kommentar zu Übung 7

Die Teilnehmer*innen sollen mit einem konkreten Unterrichtsthema (*Licht und Schatten, Bewegung,* Thema *Hände*) mit dem Modell des Didaktischen Kreises erste Unterrichtsideen entwickeln. Die Ergebnisse werden diskutiert (Partnerarbeit, 3-er Gruppe, 4-er Gruppe, Plenum).

Kommentar zu Übung 8

Die Teilnehmer*innen sollen bewusst zwischen den beiden Perspektiven 1) der Schüler*innen und 2) der Kunst gedanklich wechseln, indem sie auch körperlich ihre Position innerhalb des Modells wechseln und so die Unterschiede der gedanklichen Zugänge klarer erkennen und zusammenführen können. Es geht um das Pendeln zwischen Schüler*innenperspektive und Sachperspektive (Kunst).

7.2.2 Die Persönlichkeit der Lehrenden

In den ersten Übungen soll es um die Person der Kunstpädagog*innen gehen. Die folgenden Übungen, wiederum in Anlehnung an das Modell des Didaktischen Kreises, sollen eine Selbstreflexion und Selbstbefragung der Seminarteilnehmer*innen in Gang bringen. Wenn man die Lehrer*innpersönlichkeit im Modell lokalisieren wollte, wäre der richtige Platz in der Mitte, wo alle Überlegungen zusammengeführt werden. Ich habe exemplarisch dafür die Begrifflichkeiten *Kunstpädagogisches Planen* und *Kunstpädagogische Intuition* eingetragen. Ähnlich wie im künstlerisch-produktiven Prozess ist auch im kunstpädagogischen Prozess die Persönlichkeit der Lehrer*innen ganz prägend und zu einem gewissen Grad individuell. Jede*r Kunstpädagog*in muss sich im Studium ein Repertoire erarbeiten, in der *Praxis der eigenen künstlerischen Produktion* und im *Kunst-Unterrichten*. Es muss zwar Schlüsselkompetenzen geben, die alle Kunstpädagog*innen sicher erwerben und einbringen, darüber hinaus ist aber jede Persönlichkeit anders ausgeprägt. An Kunstpädagog*innen müssen folgende Erwartungen gestellt werden können:

1. Sie brauchen ausreichend eigene Erfahrung mit dem künstlerischen Prozess. Sie gehen dabei zwar von Grundinteressen aus, was die künstlerischen Techniken angeht, erweitern diese aber um andere Bereiche, um ein breites Angebot zu bedienen. Dies unterscheidet Kunstpädagog*innen von Künstler*innen, die ihr Werk durchaus in nur eine Richtung entwickeln.
2. Sie sind, was die Klientel angeht, nicht früh festgelegt, selbst wenn sie sich auf eine Schulform im Studium entschieden haben, sondern befassen sich mit verschiedenen Lernvoraussetzungen, vom Vorschulalter bis zum Seniorenalter. Gerade das Schauen auf eine Klientel, die man zunächst nicht im Blick hatte, macht die strukturellen Denk- und Entscheidungswege deutlich, weil nicht auf wenig hinterfragte Vorannahmen ohne Weiteres zurückgegriffen werden kann.
3. Sie sind interessiert an der Suche nach eigenen kunstpädagogischen Ideen und Aufgabenstellungen und befassen sich gedanklich damit. Sie lassen sich somit die Inhalte ihrer Arbeit nicht nur von außen vorschreiben und gehen kritisch mit Vorgaben um (Richtlinien, Fachliteratur).
4. Sie haben ein vertieftes, professionelles Verhältnis zur Kunst, jenseits von Klischees. Sie folgen nicht unreflektierten ersten Vorstellungen und Assoziationen zu einem künstlerischen Sujet, einer Stilrichtung oder einer Epoche. Geht es z. B. um das Thema *Stillleben*, rufen sie nicht eine Anordnung von Äpfeln, Trauben und Birnen mit Gläsern und Schalen vor einem dunklen Hintergrund auf, sondern befassen sich mit dem Stillleben differenziert in einer Recherche: in der historischen und der Gegenwartskunst sowie in anderen Bildsorten, wie den Massenmedien und sozialen Netzwerken.
5. Kunstpädagogik besteht für sie nicht im blinden Nachahmen von Kunst, weder von historischen Konzepten noch von Konzepten der Gegenwartskunst. Wesentlich ist das Hervorbringen und Unterstützen eigener Wege der Schüler*innen. Das Nachahmen und Erproben von Vorhandenem gehört dazu und ist sogar ausgesprochen wichtig und in vieler Hinsicht unverzichtbar. Es ist aber der

Anfang und Ausgangpunkt der künstlerischen Auseinandersetzung und nicht das Ende.

Ein solcher Entwicklungsprozess ist komplex und Inhalt der gesamten Ausbildung sowie der Bewährung später im Beruf. Wichtig ist es aber bereits im Studium, sich den eignen Standpunkt immer wieder bewusst zu machen und einen Zugang zur Ich-Reflexion zu finden, der konstruktive Wege einer Erweiterung eröffnet.

7.2.3 Der Didaktische Kreis und ICH

Übung 9: ca. 90 Min., Einzelarbeit, Partnerarbeit, Fishbowl

Betrachten Sie die Elemente der Unterrichtsplanung (▶ Abb. 7) unter persönlichen Gesichtspunkten. Fragen Sie sich, welche Beziehung haben Sie ...

- *zur Kunst:* Welche Kunst bevorzuge ich, welche künstlerische Techniken, welche Kunst ist mir fremd, wo konnte ich im Studium bereits meinen Horizont erweitern, was hat dazu beigetragen?
- *zur Klientel:* Mit welchen Gruppen (Schule oder außerschulisch) habe ich bereits Erfahrungen machen können, mit Kindern/Jugendlichen/Erwachsenen in welchem Alter arbeite ich am liebsten und warum könnte das so sein?
- *zur Didaktik:* Welche Absichten sind mir bei der Vermittlung von Kunst wichtig, worum geht es mir dabei? Warum ist Kunstpädagogik eigentlich aus meiner Sicht grundsätzlich wichtig? Was leistet Kunstpädagogik für die Heranwachsenden aus meiner Sicht?
- *zur Methodik:* Welche Unterrichtsmethoden habe ich bereits kennengelernt, wo habe ich bereits Erfahrungen als Schüler*in oder Leiter*in sammeln können (Schule/Freizeit)? Habe ich Methoden aus anderen Bereichen kennengelernt, die auch in der Kunstpädagogik interessant wären?

Erweiterungen: Fragen Sie bei jedem Punkt danach, wie Sie ihren momentanen Standpunkt noch erweitern möchten: Was fehlt mir noch, wo möchte ich noch dazu lernen, wo habe ich noch Entwicklungsbedarf? Notieren Sie auch die Erweiterungen auf dem Formular.

Nehmen Sie das Formular zur Hand und füllen es in Einzelarbeit aus (ca. 15 Min.). Suchen Sie sich eine*n Gesprächspartner*in und tauschen sich 15–20 Min. über Ihre Notizen aus, erzählen Sie aus ihrer Biografie.

Fishbowl

Setzen Sie sich nun in einen Gesprächskreis. Im Inneren des Kreises stehen 5 Stühle (kann variiert werden): Ein Stuhl für die Seminarleitung, drei Stühle für Seminarteilnehmer*innen, ein Stuhl bleibt frei. Die Vier des Innenkreises beginnen unter Moderation der Seminarleitung ähnlich wie in einer Talkshow zu erzählen. Die Elemente der U-Planung werden nacheinander aufgerufen. Auf den freien Platz können sich für einen Beitrag Teilnehmer*innen des Außenkreises setzen und sich einbringen. Danach wird der Platz wieder freigemacht.

Der Didaktische Kreis und ICH

Mein kunstpädagogischer Standpunkt: *Wo stehe ich im Moment?*
Machen Sie sich anhand dieses Schemas Gedanken zur Kunstpädagogik und Ihrer ganz persönlichen Beziehung zu den einzelnen Aspekten. Fragen Sie sich bei jedem Punkt außerdem: Was möchte ich noch entwickeln, was fehlt mir noch, was brauche ich noch, wo möchte ich meine Sichtweisen noch erweitern (bitte bei ERWEITERUNG notieren).

Die Schüler*innen und ICH

Notieren Sie: Welche Klientel (Kinder, Jugendliche, Erwachsene) haben Sie vor Augen, wenn Sie an Kunstvermittlung denken? Mit welchem Klientel haben Sie schon Erfahrungen sammeln können?

Erweiterung:

Die Unterrichtsmethodik und ICH

Notieren Sie: Welche interessanten Unterrichtsformen haben Sie schon kennengelernt? Mit welchen haben Sie schon als Unterrichtende Erfahrungen gemacht (Schule oder Freizeit)?

Erweiterung:

kunstpädagogisches Planen,
kunstpädagogische Intuition

Die Absichten, Ziele und Inhalte des Unterrichts und ICH

Notieren Sie: Was ist Ihnen besonders wichtig zu vermitteln? Was möchten Sie anderen gerne näherbringen? Worum geht es Ihnen in der Kunstvermittlung?

Erweiterung:

Die Kunst / andere Bildsorten und ICH

Notieren Sie:
1) Welche Epochen, Stile, Künstler*innen, Medien, sind Ihnen besonders nah?

2) Welche künstlerischen Techniken und Verfahren (Zeichnen, Malen, plastisches Arbeiten, bauen, Drucken, Foto/Film, Materialien, Performance, spielen, Inszenieren ...) bevorzugen Sie?

Erweiterung:

Abb. 7: Der Didaktische Kreis und ICH (siehe *Download*)

Kommentar zu Übung 9

Es ist für die Teilnehmer*innen wichtig, ihren eigenen Standpunkt und ihre Entwicklungswünsche in Hinblick auf die Eckpunkte von Kunstunterricht zu klären und von anderen zu erfahren, dass dieser Standpunkt sehr unterschiedlich ausfallen kann. Wir neigen dazu, den eigenen Standpunkt entweder unspezifisch zu kritisieren (ich bin nicht gut genug), aber ansonsten wenig differenziert zu hinterfragen, und darüber hinaus als »normal« anzusehen. Eine differenzierte Sicht auf die persönliche Entwicklung (Biografie) ist für eine Weiterentwicklung wichtig: Wo liegen in meiner Biografie wichtige Wendepunkte und Entwicklungsimpulse, Erfolge, Entscheidungen für ein Studium der Kunstpädagogik, Zweifel und Hemmnisse? Die *Rolle der Übungsleitung* ist es zu ermutigen, zum eigenen Standpunkt zu stehen. Dabei hilft, dass die Seminarleitung aus der eigenen Biografie erzählt, von den eigenen Einstellungen zu Beginn des eigenen Studiums, von eigenen Entwicklungslinien, Fehleinschätzungen, Wendepunkten, Entscheidungen, Fehlern, Lernerfolgen und Misserfolgen. Dies signalisiert: *In diesem Seminar sollen Sie Ihre persönlichen Sichtweisen und Erfahrungen einbringen.*

7.2.4 Auf der Suche nach Unterrichtsideen – 1. Zufallstechniken

KONTROLLE

Hoher Anteil von Kontrolle:
Befriedigung bei Erfolg (Umsetzung des Gewollten), Frust bei Nicht-Erfolg

Ggf. Fixierung auf Gewolltes und wenig offen für Neues

ZUFALL

Hoher Anteil von Zufall:
Staunen über Neues/ Unbekanntes, Frust bei Unvermögen, das Gewollte umzusetzen.
Ggf. geringer Anspruch an sich selber und schnell zufrieden mit einem Ergebnis.

Es geht nicht darum, den Zufall zugunsten der Kontrolle zu überwinden. Es geht darum, dass die Kreativen den Zufall und die Kontrolle miteinander in Verbindung bringen können (formal und inhaltlich).

Abb. 8: Der Zufall im Künstlerischen (siehe *Download*)

Übungen: Nachdenken über Kunstunterricht mit Zufallsverfahren

Welche Rolle spielt der Zufall in der Kunst und in der Kunstpädagogik? Welche Vorteile hat es, den Zufall auszuschließen, und welche, ihn in den künstlerischen Prozess hineinzulassen? Wie sind Ihre eigenen Erfahrungen mit dem Zufall?

Übung 10a

Sprechen Sie zunächst in der Gruppe über Ihre Erfahrungen mit dem Zufall in ihrer eignen künstlerischen Praxis und Entwicklung. Ziehen Sie Abbildung 8 hinzu. Wo können Sie den Zufall zulassen, wo nicht? Hat sich Ihr Verhältnis zum Zufall über die Zeit geändert? Haben Sie positive Erfahrungen gemacht oder negative? Was glauben Sie: Welche Rolle spielt der Zufall in der Kunst überhaupt? Welche Stellung nimmt er in der traditionellen Kunst ein und welche in der Moderne? Wie hat sich die Haltung in der Kunstpädagogik verändert? Recherchieren Sie zu dem Thema und diskutieren Sie darüber.

Übung 10b

Planen Sie eine Lernstation zu einer Zufallstechnik, recherchieren Sie nach künstlerischen Techniken, die den Zufall einbeziehen. Wählen Sie dabei möglichst Techniken aus, die Sie selbst aus der Schule noch nicht kennen, sondern suchen Sie nach neuen Techniken. *Erproben Sie die Verfahren, die Sie einsetzen und entwickeln möchten, unbedingt selbst!*

Erstellen Sie für die Seminarteilnehmer*innen ein Setting, mit dem die Technik erprobt werden kann. Im Seminar können die Teilnehmer*innen 3–4 Stationen erproben. Gehen Sie anschließend mit der Gesamtgruppe zu den Stationen und befragen Sie:

- Wie war der Prozess?
- Wie sind die Ergebnisse ausgefallen?
- Welche Kunst fällt uns zu unseren Ergebnissen ein?
- Welche Schwerpunkte könnte man in Unterrichtsstunden zur Weiterentwicklung setzen?

Weiterarbeit (▶ Infobox 1; ▶ Abb. 8)

Konzipieren Sie aufgrund der Erfahrung (Vorbereitung, eigene Erprobung, Erprobung der anderen, Reflexion der Ergebnisse und Recherche nach Kunst) drei Doppelstunden mit dieser Zufallstechnik, jeweils mit einem anderen Schwerpunkt. Sie können die Schwerpunkte nacheinander oder gleichzeitig als Stationsarbeit anbieten.

Infobox 1: Strohfeuereffekt bei Zufallsverfahren

Zufallsverfahren haben den Vorteil, dass sie den Schüler*innen schnelle Erfolgserlebnisse bieten. Daher eignen sie sich gut für Einstiege in ein Projekt oder eine Reihe. Man kann sie als *Bottom-Up-Verfahren* bezeichnen, das heißt: Der künstlerische Prozess arbeitet mit Dingen, die bereits da sind. Das können gefundene Dinge sein oder Zufallsprodukte. *Top-Down-Prozesse* sind dagegen schwieriger, denn sie müssen aus dem Gedächtnis generiert werden, wie etwa die freie Kinderzeichnung. Häufig verweigern sich Schüler*innen hier, wenn das Selbstwertgefühl schwach und die Versagensängste groß sind.

Allerdings »verpuffen« die Ergebnisse auch schnell wieder wie ein Strohfeuer und werden von den Schüler*innen nicht hoch geschätzt, im Sinne von: »Das kann ja jeder!« Daher ist es sehr wichtig, die Zufallsergebnisse durch differenzierte Angebote mit den Schüler*innen weiterzuentwickeln, indem man den Zufall steuert und ihm Ergebnisse abgewinnt, die die Schüler*innen dann wieder wertschätzen. Deshalb ist es sinnvoll, eine Reihe zu entwickeln, in der diese Weiterentwicklung stattfindet, und es nicht bei ein paar ersten Versuchen zu belassen.

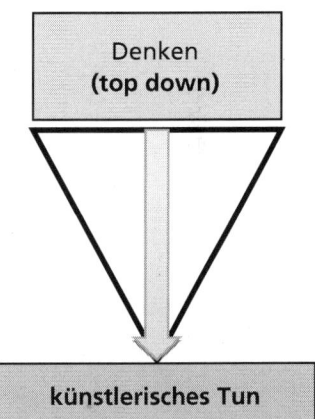

Abb. 9: Top-Down- und Bottom-Up-Prozesse (siehe *Download*)

7.2.5 Auf der Suche nach Unterrichtsideen – 2. Künstlerischer Spaziergang

Wie kommen wir eigentlich zu eigenen Unterrichtsideen? Ganz ähnlich, wie wir auch zu eigenen künstlerischen Ideen kommen. Es gelingt schlecht, wenn wir unter Druck stehen (z. B. Zeitdruck). Natürlich können wir in Zeitschriften nachschauen oder in Richtlinien. Die besten U-Ideen sind aber diejenigen, die Sie selbst haben, und dazu passt die folgende Aufgabe:

Übung 11

Unternehmen Sie einen künstlerischen Spaziergang mit einer Kamera. Nehmen Sie sich Zeit, suchen Sie nicht krampfhaft nach Eindrücken, sondern lassen Sie die Dinge, die Ihnen begegnen, eher absichtslos auf sich zukommen. Fotografieren Sie, was Ihnen auffällt. Picasso hat gesagt: »Ich suche nicht, ich finde.« Damit wollte er ausdrücken, dass er nicht angestrengt nach Motiven und Projekten sucht, sondern die Ideen zu sich kommen lässt – gleichsam »wie von selbst«. Wir als Kunstpädagog*innen sollten diese kunstpädagogische Intuition entwickeln und ihr folgen. Schauen Sie sich zuhause in Ruhe die Bilder an und treffen Sie eine Auswahl. Starten Sie eine Recherche analog zu dem Beispiel unten.

Es folgt ein Beispiel (▶ Abb. 10) für einen »Fund«: Eine alte, bereits verfallene Hütte in der Landschaft, die eine ausgesprochen interessante Fassade mit ihren Rhythmen aus Farben und Materialien aufweist. Ich entscheide mich für dieses Thema und erkenne Potenziale, um damit kunstpädagogisch zu arbeiten (z. B. in einer 9. Klasse). Nun beginnt die erste, breit angelegte Recherche im Sinne eines Brainstorming: Zum einen können mir Kunst und Künstler*innen einfallen, zum anderen kann man *Suchbegriffe ins Internet*[5] eingeben: *Hütte, Verfall, Abriss, Fetzen, Materialkontraste, Farbkontraste, Pappe, Glas und Pappe, Abfallmaterialien (preiswerte Materialien), Arte Povera, Glasbruch, Hütte in Landschaft, Zeichnung-Häuser, …* Kombinieren sie diese Recherchebegriffe mit *Kunst, Malerei, Zeichnung, aktuelle Kunst, moderne Kunst, traditionelle Kunst, Film, Comic, Illustration, Buch* usw.

---

5 Statt Direkt-Links sind bei Verweisen auf Kunstwerke oder Themen Begriffe angegeben, über die man die Kunstwerke über Suchmaschinen im Internet finden kann.

Beschreiben Sie **Schüler*innen** der 9. Klasse (ca. 15 Jahre alt): Ihre Kenntnisse zu Kunst und künstlerischen Techniken, Ihre Lebenswirklichkeit, Interessen, Wünsche, Ängste, Träume

Methodik: Überlegungen zur Methodik werden in der Regel erst später konkret, wenn man sich für Inhalte und Ziele entschieden hat (didaktische Reduktion)

siehe dazu
Übung 26, 27
Infobox 6

nach **Anschlussstellen** fragen: Was liegt im Interessen- und Entwicklungshorizont der Schüler*innen?

Mögliche Inhalte (Auswahl, bitte erweitern):	Ergebnisse zu den Recherchen zu Kunst und anderen Bildsorten (Auswahl, bitte erweitern): Abreißen – Plakatabreisser (Affichisten) – Collage, Décollage, z.B. Asger Jorn, Kurt Schwitters Materialcollage/Montage, Vorkurse Bauhaus Arte Povera Hütte, Verfall, Romantik, z.B. Caspar David Friedrich: „Verschneite Hütte" (1827) Zeichnen/fotografieren draußen, urban sketching, lost places z.B. Egon Schiele: Bauernhaus mit Sonnenblumen (1908), Landschaft mit Raben (1911) Illustration, Kinderbücher, Grafic Novel, z.B. Tomi Ungerer: „slow agony" (Buch) Thema Einsamkeit in der bildenden Gegenwartskunst „Hütte" im Märchen: *Hänsel und Gretel* (der Brüder Grimm), *Das kalte Herz*, *Kalif Storch* (von Wilhelm Hauff)
Fotografische Erkundungen Zeichnerische Erkundungen, Lehrgang „Zeichnen" Kunsthistorische Auseinandersetzung mit der Romantik oder einer anderen Epoche Collage/Décollage, Montage – ungegenständliche Zugänge, Materialcollage Thematische/inhaltliche Zugänge, möglich mit verschiedenen künstlerischen Techniken: z.B. Thema: • „Einsamkeit, Alleinsein, Obdachlosigkeit, Armut, Lieblingsplätze, " – umgesetzt mit künstlerischen Techniken wie: *Performance, Fotografie, plastisches Arbeiten u.a.* • „Märchen" und *Schattenspiel, Theater-spiel, Maskenbau, Modellbau, Bühnenbild u.a.*	

Abb. 10: Anlass für Kunstunterricht (siehe *Download*)

7.3 Unterrichtsideen sortieren, verschriftlichen, prüfen

Ihre ersten Unterrichtsideen bestehen in aller Regel aus verschiedenen Aspekten, die geordnet werden sollten. Denken Sie nicht stundenweise, sondern in Unterrichtszusammenhängen (Reihenplanung, Projektplanung): Welche Aufgabenstruktur passt zusammen und welche eher nicht? Welche Reihung von Inhalten und Zielen ist sinnvoll, aus welchen Ideen kann ich möglicherweise mehrere Stunden oder Zwischenübungen erstellen?

7.3.1 Zufallsverfahren oder künstlerischer Spaziergang – am Ende steht eine Idee für eine Unterrichtsreihe

Übung 12 (▶ Abb. 11)

Entwerfen Sie eine Unterrichtsreihe von 6 Stunden mit Ihrer U-Idee. Achten Sie darauf, dass in einer Stunde oder Doppelstunde Ziele und Inhalte angestrebt werden, die in sich stimmig sind. In einer anderen Stunde können Sie den Schwerpunkt verlagern. Bedenken Sie: Nicht alles passt immer in eine Stunde! Die Tendenz, alles zusammenführen zu wollen, ist oft nicht sinnvoll, eher ist zu überlegen: Sollte ich nicht dem einen oder anderen Aspekt meiner Recherche eine Extrastunde einräumen? Die verschiedenen Techniken, Ziel-Inhaltsverbindungen und Schwerpunkte brauchen jeweils genügend Raum und Zeit, um zu ihrem Recht zu kommen. Ein häufiger Anfängerfehler ist es, zu viel auf einmal zu wollen.

7.3.2 Vorbereitung einer Unterrichtsstunde – Vertiefung – *hier zum Thema Licht und Schatten*

Verschiedene Zieldimensionen einer Unterrichtsidee: Die vielen verschiedenen Ideen müssen zuerst sortiert werden – nicht alles passt in eine Stunde, aber möglicherweise in eine U-Reihe oder ein Projekt.

Übung 13 (▶ Abb. 12)

Betrachten Sie den Planungsprozess einer Stunde noch einmal genauer. Er findet zwischen Orientierung an der Kunst (Kunstrecherche und eigene Erprobung) und dem Nachdenken über die Lernvoraussetzungen der Schüler*innen statt und endet mit der Formulierung eines Stundenziels und einer Aufgabenstellung. Beobachten Sie sich selbst beim Erproben und Nachdenken. Tauschen Sie sich mit anderen (Kleingruppe) über ihren Prozess aus, dazu können Sie die Abbildung 12 benutzen.

Aus den Überlegungen und der Erprobung ergibt sich ein *Stundenziel (Ziel-Inhaltsverbindung)*, hier: induktive Denkweise:
Stunden-ZIEL: Die Schüler*innen sollen Schatten als eigenständige Formen wahrnehmen, unabhängig vom Gegenstand, der den Schatten wirft,
Stunden-INHALT: indem sie mit dem Handy eine Fotoserie von Gegenständen mit verschiedenen Lichtwirkungen herstellen.

Tab. 3: Vorschlag für die tabellarische Darstellung einer Stunde (siehe *Download*) – Fortsetzung

Phase (mit ungefähren Zeitangaben)	Phasenziel/methodisch-didaktischer Kommentar	Lehrer*in und Schüler*innen Aktivitäten	Medien/Material
beiten **Umsetzung** • freies Arbeiten (experimentieren) • Erprobung • *Vorübungen und/oder Zwischenbesprechungen sind oft sinnvoll* • Vertiefung (wie?) • Ideenfindung (wie?) • Durchführung **Reflexion** • Schlussbesprechung (wie?) • Sicherung (wie?) • usw.	**Beispiel 2:** Die Bewegungsübung zu Beginn dient der Lockerung/»warm up« der Schüler*innen **Beispiel 3:** Tafelbild sichert die Ergebnisse der Erarbeitung und wird in der Abschlussbesprechung wieder gebraucht.	griffe des/der Lehrer*in sinnvoll, so wird im Vorfeld die sprachliche Dimension des Unterrichts gut bedacht und geplant. Notieren sie die **Aufgabenstellung,** *wie Sie zu den Schüler*innen sprechen würden.* Daran muss man sich nicht wörtlich in der tatsächlichen Stunde halten. Es dient aber dem vorausschauenden Denken und deckt mögliche Widersprüche in der Aufgabenstellung auf.	

Zu einer Stundenplanung gehören außerdem:

- die Formulierung eines *Stundenziels* (Ziel-Inhaltsverbindung),
- die *Aufgabenstellung* (siehe oben),
- die *eigene Erprobung* (Praxis).

7.3.5 Unterrichtsentwürfe kritisch befragen

Übung 15

Suchen Sie aus Fachzeitschriften U-Planungen und diskutieren Sie die Verläufe und Aufgabenstrukturen, die dort beschrieben sind. Sie können dies auch mit ihren eigenen tabellarischen Entwürfen tun (Kleingruppe, 3 Teilnehmer*innen). Wenn Sie die eigenen Entwürfe wählen, beginnen und beenden Sie die Besprechung mit positiven Aspekten. *Vermeiden Sie einen Kritikhagel.* Sie sollten aber bereit sein, sich die kritischen Überlegungen der anderen anzuhören und zu überdenken.

Tab. 2: Unterrichtsreihe skizzieren (siehe *Download*) – Fortsetzung

Lerngruppe/Alter: Klasse 8, Realschule, Stunde innerhalb der Reihe, Thema, schüler*innenorientiert formuliert	Schwerpunkt jeder Stunde: Was ist Ihnen in dieser Stunde wichtig? Formulieren Sie ein Stundenziel (Ziel-Inhaltsverbindung) (siehe Übung 13)
Stunde 5	
Stunde 6	

Mitunter entsteht eine Reihe auch erst nach und nach, wobei die ersten Stunden dann gewissermaßen eine Diagnosefunktion haben. Nach den ersten Erfahrungen mit den Schüler*innen und dem Lerninhalt entstehen dann die weiteren Ideen. Das ist ein legitimes Vorgehen. Nicht nur die künstlerische Arbeit ist »plastisch« (Buschkühle, 2017, S. 142 und 170), der kunstpädagogische Prozess ist es auch. So kann es sinnvoll sein, die Reihe nach der ersten oder zweiten Stunde zu entwerfen. Dies soll aber nicht zu »Themenhopping« führen.

7.3.4 Einzelstunde tabellarisch darstellen

Verschriftlichen Sie nun eine Stunde aus der Reihe. Dafür schlage ich die Tabelle 3 vor. Es gibt zahlreiche andere Vorschläge, eine Unterrichtsplanung tabellarisch zu erfassen. Sie können auch mit anderen Tabellen experimentieren (vgl. Miller, 1986/1999, S. 221–223), sich diese gegenseitig vorstellen und diskutieren.

Das Stundenziel entwickeln Sie im Zusammenhang mit der *Aufgabenkonstruktion* und der eigenen *praktischen Erprobung*, formulieren es immer wieder um und passen es an. Besonders an der Aufgabenstellung werden Ungenauigkeiten und Widersprüche deutlich.

Tab. 3: Vorschlag für die tabellarische Darstellung einer Stunde (siehe *Download*)

Phase (mit ungefähren Zeitangaben)	Phasenziel/methodisch-didaktischer Kommentar	Lehrer*in und Schüler*innen Aktivitäten	Medien/Material
Phasen des Unterrichts können sein: **Einstieg** Motivationsphase (wie?) **Erarbeitung** Unterrichtsgespräch Gespräch mit Sitznachbarn Lehrervortrag Schülerreferat Arbeitsblatt bear-	Was ist zentral in dieser U-Phase? Versuchen Sie hier, das Phasenziel *dieser* U-Phase zu formulieren Beispiel 1: Die Schüler*innen sollen zum Thema ein Arbeitsblatt bearbeiten und so ihre Assoziationen vertiefen.	In dieser Spalte wird notiert, was eigentlich geschieht, wie die Lehrperson die einzelnen Schritte einleitet und moderiert und was die Schüler*innen tun sollen (**Handlungsschritte**). Teilweise ist das Aufschreiben der **Schlüsselsätze/Schlüsselbe-**	Passend zu den einzelnen Phasen werden hier kurz die benutzten **Medien und Materialien** aufgelistet, auch **Bilder** (bei Kunst mit **Angaben zu Autor*in, Material, Technik, Größe**).

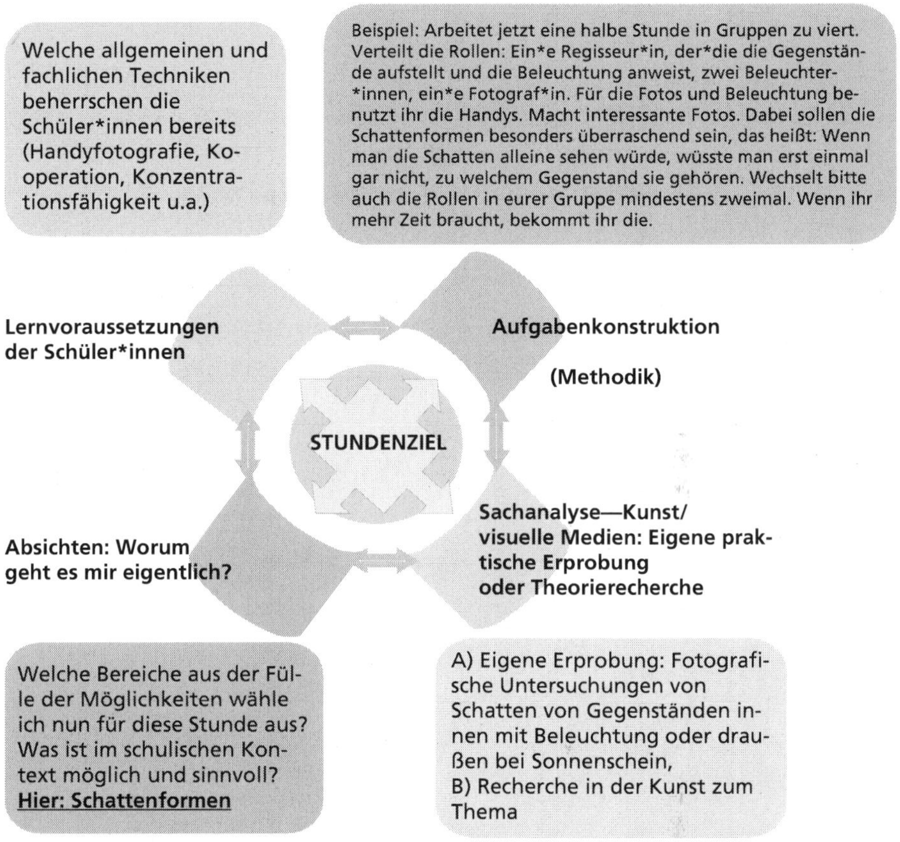

II Kunstpädagogik zwischen Lenkung und Offenheit – Übungsteil

Welche allgemeinen und fachlichen Techniken beherrschen die Schüler*innen bereits (Handyfotografie, Kooperation, Konzentrationsfähigkeit u.a.)

Beispiel: Arbeitet jetzt eine halbe Stunde in Gruppen zu viert. Verteilt die Rollen: Ein*e Regisseur*in, der*die die Gegenstände aufstellt und die Beleuchtung anweist, zwei Beleuchter*innen, ein*e Fotograf*in. Für die Fotos und Beleuchtung benutzt ihr die Handys. Macht interessante Fotos. Dabei sollen die Schattenformen besonders überraschend sein, das heißt: Wenn man die Schatten alleine sehen würde, wüsste man erst einmal gar nicht, zu welchem Gegenstand sie gehören. Wechselt bitte auch die Rollen in eurer Gruppe mindestens zweimal. Wenn ihr mehr Zeit braucht, bekommt ihr die.

Lernvoraussetzungen der Schüler*innen

Aufgabenkonstruktion

(Methodik)

STUNDENZIEL

Absichten: Worum geht es mir eigentlich?

Sachanalyse—Kunst/ visuelle Medien: Eigene praktische Erprobung oder Theorierecherche

Welche Bereiche aus der Fülle der Möglichkeiten wähle ich nun für diese Stunde aus? Was ist im schulischen Kontext möglich und sinnvoll? **Hier: Schattenformen**

A) Eigene Erprobung: Fotografische Untersuchungen von Schatten von Gegenständen innen mit Beleuchtung oder draußen bei Sonnenschein,
B) Recherche in der Kunst zum Thema

Abb. 12: Eine Unterrichtsstunde planen (siehe *Download*)

Tab. 2: Unterrichtsreihe skizzieren (siehe *Download*)

Lerngruppe/Alter: Klasse 8, Realschule, Stunde innerhalb der Reihe, Thema, schüler*innenorientiert formuliert	Schwerpunkt jeder Stunde: Was ist Ihnen in dieser Stunde wichtig? Formulieren Sie ein Stundenziel (Ziel-Inhaltsverbindung) (siehe Übung 13)
Stunde 1 Thema: Das Eigenleben der Schatten	**Stundenziel:** Die Schüler*innen sollen Schatten als eigenständige Formen wahrnehmen, unabhängig vom Gegenstand, der den Schatten wirft, indem sie mit dem Handy eine Fotoserie von Gegenständen mit verschiedenen Lichtwirkungen herstellen.
Stunde 2	
Stunde 3	
Stunde 4	

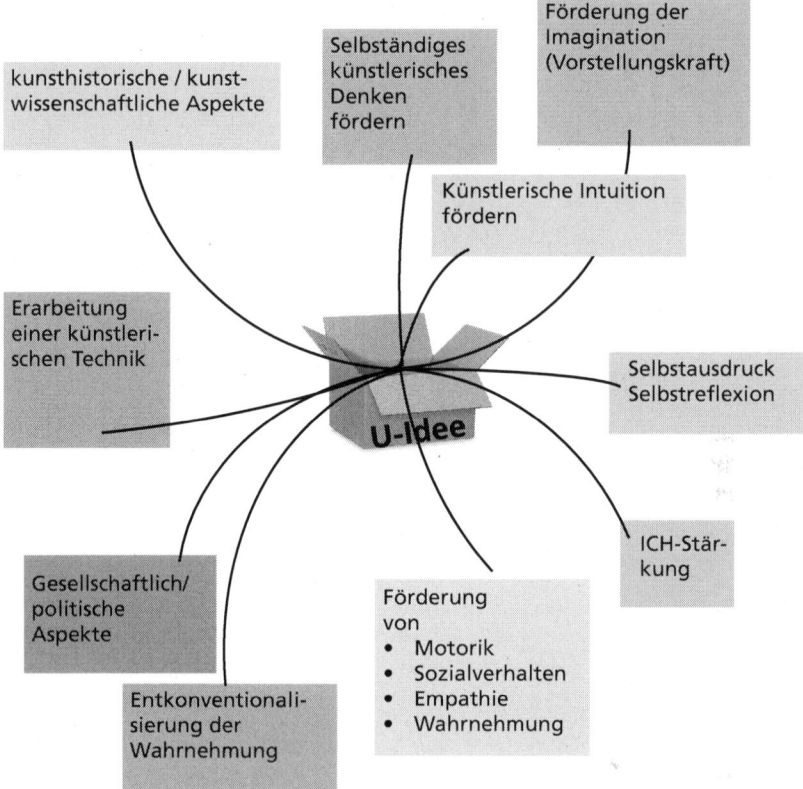

Abb. 11: Verschiedene Zieldimensionen einer Unterrichtsidee (siehe *Download*)

7.3.3 Unterrichtsreihe schriftlich skizzieren

Übung 14

Notieren Sie zunächst ihren *Reihenentwurf* in einer Tabelle mit 6 Stunden (▶ Tab. 2): Zufallstechniken, Idee aus dem Künstlerischen Spaziergang, Licht und Schatten oder ein anderes Thema/Zugang. Beispiel: Reihe zu »Licht und Schatten«, Stunde 1–6 (Doppel- oder Einzelstunden)

Folgende Gesichtspunkte können Sie diskutieren:

- Verstehen Sie die einzelnen Phasen, ist der Ablauf in sich stimmig und bestehen zwischen den Phasen sinnvolle Verbindungen?
- Ist die Aufgabe deutlich formuliert (Sprache, Bezug zum Alter der Schüler*innen)?
- Wird die Aufgabe unterstützt? Es reicht nicht aus, eine Aufgabe zu stellen, man muss sie auch mit schülerorientierten und zielorientierten Mitteln unterstützen (Informationen, Bildmaterialien, Zwischenübungen, Zwischenreflexionen).
- Wo ist die Aufgabe angesiedelt (zwischen Lehrgang und Experiment (▶ Infobox 2; ▶ Abb. 18; ▶ Abb. 21)? Wie ist sie strukturiert? Enthält sie widersprüchliche Anteile, die sich gegenseitig hemmen? Wie beurteilen Sie die Aufgabe?
- Sind die Ziele konkret formuliert (Ziel-Inhaltsverbindungen) – das heißt: Verstehen Sie, worum es in der Stunde geht, wenn Sie nur die Ziele lesen? Wie beurteilen Sie die Ziele? (▶ Infobox 4 und ▶ Infobox 5):
- Finden Methodenvielfalt und Methodenwechsel statt?
- Gibt es eine sinnvolle Reflexion am Schluss? Diese steht immer im Zusammenhang mit der Erarbeitung am Anfang: Nur, wenn ich mir etwas vorgenommen habe (in der Erarbeitung, in der Aufgabe), kann ich auch später darüber nachdenken, ob und wie es mir gelungen ist oder nicht.

Haben Sie kritische Anmerkungen? Benennen Sie diese und machen Sie Alternativvorschläge (Einstieg/Motivation/Erarbeitung/Reflexion/Übungen, Übergänge zwischen den Phasen, Aufgabenstellung, Sonstiges (▶ Infobox 6).

Infobox 2: Aufgaben stellen (▶ Abb. 21; ▶ Abb. 22)

Aufgaben spannen sich zwischen Lehrgang und Experiment.

- *Lehrgang:* Die Übung wird vorgegeben, die Schüler*innen sollen nachvollziehen und die Vorgaben genau beachten (z.B. Schraffuren nach Vorlage umsetzen und üben, eine Schrift mit der Feder schreiben usw.). Die Schüler*innen haben kaum Möglichkeit zur *Selbstbewegung.*
- *Experiment:* Alles ist erlaubt, die Schüler*innen sollen ausprobieren und Erfahrungen machen. Die Schüler*innen haben *maximale* Möglichkeit zur *Selbstbewegung.*

Die meisten Aufgabentypen stehen irgendwo dazwischen.

7.4 Die Schüler*innen und ihre Entwicklung

Für die kunstpädagogische Arbeit ist es unabdingbar, sich mit Entwicklungslinien auseinanderzusetzen, die einerseits die gesamte Person und andererseits die Lernvoraussetzungen des künstlerischen und symbolischen Denkens und Handelns betreffen. Für die förderpädagogische Arbeit sind auch die Sonderentwicklungen, etwa der Kinderzeichnung, relevant (Richter, 1987, Seidel, 2007).

Die größten und strukturell bedeutendsten Umbauten der symbolischen Fähigkeiten finden

1. mit dem Beginn der Schemaphase, ca. mit dem *5. Lebensjahr*, statt, nach der sogenannten *Werkreife*. »Diese Zeichnungen nach dem fünften Lebensjahr zeichnen sich dadurch aus, daß die grundlegenden (grafischen) Merkmale der Personen und Gegenstände erarbeitet sind und die Entwicklung von Motiven und Bildorganisation zu einem (vorläufigen) Abschluß gekommen ist« (Richter, 1987, S. 45). In der freien Kinderzeichnung gibt es kaum ein unmittelbar zeitliches Zusammentreffen von Wahrnehmung (Input) und Zeichnen (Output). Vielmehr durchlaufen die kindlichen Wahrnehmungen zunächst »interne Organisations- und Verarbeitungsmechanismen« (Richter, 1987, S. 58), um diese dann *später* beim Zeichnen abzurufen und in der Zeichnung zu realisieren. Wahrnehmung und Realisierung liegen zeitlich also nicht beieinander. Kinder schauen nicht auf ein Objekt (Blumenvase, Landschaft, Mensch, Auto, Spielzeug) und zeichnen es dann unmittelbar, weil die kognitiven Voraussetzungen dafür noch nicht gegeben sind.
2. Der zweite Wendepunkt findet mit der Vorpubertät ab dem *12. Lebensjahr* statt, wenn die Phase der Kinderzeichnung endet und die Zeit der *Jugendkulturen* beginnt. Mit dem 12. Lebensjahr, dem beginnenden Jugendalter und nach Piaget mit der *formal-operationalen Phase* möchten sich die Heranwachsenden nicht mehr mit den bildnerischen Möglichkeiten der Kinderzeichnung identifizieren, sondern entwickeln den Wunsch, u. a. das realistische Zeichnen zu erlernen und sich im Sinne einer »adaptierten Repräsentation« (Richter, 1987, S. 72) an künstlerische Positionen anzulehnen, sich an ihnen zu reiben, sie nachzuahmen und in ihre eigenen Bilder einzubauen. Was vorher in der Grundschulzeit nicht im Vordergrund stand, gewinnt nun an Bedeutung: Die Fertigkeiten zu erwerben, eine realistische Gestaltungsabsicht umzusetzen. Dies sollte auch im Unterricht entwickelt werden, nicht weil das Realistische oder Mimetische höher einzuschätzen ist als nicht-mimetische künstlerische Arbeitsformen, sondern *erstens*, weil die Jugendlichen eine hohe Motivation für das Mimetische haben und das Jugendalter somit gewissermaßen eine sensible Phase für diesen Lernbereich darstellt, die genutzt werden sollte, und *zweitens*, weil eine formerfassende, zeichnerische Kompetenz auch die Grundlage für *andere* künstlerische Felder ist: Malerei, plastisches Arbeiten, Druckgrafik, Rauminstallationen u. a.

Dominierte das realistische Zeichnen um 1900 vor dem Hintergrund einer Kunstauffassung, die nur das realistische Gestalten gelten ließ, das gesamte Fach der damaligen *Kunsterziehung*, wird es heute möglicherweise zu sehr vernachlässigt. Heute ist es umstritten, ob das Zeichnen noch eine Schlüsselqualifikation für das Fach ist, ich möchte mich aber klar dafür aussprechen (vgl.▶ Kap. 9.4).

Übung 16 mit Tabelle 4 »Lebensalter und die Entwicklung spezieller Lernvoraussetzungen« (siehe *Download*)

> ➢ Befassen Sie sich mit der Entwicklung verschiedener Lern- und Entwicklungsstufen vom Kleinkindalter bis zu jungen Erwachsenen. Erinnern Sie sich an Ihre eigene Entwicklung: Welche Erfolgserlebnisse und Entwicklungsschübe waren für Sie persönlich besonders wichtig? Ergänzen Sie die Tabelle um Aspekte, die Ihnen noch wichtig sind. In welchem Alter erkennen Sie wesentliche Entwicklungen/Veränderungen?
> ➢ Markieren Sie die Wendepunkte (Alter) in der Tabelle und notieren Sie, was sich in welche Richtung verändert.
>   • Welche Konsequenzen hat das für den Kunstunterricht?
>   • Welche neuen Chancen tun sich auf?
>   • Welche neuen Probleme ergeben sich?

Erweiterung: Recherchieren Sie die Entwicklungsstufen nach Jean Piaget und stellen diese in Beziehung zu der Tabelle (Literatur: Seidel, 2007, S. 31–59).

Kommentar zu Übung 16

Die nachfolgende Übung soll für die Entwicklung verschiedener Bereiche sensibilisieren. Die Studierenden sollen Veränderungen beschreiben und über die Konsequenzen für die kunstpädagogische Arbeit (Aufgaben stellen) nachdenken. Dies betrifft nicht nur das Zeichnen, sondern auch andere Bereiche (siehe *Download* Tab. 4): Welche Chancen ergeben sich mit den Veränderungen und welche Barrieren tun sich möglicherweise mit einer neuen Entwicklungsphase neu auf? Welche Methoden bieten sich an, um ihnen zu begegnen?

7.5 Ziele in der Kunstpädagogik

Der römische Gott *Janus* wurde mit zwei Gesichtern dargestellt, er konnte gleichzeitig vorwärts und rückwärts sehen. Der *Januskopf* kann in der Kunstpädagogik die Widersprüchlichkeit der pädagogischen Interventionen *zwischen Offenheit und Lenkung* symbolisieren.

Tab. 4: Lebensalter und künstlerisches Lernen (siehe *Download*)

Lern- und Entwicklungsbereiche	bis 4	bis 6 (Schuleintritt)	bis 8	bis 10 (weiterf. Schule)	bis 12	bis 14	bis 16 (Abschl. Sek I)	bis 18 (Abschl. Sek. II)
Zeichnen								
Malen								
Plastisches Gestalten, räumliche Vorstellung								
Performatives, Spielen, Darstellen, Theater, Performance								
Verbalsprache/Schriftsprache: Kontexte erschließen (Kunstgeschichte, Kunsttheorie)								
Formales Denken (nicht sprachlich), Verständnis für abstrakte und ungegenständliche Kunst								
Motorik								
Soziales								
Kreativität								

Abb. 13: Janus – Symbol des Widerspruchs

7.5.1 Zur Einführung

> Das Verhältnis der Kunstpädagogik zur Problematik *Unterrichtsziele* ist angespannt.

Gunter Otto meinte, die Kunst in erster Linie mit Rationalität erfassen zu können. Dies wirkte sich durch eine Überbetonung der Lernzielorientierung aus. Mit der Kritik an Otto verschwand der Begriff der *Ziele* in den folgenden Jahren dann weitgehend aus den Diskursen. Abschwächend wurde, wenn überhaupt noch, von Intentionen und Absichten geschrieben. So schlug das Pendel vom einen in das andere Extrem aus, was das Problem aber auch nicht löste.

In dieser Darstellung wird davon ausgegangen, dass Kunstunterricht Ziele braucht, weil »Unterricht« sich über die Verhaltensänderung und Weiterentwicklung der jeweiligen Klientel definiert. Ohne Vermittlungsabsichten kann man gar nicht von Unterricht sprechen (Jank/Meyer, 1994, S. 300). Ziele im Kunstunterricht unterscheiden sich aber von Zielen in anderen Fächern (z. B. Mathematik, Sprachen), wo *eine* Erkenntnis oder ein gleiches Lernergebnis bei allen Schüler*innen am Ende stehen soll. Das künstlerische Tun hat jedoch einen subjektiven Anteil, der auch in der Zieldimension des Kunstunterrichts (Ziele und Aufgaben) seine Entsprechung haben muss. Eine mathematische Aufgabe kennt letztendlich nur eine richtige Lösung, lediglich die Wege dorthin können verschieden sein. In der Kunst dagegen sind nicht nur die Wege, sondern auch die Lösungen subjektiv geprägt und sollen es auch sein. Daher reicht nur der Weg der *Deduktion (Ableitung)* einer Aufgabe aus einer analysierten Struktur eines Kunstbereichs nicht aus. Es geht vielmehr um ein *induktives Hineinführen* (vgl. Buschkühle, 2017, S. 301) in ein künstlerisches

Denken, Empfinden und Handeln, in einen künstlerischen Raum mit seinen Problemstellungen und Herausforderungen, welche die Schüler*innen aktiv bearbeiten. Unterschiede bestehen zwischen Inhalten und Aufgaben, die sich mehr auf die *Vermittlung einer künstlerischen Technik* (geschlossenere Aufgaben – Deduktion, ▶ Abb. 14) oder auf *die künstlerische Gestaltung* (offenere Aufgaben – Induktion, ▶ Abb. 15) beziehen. Ziele im Kunstunterricht eröffnen Freiräume, sollen aber auch Vertiefung ermöglichen, was zueinander in Konkurrenz und Widerspruch stehen kann.

Die Ziele und Aufgaben müssen für die Schüler*innen sinnvoll sein, sie dienen ihrem künstlerischen Prozess. Das Bearbeiten von Aufgaben, deren Sinn nicht klar ist und die ohne Beziehung hintereinanderstehen, ist kontraproduktiv, daher sind immer Sinnzusammenhänge auch im Gefüge der Unterrichtsreihe anzustreben. Ideal ist das Arbeiten im Projekt, was jedoch im Praktikums- oder Ausbildungszusammenhang eine Überforderung darstellen kann.

Ziele zu formulieren hat nicht den Sinn, auf jeden Fall und in jeder Situation daran festzuhalten, sondern *vorausschauend zu erkennen*, was mit einem Inhalt ganz konkret mit einer bestimmten Lerngruppe erreicht werden kann. Dafür muss der Inhalt von der Lehrperson selbst erprobt werden. Dieses vorausschauende Denken beugt Misserfolgen im Unterricht vor, weil auch die Lernausgangslage der Schüler*innen einbezogen wird. Eine gute Unterrichtsvorbereitung hat dies bedacht und ist dann im Unterricht noch *flexibel und kompetent* genug, um auf aktuelle Ideen und Anregungen zu achten und einzugehen. Das heißt: Im Unterricht können sich Ziele und Inhalte entwickeln und verändern, wenn sich dies im Prozess als sinnvoll herausstellt, was vorher aber so nicht erkennbar oder planbar war (vgl. Urlaß, 2013). Die Abbildung von Hilbert Meyer (▶ Abb. 20) zeigt Bereiche auf (Feld B), die für die Kunstpädagogik eine besondere Bedeutung haben: Hier tauchen gestalterische Wege der Schüler*innen auf und werden sichtbar, die kunstpädagogisch nicht geplant oder antizipiert wurden. Kompetente Kunstpädagog*innen drängen diese neuen, unvorhersehbaren Wege der Schüler*innen nicht zurück, sondern greifen sie auf und denken über eine Förderung und Unterstützung nach. Zielformulierungen und Aufgabenstellungen, die unflexibel sind, werden dem künstlerischen Prozess nicht gerecht, der »plastisch« (Buschkühle, 2017, S. 142 ff., 170 ff.), veränderbar und dynamisch ist. Aufgabenstellungen, die andererseits oberflächlich und beliebig sind und bei der ersten Schwierigkeit ausweichen, werden ihm aber ebenso wenig gerecht, weil eine künstlerische Arbeit auch nicht struktur- und substanzlos ist. Flexibilität heißt eben auch nicht, von einer Sache zur anderen zu springen, denn dann kann ein Inhalt nicht vertieft werden, die Auseinandersetzung mit dem Inhalt verflacht und die Ergebnisse sind für die Schüler*innen selbst unbefriedigend. Flexibilität darf also nicht mit Beliebigkeit und einer daraus folgenden Oberflächlichkeit verwechselt werden. Die Antwort auf entstehende Probleme ist nicht das Ausweichen zu einem anderen Thema/Inhalt (Themenhopping), sondern die Bereitstellung geeigneter Unterstützungen und Methoden, um die Probleme zu lösen. Dazu sind nur Kunstpädagog*innen in der Lage, die genügend Erfahrung mit eigenen künstlerischen Prozessen mitbringen. Welchen »Gesetzen« der künstlerische Prozess folgt, kann nur nachvollziehen, wer selbst intensiv künstlerisch gearbeitet hat, dann ist eine Begleitung der Schüler*innen möglich. Die Waage zwischen den sich widersprechenden Polen im pädagogischen Prozess zu finden, ist jedes Mal eine neue Herausforderung, ein Patentrezept gibt es nicht.

7.5.2 Die Zieldiskussion zwischen den Stühlen

Die Diskussion, welche Rolle Lernziele im Kunstunterricht spielen, spannt sich zwischen zwei Polen. Die eine wurde im Rahmen der Schulpädagogik der 1960er Jahre theoretisch untermauert. Es sollte nur das im Unterricht thematisiert werden, was auch später nachprüfbar sein würde. Die andere Haltung steht jeder Planung und Steuerung, was die Kunst angeht, skeptisch gegenüber. Die beiden Positionen kommen selten in Reinkultur vor, sondern werden in vielen Varianten diskutiert. Es ist interessant, sich auch bei historischen kunstpädagogischen Konzepten zu fragen, welcher Seite diese mehr zuneigen und wie sie dies begründen.

1. Kunst ist lehrbar

Die erste Haltung erhielt einen starken Impuls in der Zeit der lernzielorientierten Didaktik, die in der Schulpädagogik mit dem Namen Robert Mager und der Berliner Schule verbunden ist. Als »gelernt« galt, was sich an konkreten Handlungen (Operationen) der Schüler*innen während des Unterrichts (Bearbeitung einer Aufgabe) oder nach dem Unterricht (Test) beobachten und ablesen ließ. Es ging also um das Festlegen und Vermitteln »operationalisierbarer Lernziele« (Operation = die Handlung). Konnte ein Unterrichtsinhalt nicht eindeutig operationalisiert und die Handlungen der Schüler*innen nicht beobachtet werden, sollte er streng genommen gar nicht mehr thematisiert werden, denn dann fehlte ihm die Legitimation. Dennoch wurden Ziele angestrebt, die nicht ohne weiteres überprüfbar sind, wie z. B. das Erkennen (»Verstehen«) der Qualität von abstrakter oder konkreter Kunst oder auch das Hervorbringen von gesellschaftlich-politischen Haltungen. So zeichnet sich diese Position auch durch einen großen Optimismus gegenüber der Frage aus, was im Bildungs- und Unterrichtszusammenhang als erreichbar gelten kann, oder anders gesagt: Es wurden sehr wohl auch Ziele im Kunstunterricht angestrebt, die gar nicht eindeutig operationalisierbar sind (Legler, 2011, S. 319) (siehe dazu auch Übung 19). Die pädagogischen Überlegungen in der kunstpädagogischen Literatur dieser Zeit reflektieren vielmehr *die Zielebene (Absichten,* »*Soll-Ebene*«*)* als die Möglichkeiten der *methodischen Umsetzung*, welche unterentwickelt erscheinen (Richter, 1981, S. 126, Legler, 2011, S. 298).

In der Kunstpädagogik wird der Ansatz in erster Linie durch Gunter Otto vertreten, der dann auch die *Rationalität* oder die rationale Struktur der Kunst in den Vordergrund seiner Kunstauffassung und Kunstdidaktik stellte. Ottos didaktische Entwürfe veränderten sich vielfach über die Jahrzehnte seiner Tätigkeit. So wechselt die Kunst, die im Unterricht inhaltlicher Schwerpunkt sein soll, von der abstrakten und konkreten Kunst in seinen frühen Schriften zu einer realistisch-gesellschaftskritischen Kunst in späteren Veröffentlichungen, die Betonung der *Rationalität* hatte aber Bestand. Dabei handelt es sich allerdings um einen äußerst weit gefassten Rationalitätsbegriff. Die Ziele werden von den Erkenntnissen der *Struktur des In-*

haltes (Kunst) abgeleitet (deduziert). Die passenden Aufgaben sollen dann die Erkenntnisse transportieren. Werden sie richtig umgesetzt, steht am Ende eine vorher definierte Erkenntnis bei den Schüler*innen. Der individuelle Freiraum der Schüler*innen muss dabei schwinden, denn es geht nicht so sehr um Individualität und Subjektivität, sondern um das Nachvollziehen von allgemeingültigen Strukturen. Und dennoch schreibt Otto: »Kennzeichen für den eingetretenen Beginn der Objektivierungsphase ist bei einer guten Aufgabe die Konzentration der Schüler auf ihre *je eigenen* Lösungen (Divergenz der Lösungen).« (Otto, 1969, S. 208). So erscheinen die Schriften Ottos immer auch widersprüchlich.

Das Verdienst Gunter Ottos ist das intensive Nachdenken über Absichtsdimensionen des Kunstunterrichts und den Anschluss an die Diskurse der Allgemeinen Pädagogik seiner Zeit.

2. Kunst und Unterricht vertragen sich nicht

Die andere Sichtweise nimmt ihren Anfang mit der Kunsterziehungsbewegung Anfang des 20. Jahrhunderts. Sie geht von der Nichtfassbarkeit der Kunst aus. Kunst entzieht sich den Erklärungen und bildet sich auf nicht planbaren Wegen in den Individuen: »*Nichts lehren, nichts lernen! Wachsen lassen aus eigener Wurzel*«, so zitiert G. Regel (1996, S. 29) den Kunstpädagogen Franz Cizek, der in den 1910er Jahren in Wien tätig war. »Die Schüler sollen sich *hemmungslos*, mit der *zügellosen Wildheit vorhandener Energien* geben. Aus dem entstehenden Chaos erwachse dann Besinnung und daraus schließlich in weiterer Steigerung Ordnung« (ebd.). Und Gustav Kolb (vgl. Richter, 2003, S. 249 ff.) schreibt in seinem 1926 erschienenen ersten Teil seines Schulbuchs *Bildhaftes Gestalten*: »Man hat viel zu wenig gefragt: Was will das Kind? Was kann das Kind? Was braucht das Kind? Was liegt in seinem Lebensplan? Man hat fast nur gefragt: Was soll das Kind? Was will ich, der Lehrer? Was liegt in meinem Bildungsplan?« (Kolb, 1926, S. 13).

In der jüngeren Vergangenheit steht vor allem Gert Selle für diese Denkweise, freilich ohne überkommene Positionen der *musischen Erziehung* zu vertreten. Selle und Gunter Otto führten über dieses Thema eine Kontroverse, die bis heute exemplarisch für die Diskussion steht (Selle: K+U, Heft 192, 1995, Otto: K+U, Heft 193, 1995). In ihrer extremen Ausprägung hat diese Auffassung zur Folge, dass alle Didaktik, jede Reflexion von Unterrichtszielen und die methodische Planung von Unterricht in Bezug auf die Kunstproduktion negativ-einschränkend gesehen und infolgedessen verworfen wird. Diese Position steht der Frage, ob Kunst überhaupt vermittelbar ist, skeptisch gegenüber. Der individuelle Freiraum ist bei dieser Auffassung hoch, weil die Kunst aktiv im eigenen Suchprozess entwickelt werden muss, der nur teilweise nach allgemeinen Regeln verläuft. Der eigene Such- und Findungsprozess ist dabei viel entscheidender. Unterrichtsmethoden und Übungen werden in dieser Perspektive skeptisch betrachtet, weil sie der Kunst in ihrer Komplexität doch nicht gerecht werden können und sie nur verfälschen und simplifizieren. Der Freiraum ist mitunter aber so hoch, dass er überfordernd wirkt, es fehlen Orientierung und Unterstützung. Diese Position muss sich kritisch fragen lassen, ob das weitgehende Ausblenden der didaktisch-methodischen Dimension überhaupt möglich ist, denn didaktische und methodische Entscheidungen formen nun einmal den Unterricht und eine Auswahl von Zielen und Methoden findet im Unterrichtskontext immer statt. Der Unterschied besteht nur darin, ob es sich um eine bewusste und selbstreflexive Entscheidung handelt oder nicht.

Gert Selles Verdienst ist es, eine Kunstpädagogik entwickelt zu haben, die das MATERIAL und die ERFAHRUNG *mit dem Körper* und dem Material in den Mittelpunkt stellt. Mit dieser Material- und Körperorientierung hat er faszinierende kunstpädagogische Prozesse und Projekte initiiert, die den Methodenhorizont der Kunstpädagogik unter Betonung der subjektiven Ansprache und Herausforderung der Einzelnen wesentlich erweitern. H.-G. Richter (2003, S. 365 ff.) hat Selles Vorgehen sogar in der Nähe von kunsttherapeutischen Verfahren gesehen, wohl wissend, dass dies nicht in Selles Intention liegt. Petra Kathke entwickelte dann später eine materialorientierte Kunstpädagogik im Hinblick auf Kinder, die besonders im Grund- und Förderschulbereich ausgesprochen wertvoll ist.

Fazit

In der Diskussion um die Lehrbarkeit von Kunst und den daraus resultierenden Möglichkeiten, Kunst im Unterrichtszusammenhang zu vermitteln, spiegelt sich erneut das Spannungsfeld der Kunst und Kunstpädagogik: Wo gibt es Orientierung in Regeln und abgesicherten Strukturen, die objektiven Charakter haben, und wo ist das künstlerisch arbeitende Subjekt gewissermaßen allein mit seinen Interessen und künstlerischen Wegen? Wann sind Vorgaben und Hintergrundwissen hilfreich und wann behindern sie die eigenen Wege der künstlerisch Produktiven? Wie können wir künstlerische Prozesse begleiten, fördern und stärken, ohne alles vorzugeben? Welche Methoden dienen dem künstlerischen Prozess der Schüler*innen?

7.5.3 Über Ziele im Kunstunterricht grundsätzlich nachdenken

Übung 17

1. Diskutieren Sie folgende These und überprüfen Sie dabei auf ihre Schlüssigkeit:
»Weil die Ergebnisse eines künstlerischen Prozesses im Kunstunterricht nicht vorher festgelegt, sondern von den Schüler*innen selbst entwickelt werden sollen, sind Lernziele im Kunstunterricht fehl am Platz.«
2. Diskutieren Sie folgende Aussage von Picasso: Welche Konsequenzen sehen Sie für die Konzeption von Kunstunterricht? (vgl. »Kunstdidaktik« Bering/Heimann/Littke/Niehoff/Rooch, 2004, S. 91 ff.)

»Wenn man genau weiß, was man machen will, wozu soll man es dann überhaupt noch machen? Da man es ja bereits weiß, ist es ganz ohne Interesse.« (Keel, 1988, S. 7)

»Ein Bild ist nicht von vornherein fertig ausgedacht und festgelegt. Während man an einem Bild arbeitet, verändert es sich im gleichen Maße wie die Gedanken.« (ebd., S. 19)

Kommentar zu Übung 17

Die Teilnehmer*innen sollen durch die Diskussionen die Komplexität der Zielproblematik in der Kunstpädagogik besser verstehen. Die These in 17 1) enthält einen Fehlschluss: Aus der Aussage und Forderung, dass Ergebnisse der künstlerischen Prozesse nicht vorgegeben werden sollen, kann nicht geschlussfolgert werden, dass Unterrichtsziele »fehl am Platz« sind. Würde alles vorgegeben, könnte man gar nicht mehr von einem Prozess sprechen. Die Ziele legen nicht die Ergebnisse eines Unterrichts fest, sondern *dienen* dem Prozess, stoßen ihn an und strukturieren ihn (▶ Infobox 4). Die Aussagen aus 17 2) beschreiben, was in einem künstlerischen Prozess geschieht, und sollten auch im Kunstunterricht ihren Raum haben. Auch diese Aussagen sprechen nicht grundsätzlich gegen Ziele im Kunstunterricht, sondern nur gegen solche, die eine Ergebnisform festlegen wollen.

Der Kunstkritiker und Künstler John Berger schreibt in einem Essay über Menschen in Manhattan der 1970er Jahre und deren (Lebens-)Ziele den Satz: »Ziele leiten nicht mehr, sie werden zu Magneten.« (Berger, 1999, S. 75). In den *magnetischen Zielen* sieht Berger eine zu starke Kraft von außen und damit eine Fremdbestimmung, welche das Wollen, die Aktivitäten, Bewegungsräume und Freiheiten der Menschen beschneidet. Die *leitenden Ziele* geben zwar eine Orientierung und Richtungen vor, lassen aber Spielräume, um die eigenen Weg zu finden, die nur die Individuen für sich erkunden können und niemand sonst. Es geht also um den *Grad an Selbstwirksamkeit und Selbstbestimmung*. Parallelen zum Kunstunterricht können im Seminar diskutiert werden.

7.5.4 Ziele und Aufgaben: Induktives oder deduktives Denken

In der Kunstdidaktik gibt es zwei Denkrichtungen, die beide ihre Berechtigung haben, aber den unterschiedlichen Bereichen der Kunstvermittlung zugeordnet werden müssen.

Das *deduktive kunstdidaktische Denken* (▶ Abb. 14) ist linear organisiert. Deduktiv heißt: Wir haben eine Erkenntnis gefunden, haben diese Erkenntnis strukturell beschrieben und gesichert und suchen nun Aufgabenstellungen, welche die Erkenntnis vermitteln und gewissermaßen transportieren. Das deduktive Denken erfasst solche Prozesse, die nicht in erster Linie das eigene künstlerische Denken und Handeln betreffen, sondern die handwerkliche Seite des Künstlerischen. Die Aufgaben führen zu ähnlichen oder gleichen Ergebnissen bei den Übenden und stehen dem Lehrgang nahe. Weil die Ergebnisse ähnlich oder fast gleich sind, findet ein subjektiver oder individueller Zugang zu den Inhalten kaum statt, es geht vielmehr darum, sich eine Technik anzueignen (Schraffurtechniken, Farbaufträge beim Ma-

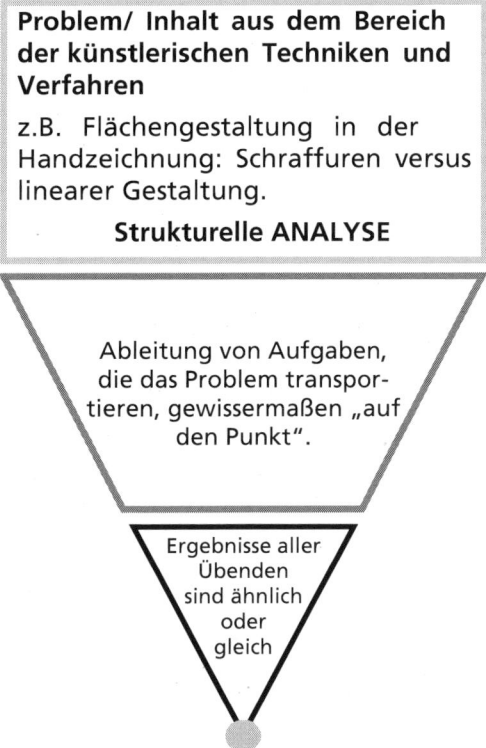

Abb. 14: Deduktiv-kunstdidaktisches Denken (siehe *Download*)

len, Lineaturen, Techniken des Modellierens mit Ton, Drucktechniken, digitale Techniken u. v. m.). Das deduktive Vorgehen *dient* dem eigentlichen künstlerischen Denken und Handeln, kann es alleine aber nicht voranbringen, dafür ist eine induktive Vorgehensweise notwendig (siehe unten). Für den Kunstunterricht sind die handwerklichen Inhalte keineswegs geringzuschätzen, sondern unverzichtbar. Sie werden möglicherweise in der schulischen künstlerischen Bildung sogar vernachlässigt.

Das *induktive kunstdidaktische Denken* (▶ Abb. 15) ist nicht-linear organisiert. Es handelt sich um eine Grundhaltung und Aufgabenstruktur, die die Schüler*innen zu einer Eigentätigkeit und Selbstbewegung in einem reflexiven Umfeld führen. Die Ergebnisse des künstlerischen Handelns sind nicht gleich, sondern durch die Verbindung von subjektiven Lösungen und allgemeinen Gesichtspunkten unterschiedlich. Das induktive Denken ist geeignet, das künstlerische Denken und Handeln im eigentlichen Sinne voranzubringen. Hierzu braucht es ein »Hineinführen« in eine künstlerische Problematik, Herausforderung, einen Themenbereich oder auch Aufgabenbereiche, in eine eigene künstlerische Auseinandersetzung, die »Selbstbewegung« (eigene Entscheidungen) ermöglicht und nicht beiseitedrängt. Die Zuordnung zur kunstdidaktischen Deduktion und Induktion kann nicht einfach ausgetauscht werden: Das Handwerklich-Technische kann durch induktive

Abb. 15: Induktiv-kunstdidaktisches Denken (siehe *Download*)

Verfahren nicht entwickelt werden, genauso wenig wie komplexe Gestaltungsprobleme und künstlerisches Handeln durch deduktive Aufgaben vermittelt werden können. Es geht nicht darum, das eine gegen das andere abzuwerten, sondern sich die jeweils passenden Anwendungsbereiche für die verschiedenen Methoden bewusst zu machen.

Der Soziologe Franz Breuer und die Psychologin Margrit Schreier stellen in einem anderen Zusammenhang (dem *Lernen und Lehren qualitativer und quantitativer Forschungsmethodik*) interessante Gegensatzpaare auf, die durchaus eine Analogie zu unserer kunstdidaktischen Problematik aufweisen.

Tab. 5: Deduktives und induktives Denken. Quelle: ergänzt nach Breuer/Schreier, 2007, S. 9 (FQS, CC BY 4.0)

Merkmale quantitativer Lehr-/Lernmethodik Passt zur deduktiven kunstdidaktischen Methodik	Merkmale qualitativer Lehr-/Lernmethodik Passt zur induktiven kunstdidaktischen Methodik
Standardprozeduren, Routinen, Kanonifizierung, Modularisierung	Entselbstverständlichungen, Aufbrechen von Routinen, Verfremdungen
Logik, Ableitung	Kreativität, Emergenz
Ökonomie, Effektivität	»Nosing around«, Zweckfreiheit
Antworten, Lösungen	Fragen, Unsicherheiten
Objektive Wahrheit	Multiple Konstruktionen, subjektive Perspektiven
Beschleunigung	Verlangsamung

Um eine deduktive Aufgabe erfolgreich zu bewältigen, sind Ausdauer und Übungsbereitschaft notwendig. Man denke z. B. an die aufwändigen Techniken des Tiefdrucks, deren Aneignung mit vielen Mühen und der Überwindung von Widerständen verbunden ist.

Um den induktiven Weg zu gehen, muss die *Lehrkraft* sich ebenfalls mit der Struktur der thematisierten Kunst auseinandergesetzt haben: Einerseits durch das eigene Erproben der gestellten Aufgaben und andererseits durch theoretische Recherchen zum Inhalt (kunstgeschichtliche Hintergründe). Außerdem bedarf es einer ausreichenden Erfahrung mit eigenen künstlerischen Prozessen aufseiten der Lehrkraft, um die Wege der Schüler*innen begleiten zu können. Induktive Aufgabenstellungen sind nicht willkürlich und ohne Orientierung, sie geben aber nicht ein Ergebnis vor. Sie wollen einen Suchprozess bei den Schüler*innen initiieren. *Auf Seiten der Lernenden* listen die Autor*innen Merkmale der Persönlichkeit auf, die sich günstig bei der Bearbeitung einer induktiven künstlerischen Aufgabenstellung auswirken würden: Das sind

> »[e]twa Bereiche wie soziale Handlungs-/Kompetenz, persönliche Offenheit und Selbstreflektiertheit, interaktionsbezogene und sprachliche Deutungskompetenz, sprachliche Differenziertheit, Unsicherheitstoleranz, Konfliktkultur, theoretisches Interesse, Kreativität, Non-/Konformismus, Ausdauer und ›Sitzfleisch‹« (Breuer/Schreier, 2007, S. 12)

und weiter:

> »Sensibilität gegenüber anderen in unterschiedlichsten Hinsichten und Kontexten; Deutungskompetenz; Unsicherheitstoleranz; Bereitschaft, das Gegenüber als gleichermaßen befähigt und berechtigt anzuerkennen (›Menschenbildannahmen‹); Offenheit; systemisches Denken; Umgang mit unübersichtlichen, komplexen, ergebnisoffenen Situationen; Norm- und Wertungszurückhaltung; Selbstreflektiertheit – und andere mehr.« (ebd., S. 13).

Gleiches gilt für *die Lehrenden*, wenn sie die künstlerischen Prozesse kompetent begleiten sollen.

Diese Eigenschaften können auch als Leitziele von Kunstpädagogik insgesamt gelten, nämlich die Bereitschaft, sich einem unübersichtlichen künstlerischen Problem zu stellen.

Bedenkliche Eigendynamik

Zielorientiertes Denken verführt in gewisser Hinsicht zum deduktiven Denken auch dort, wo es nicht angebracht ist. Der Begriff *Ziel* legt bereits ein didaktisches Denken mit festgelegtem Ergebnis nahe und die Versuchung ist groß, die Ergebnisse eines Unterrichts vorher genau zu fixieren und dann eine Spur für die Schüler*innen auszulegen, die genau dorthin führen soll. Daher ist es zunächst vielleicht sinnvoller, nicht nach *Zielen*, sondern nach *Schwerpunkten und Absichten* zu fragen:

> - Wo liegt mein *Schwerpunkt*, der mir in dieser Stunde wichtig ist? Was will ich den Schüler*innen eigentlich vermitteln?
> - Wie sieht die *Aufgabe* dazu aus?
> - Hat die Aufgabe *fremde Bereiche*, die nicht zum Schwerpunkt passen und die ich dennoch hinzugefügt habe? Warum sind diese da? Was ist mir daran wichtig, warum habe ich sie hinzugefügt – offenbar haben sie eine Berechtigung. Kann ich diese fremden Teile besser in einer anderen Stunde der U-Reihe unterbringen?
> - Kann ich *Zwischenübungen/Vorübungen* erdenken, weil ich zu viel auf einmal will? Kann ich dabei den Körper einbeziehen, weil durch Körperlichkeit eine stärkere

Anbindung an die Schüler*innen erfolgt (insbesondere Vorschule, Grundschule, Förderbereiche, aber auch jede andere Klientel)?
➢ Hat die *Selbstbewegung* der Schüler*innen genügend Raum (siehe ▶ Abb. 18)?

Übung 18 (▶ Abb. 14; ▶ Abb. 15; ▶ Abb. 18)

Sprechen Sie in der Gruppe über deduktiv- und induktiv-didaktisches Denken, wo liegen die Unterschiede? Suchen Sie Beispiele aus ihrer eigenen Schulzeit.

Befragen Sie eigene oder fremde Unterrichtsentwürfe nach der Aufgabenstellung: Wo ergibt eine deduktive, wo eine induktive Herangehensweise Sinn (technischer oder gestalterischer/künstlerischer Schwerpunkt)?

Sprechen Sie über Abbildung 18 und überdenken Sie Aufgabenstellungen (in veröffentlichten Unterrichtsbildern oder in Ihren eigenen Entwürfen), die in sich widersprüchlich sind und deshalb nicht gut funktionieren würden. Begründen Sie Ihre Vermutungen. Suchen Sie nach alternativen Formulierungen (siehe auch Übung 25).

Kommentar zu Übung 18

Die Seminarteilnehmer*innen sollen über das Spannungsfeld von Kunst und Unterricht mit Zielperspektiven diskutieren. Sie sollen erkennen, dass Unterricht ohne Zielvorstellungen nicht auskommt, dies aber nicht heißt, alles festzulegen. Im Kunstunterricht dienen die Ziele dem individuellen künstlerischen Prozess der Schüler*innen, sie legen ihn dabei aber nicht fest. Sie unterstützen diesen Prozess mit Struktur, Input und Reflexionsebenen.

Infobox 3: Formulierungshilfen für Unterrichtsziele

Ein *Stundenziel* (Ziel-Inhaltsverbindung) zu formulieren ist nicht leicht. Sie können auch mit eigenen Worten Ihren Schwerpunkt ausformulieren, so können Sie anfangen:

- Die Schüler*innen sollen ...
- Am Ende der Stunde möchte ich als Lehrer*in, dass die Schüler*innen ...
- Ich möchte erreichen, dass die Schüler*innen ...

analysieren, kombinieren, gestalten umgestalten, auslegen, wahrnehmen, sichten, Überblick erlangen, erfahren, kennen lernen, erproben, bedenken, erforschen, sich einfühlen, bewerten, sich eindenken, verstehen, beherrschen, bewältigen, vergleichen, unterscheiden, kooperieren übernehmen, beschreiben, verbalisieren, Gegensätze suchen, Alternativen suchen, zusammenführen, verbinden, eine ungefähre, klare, anfanghafte, erste, vertiefende Vorstellung entwickeln, sich identifizieren können, assoziieren, Ideen entwickeln, verkürzen, zuspitzen, imitieren

Strukturen/Gestalten/Muster suchen, finden, erfinden, experimentierend + Verb ergänzen Beispiel: experimentierend kombinieren (Zielformulierungen in Anlehnung an G. Otto, in K+U, Heft 200, 1996, S. 18).

Bitte nach Formulierungen recherchieren und die Liste ergänzen. *Suchbegriffe/ Internet:* Lernziele Formulieren, Lernziele – Formulierungshilfen

7.5.5 Ziele verschriftlichen

Infobox 4: Ziel-Inhaltsverbindungen

Zielformulierungen sollten immer so konkret sein, dass man nur durch diese eine Vorstellung davon bekommt, welche Absicht der Unterricht verfolgt und mit welchem Inhalt dies geschehen soll. Es ist also nicht ausreichend, nur ein Ziel *oder* nur eine Handlung zu formulieren. Wir sprechen daher von *Ziel-Inhaltsverbindungen.*

Ziele: Schreiben Sie das *Stundenziel und Phasenziele* so auf, dass man eine Vorstellung vom Inhalt und seiner Zielrichtung der Stunde bekommt, *nur indem man diese Ziele liest.*

Ziel:		Inhalt:
Die Schüler*innen sollen Schatten als eigenständige Formen, unabhängig vom Gegenstand, der den Schatten wirft, wahrnehmen	**indem sie**	mit dem Handy eine Fotoserie von Gegenständen mit verschiedenen Lichtwirkungen herstellen.

Abb. 16: Ziel-Inhaltsverbindungen formulieren

Vermeiden Sie allgemeine Formulierungen, die bei den Leser*innen keine klaren Vorstellungen erzeugen (z. B. ... die Schüler*innen sollen ihrer Kreativität freien Lauf lassen), sondern suchen Sie nach Wendungen, die den aktuellen Handlungs- und Lernschritt möglichst konkret beschreiben.

Handlungsschritte oder Ziel-Inhaltsverbindungen?

Was ist der Unterschied zwischen der Formulierung eines *Handlungsschrittes* und einer Zielformulierung bzw. einer *Ziel-Inhaltsverbindung?* Ein Handlungsschritt betrifft nur den *Inhalt:* SuS arbeiten eigenständig an ihren Experimenten mit Tusche, Lehrer*in bietet Hilfestellungen an. Eine Ziel-Inhaltsverbindungen will aber mehr: Sie will verdeutlichen, welche *Auswirkung und Folgen* ein Handlungsschritt bei den Schüler*innen hat:

(ZIEL:) *Die Schüler*innen erkennen einige bildnerischen Möglichkeiten (kurze Auflistung) der Tusche,* (INHALT:) *indem sie unter Einbeziehung des Zufalls frei mit Tusche experimentieren.*

(Alternativformulierungen: erforschen, entdecken, erarbeiten sich, erkunden, lernen kennen, erwerben Wissen über ...)

Versuchen Sie, in ihren Entwürfen eine Ziel-Inhaltsverbindung zu formulieren und nicht nur einen Handlungsschritt.

Infobox 5: Lernziele – Zusammenfassung

Es geht also immer um beides: Ein Ziel und einen Inhalt.

Geben wir nur eine Handlung an (Inhalt), dann kennen wir die Absicht einer Aufgabe, Übung usw. nicht und können nicht mit den Schülern das Ziel verfolgen und vertiefen, denn man kann mit einem Inhalt verschiedene Ziele verfolgen.

Geben wir nur eine Ziel an, wissen wir nicht, mit welchem Inhalt wir dieses Ziel erreichen wollen, denn wir können ein Ziel mit verschiedenen Inhalten verfolgen.

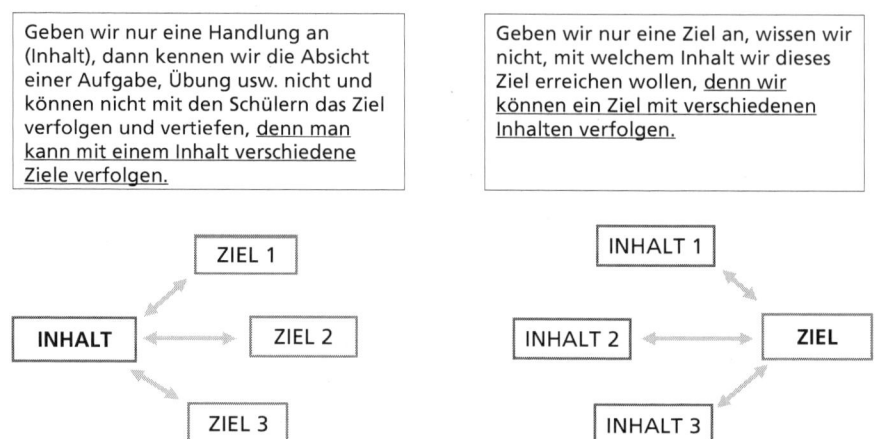

Abb. 17: Verhältnisse von Zielen und Inhalten (siehe *Download*)

Daher müssen *Ziel* und *Inhalt* zusammen gedacht und zusammen angegeben werden. Nur so werden wir uns klar über unsere Aufgabenstruktur. Bei Lernzielen geht es nicht nur um »operationale Lernziele«, also Ziele, die direkt an Handlungen abgelesen und überprüft werden können (▶ Abb. 20) und schon gar nicht um die Festlegung der Ergebnisformen. Dennoch sollen die Ziel-Inhaltsverbindungen konkret formuliert werden, um klarzumachen, durch welche Inhalte die Ziele verwirklicht werden sollen. Die Aktivitäten und das Verhalten der Schüler*innen geben hier durchaus Hinweise, ob dies gelingt oder nicht.

Wichtig: Induktion oder Deduktion (▶ Abb. 14; ▶ Abb. 15)

Beim Formulieren von Ziel-Inhaltsverbindungen laufen wir Gefahr, in ein deduktives Denken hineinzugeraten, auch dort, wo es nicht angebracht ist. Plötzlich wollen wir doch wieder alles festlegen und die Wege vorher genau abstecken. Im Kunstunterricht ist es aber immer wichtig, sich daran zu erinnern: Die Suchprozesse der Schüler*innen sind subjektive Wege, die Spielraum für eigene Entscheidungen brauchen.

> Unsere Ziele dienen diesen subjektiven Wegen, sie wollen sie nicht vorschreiben! Lenkung im Unterricht und das Öffnen von Freiräumen können in Widerspruch und Konkurrenz zueinander geraten. Es ist wichtig, sich dieser Janusköpfigkeit jederzeit bewusst zu sein.

Innerhalb einer Aufgabe können wir nicht offene und geschlossene Aufgabenstrukturen kombinieren. Dies wird häufig versucht, weil man so beiden Aspekten gleich in einer Aufgabe gerecht werden möchte. Die widersprüchlichen Aufgabenteile führen aber zu einer Verwirrung bei den Schüler*innen. Die Aufgabe wird dann nicht angenommen. Es ist aber sehr wohl sinnvoll, geschlossene und offene Aufgaben hintereinander zu schalten, damit mittel- und langfristig über längere Zeiträume hinweg keine Einseitigkeit entsteht. So ergänzen und befördern sich Phasen mit handwerklich-technischem und solchen mit einem künstlerischen Gestaltungsschwerpunkt (▶ Abb. 18, ▶ Abb. 21 und Übung 25).

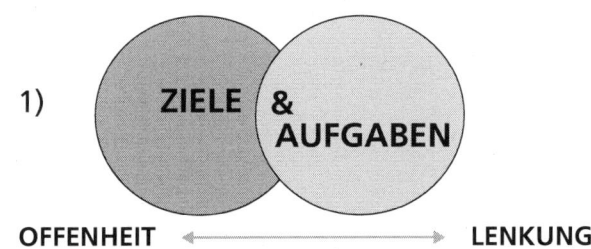

1) **ZIELE & AUFGABEN**

OFFENHEIT ◄─────────────► LENKUNG

Ziele und Aufgaben bedingen sich gegenseitig. Gibt es WIDERSPRÜCHE innerhalb der Aufgabe oder zwischen Zielen und Aufgaben? Dies würde zu Störungen und Hemmungen führen. Sind diese zu stark, wird die Aufgabe gar nicht mehr bearbeitet. Die Schüler*innen fallen dann auf bekannte Handlungsmuster zurück und lernen nichts dazu.

2) **SELBSTBEWEGUNG: Raum für eigene künstlerische Entscheidungen**

3) **sinnvolle Zwischenübungen**

sinnvolle Körperübungen

Abb. 18: Dynamik von Zielen und Aufgaben (siehe *Download*)

7.5.6 Zielperspektiven diskutieren und Alternativen suchen

 Übung 19

Lesen Sie die Aufgabenstellung aus dem Jahr 1969 und diskutieren Sie darüber.

1. Stellen Sie sich vor, Sie sollten selbst die Aufgabe bearbeiten – Sie können es auch tun! Wie wirkt die Aufgabe auf Sie?
Otto formulierte die Aufgabe mit der Absicht, den Schüler*innen die Wirkung der Malerei Cezannes näherzubringen. Er wollte verdeutlichen, dass Cezanne mit seiner Malerei ganz grundlegend die Sehgewohnheiten der Allgemeinheit verändert hat. Die Aufgaben sollen dies leisten (Deduktion). Er zeigte den Schüler*innen Arbeiten von Cezanne erst nach den Übungen.

»1.0 Bildnerische Problemstellung: Herstellung eines in sich differenzierten Farbgefüges aus Farbflecken.
1.1 Die drei Farbbereiche Blau, Braun und Grün sind in sich nach Hell und Dunkel (damit zugleich nach Warm und Kalt) und in Richtung auf ihre jeweilige Nachbarfarbe zu differenzieren;
1.2 die drei Farbbereiche sind zur Bildeinheit zu integrieren;
1.3 der Bildzusammenhang ist in fleckhafter Malweise, von Farbflecken zu Farbzusammenhängen und Farbgefügen fortschreitend aufzubauen.
2.0 Mögliche Motivbindung: Es steht frei, den Farbbereichen Atmosphärisches (Blau), Erde (Braun) und Vegetation (Grün) zuzuordnen.
3.0 Material: Deckfarben, flacher Borstenpinsel, weißes Papier im Format 46x42 cm.«
(Otto, 1969, S.202, ergänzende Literatur: Legler, 2017 und: Legler, 2011, S. 287 ff.)

2. Formulieren Sie schriftlich eigene Übungen und Aufgaben. Die Aufgaben sollen von der Malerei Cezannes inspiriert sein; wie, bestimmen Sie. Recherchieren Sie vorher zu Paul Cezannes Serie zum Mont Sainte-Victoire. Die Aufgaben können nah an der Malerei Cezannes angelehnt sein oder weiter entfernt mit ihr zu tun haben. Führen Sie die Schüler*innen in ein künstlerisches Handeln, das eigene Entscheidungen erlaubt, ja herausfordert. Denken Sie kunstpädagogisch weniger deduktiv, sondern induktiv: Sie führen Schüler*innen in ein künstlerisches Handlungsfeld, Sie lassen Freiraum, Sie bieten aber auch Orientierung. Sie wollen nicht alles festlegen: *Offenheit und Klarheit*. Diskutieren Sie anschließend die schriftlichen Aufgaben.
3. Notieren Sie in einem weiteren Schritt anschließend passende Ziel-Inhaltsverbindungen. Diskutieren Sie Ihre Zielformulierungen in der Gruppe.
4. Überlegen Sie: Was hat Ihre Aufgabenstellung mit ihrer eigenen künstlerischen Praxis zu tun? Was müssen Sie noch selbst erproben, um die Details der Aufgabe besser zu verstehen?
5. Erweitern Sie die Perspektive: Welche sinnvollen Aufgaben gibt es zu dem Thema in anderen künstlerischen Verfahren (Plastik, Drucken, Foto, Zeichnen usw.)?

Abb. 19: Paul Cézanne: Der Mont Sainte-Victoire von Les Lauves aus gesehen, 1904/06, Öl/Leinwand, 60x72 cm

Kommentar zu Übung 19

G. Otto versucht bei den Schüler*innen einer 9. Klasse durch eine Reihe von recht schwer verständlichen praktischen Aufgaben und mehreren Phasen der anschließenden Reflexion eine komplexe kunsttheoretische Einsicht anzubahnen. Selbst Erwachsene setzten diese Aufgabenkonstruktion nicht regulär um: Wolfgang Legler führte die Übung mit einer Gruppe von Kunstpädagog*innen durch, die eben nicht der Aufgabe folgten, sondern sie in ihrem Sinne individuell und spontan umstrukturierten. Lernziel für die 9. Klasse war bei Otto die Vermittlung der »Tatsache«, dass Cezanne mit seiner Malerei die Sehgewohnheiten grundlegend verändert habe. Legler (2011, S. 287 ff.) bezweifelt mit Recht in seinen Überlegungen zu der vorgestellten Reihe, dass dies mit dieser Methodik möglich ist.

Die Seminarteilnehmer*innen sollen verstehen, dass diese Art von deduktiv-kunstdidaktischem Denken nicht geeignet ist, die komplexen, kunstwissenschaftlich ausgerichteten Ziele zu erreichen, die Otto im Sinn hatte. Sie sollen alternativ *induktive Aufgabenstellungen* finden, die den Schüler*innen durchaus auch etwas von Cezannes Malweise vermitteln können, jedoch ohne den Anspruch, die Malweise Cezannes und deren Wirkung auf die Nachwelt gleich »zu verstehen«. Die Aufgaben sollen vielmehr eigene Entscheidung und einen persönlichen Zugang zu Cezannes Malerei ermöglichen.

7.5.7 Ziele und Lernergebnisse – zur Diskussion

Hilbert Meyer thematisiert in seiner Grafik (▶ Abb. 20) die komplexen Zusammenhänge von Zielvorstellungen und dem, was tatsächlich während einer Unterrichtssituation geschieht, und schreibt:

> »Durch die Festlegung der Lernziele wird geklärt, was die Schüler am Schluss der Stunde können sollen, das sie zu Beginn noch nicht konnten. – Eine schwer zu beantwortende Frage, weil man einen größeren Teil der tatsächlichen Lernergebnisse zumeist erst Wochen oder auch erst Jahre später erkennen kann. Das gilt insbesondere für alle kompetenz- oder

dispositionsorientierten Zielformulierungen, die ja gerade darauf abzielen, eine erworbene Fähigkeit erst im späteren Leben in ganzheitlichen Anwendungssituationen zu nutzen. Wir müssen also zwischen den direkt beobachtbaren Lernergebnissen und den nicht beobachtbaren Ergebnissen unterscheiden« (Meyer, 1985, S. 152).

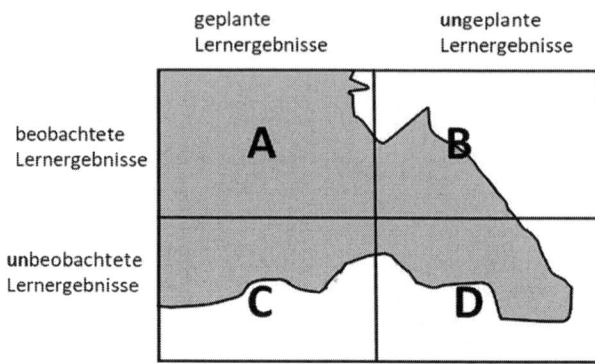

Abb. 20: Relevante Lernbereiche (insbesondere Bereich B), die nicht geplant wurden, die aber gerade im Kunstunterricht nicht zu vernachlässigen sind (▶ Kap. 7.5.1)

Übung 20

Sprechen Sie über die Abbildung 20 und suchen Sie Beispiele für die Felder ABCD.

Beziehen Sie die Überlegungen insbesondere auf den Kunstunterricht. Welche Besonderheiten und Konsequenzen ergeben sich Ihrer Meinung nach für die Planung und Durchführung von Unterricht in unserem Fach? Vergleichen Sie auch mit anderen Fächern.

7.5.8 Ziele zu veröffentlichten Unterrichtsvorschlägen formulieren

Übung 21

Stellen Sie sich gegenseitig veröffentlichte Unterrichtsvorschläge vor und diskutieren Sie diese unter dem Aspekt der Zieldimension und stellen Sie im Gespräch Vermutungen über die Zielperspektiven an. Notieren Sie dann in Ruhe schriftlich Zielformulierungen, die Ihrer Meinung nach zu den Entwürfen passen und diese widerspiegeln. Lesen Sie sich die konkretisierten Formulierungen gegenseitig vor und diskutieren Sie diese erneut.

Vorschläge:
Schwerdtfeger, 1957–1970 (zahlreiche Auflagen)
Pfennig, 1974
Giffhorn, 1978
Buschkühle, K+U, Heft 295, 2005

7.5.9 Ziele formulieren – andere Bildsorten – Beispiel *Zeitschriften*

Übung 22

Befassen Sie sich mit der Zeitschrift TOP-Model (Link zur Zeitschrift: https://top-model.biz/). Diskutieren Sie die Einflüsse der Zeitschriften auf Kinder und Jugendliche, die hier zu erwarten sind. Welche Schönheitsideale und Rollenmuster werden auf welche Weise transportiert? Welche Probleme ergeben sich daraus? Sprechen Sie über ein Unterrichtsvorhaben zu diesen Medien.

1. Formulieren Sie *schriftlich* Ziel-Inhaltsverbindungen dazu und diskutieren Sie diese untereinander in der Gruppe. *Bedenken Sie:* Die Zeitschrifteninhalte sind bei vielen Heranwachsenden ausgesprochen positiv besetzt. Diese Lernausgangslage ist zu beachten, wenn Sie einen kritisch-reflexiven Umgang anbahnen möchten. Vorschnelle Kritik und möglicherweise Abwertungen der Medien kann bei vielen zu innerem Rückzug führen.
2. Denken Sie über geeignete Methoden nach, die Ihre Ziele befördern können.

Kommentar zu Übung 21 und 22

- Die Teilnehmer*innen sollen sich in der Formulierung von Ziel-Inhaltsverbindungen üben und dabei die Vielschichtigkeit der Verbindungsmöglichkeiten erkennen: Ein Ziel kann mit verschiedenen Inhalten erreicht werden und verschiedenen Inhalten können verschiedenen Zielen dienen (▶ Infobox 5).
- Sie können durch die Unterrichtsbeispiele über die unterschiedlichen Ausrichtungen der Kunstpädagogik ins Gespräch kommen: Was wollte man in der »Musischen Erziehung«, was in der »Visuellen Kommunikation«, was im sogenannten »Wissenschaftlichen Kunstunterricht« usw.
- Sie entwickeln eine Vorstellung über den Wandel der Schwerpunktsetzung in der Vergangenheit (Zielperspektive der Kunstpädagogik) im Kontext gesamtgesellschaftlicher Ereignisse und Entwicklungen.
- Sie tauschen sich über ihre eigenen Zielvorstellungen aus und vergleichen sie mit denen anderer.
- Sie verstehen den Unterschied zwischen induktivem und deduktivem kunstdidaktischem Denken und die Widersprüchlichkeit in der Kunstpädagogik »zwischen den Stühlen«, zwischen Lenkung und Offenheit.
- Sie erkennen den Wert einer konkreten Formulierung und die Schwäche von allgemeinen Aussagen.

8 Methodik

> »Es ist eines der ungelösten Rätsel unseres Universums, warum eine neue Kaffeemaschine im Lehrerzimmer mehr Begeisterung weckt als eine Weiterbildung über neue Formen des Lehrens und Lernens.« (Diethelm Wahl, 2011, https://www.prof-diethelm-wahl.de/raetsel.php, abgerufen: 26.3.2022)

8.1 Der größere Rahmen

Ganz allgemein geht es in der Methodik darum, die Schüler*innen zu aktivieren und aus der Passivität des Zuhörens herauszuholen. Wir wissen heute, dass das Zuhören über einen längeren Zeitraum kaum etwas zum Lernen beiträgt, und dennoch besteht der Schulalltag für Schüler*innen ganz überwiegend genau daraus, zumeist sogar ohne die Möglichkeit, selbst etwas zu sagen oder das Gehörte in irgendeiner Form zu transformieren, für sich zu ordnen oder auch nur mit ihren sprachlichen Mitteln zu reproduzieren. Aber nur das Tätigwerden und Tätigsein führt zum Lernen und Verstehen (vgl. z. B. Jank/Meyer, 1994, S. 338 ff.).

Die kunstpädagogische Methodik speist sich aus verschiedenen Quellen: Zuerst sind die Allgemeine Pädagogik und Schulpädagogik zu nennen, die in ihrer Geschichte zahlreiche methodische Groß- und Kleinformen des Unterrichtens entwickelt haben. Als *Großform* ist *das Projekt* hervorzuheben, das in der Reformpädagogik seinen Ursprung hat und in der Kunstpädagogik der Gegenwart eine Schlüsselrolle einnimmt – in der Förderpädagogik spricht man auch vom *Vorhaben*. Durch die *Projektarbeit* sollen Heranwachsende in ein künstlerisches Denken geführt werden, das in größeren Zusammenhängen und Zeiträumen stattfindet. Das Gegenteil wäre ein Themenwechsel von Stunde zu Stunde, ohne roten Faden und Zusammenhang, was nicht mehr zeitgemäß erscheint, weil es die Schüler*innen nicht zur Selbständigkeit im Denken und Handeln führt, sondern eher zum *Erledigen von Aufgaben*, ohne immer dabei eine Sinnhaftigkeit zu erkennen. Das *künstlerische Projekt* (Buschkühle, Urlaß, Heyl, Brenne, Sowa u. v. a.) – so sinnvoll es ist – stellt aber im Praktikumszusammenhang wahrscheinlich eine Überforderung dar, weil es das tiefere Verständnis eines jeweiligen pädagogischen Feldes und ein Vertrauensverhältnis zwischen Schüler*innen und Pädagog*innen voraussetzt. Dennoch sollte auch im Praktikum das Denken in Unterrichtsreihen und damit größeren Zusammenhängen eingefordert werden, auch wenn die Planungen nicht immer durchgeführt werden können.

Die Schulpädagogik hat in der jüngeren Vergangenheit vielfältige *methodische Kleinformen* der Unterrichtsgestaltung und -rhythmisierung entwickelt, die sich die Kunstpädagogik zu eigen machen sollte. Wegweisend dürften die methodischen Konzepte von Heinz Klippert seit den 1990er Jahren gewesen sein, die mit dem Schlagwort der *Methodenkompetenz* und des *Methodentrainings* verbunden sind und die vielfältigen Erweiterungen und Variationen für alle Schulformen erfahren haben. Heute sind viele *Methodenpools* auch online verfügbar. Die Kunstpädagogik hat unter den Schulfächern den großen Vorteil, dass sie grundsätzlich den ganzen Menschen als denkendes und handelndes Wesen anspricht, die kognitiven Fähigkeiten genauso wie die handwerklichen, voluntativen und emotionalen Seiten der Person, weil die Kunst alle Bereiche in Rezeption und Produktion braucht. Dies ist u. a. auch deshalb so, weil das Fach nach wie vor einen ausgesprochen großen Anteil dem Produktiv-Sein einräumt. Dennoch ist auch die Kunstpädagogik gut beraten, sich über neue Lernformen zu informieren und in das Fach zu integrieren, auch solche, die in anderen Bereichen außerhalb der Kunstpädagogik entwickelt werden. Neben der allgemeinen Pädagogik und Schulpädagogik sollte der Blick auch in andere Fächer und kulturelle Bereiche gehen, um sich Anregungen zu holen: Theaterpädagogik, Tanz- und Bewegungspädagogik, Selbsterfahrungsmethoden, Gestaltpädagogik und Kunsttherapie, Spielpädagogik, Erlebnispädagogik, Medienpädagogik, Förderpädagogik und andere mehr.

8.2 Aufgaben in der Kunstpädagogik

Nachdem bereits erste Planungen stattgefunden haben (Zufallsverfahren, Licht und Schatten, Ideen aus dem künstlerischen Spaziergang) soll nun der Fokus auf zwei Aspekte gelegt werden, die eng zusammenhängen und sich gegenseitig bedingen und beeinflussen: Dies sind *Zielebene und Aufgabenstellung*. Beides entsteht parallel in der Unterrichtskonzeption und hat einen engen Bezug zu den Lernvoraussetzungen der Schüler*innen. Verändert sich das eine, muss auch das andere angepasst werden. Im Folgenden werden mehrere Schaubilder und Übungen zu den Themen angeboten, wodurch sich das Bewusstsein für die Vielschichtigkeit nach und nach ausdifferenzieren soll.

8.2.1 Eine kunstpädagogische Aufgabe stellen – Schnittstelle aller Überlegungen

Übung 23 (▶ Abb. 18; ▶ Abb. 21)

Sprechen Sie über die Struktur einer kunstpädagogischen Aufgabenstellung. Was macht eine gute Aufgabe in Kunstunterricht aus? Wie unterscheidet sie sich von anderen Fächern? Finden Sie Beispiele für offene und geschlossenen Aufgabenstellungen. Erinnern Sie sich an Ihre Schulzeit: Welche Erfahrungen haben Sie mit Aufgabenstellungen gemacht? Wie haben Sie diese erlebt?

In einer Klasse sind immer Schüler*innen zusammen, die unterschiedlich zu Offenheit und Einschränkung stehen, die Haltung dazu ist in der Gruppe heterogen. Welche Konsequenzen hat dies für die U-Planung (Reihenplanung)?

Worin besteht der Unterschied zwischen Aufgaben im Rahmen einer künstlerischen Technik und im Rahmen einer künstlerischen Gestaltung (deduktives oder induktives didaktisches Denken) (▶ Abb. 14; ▶ Abb. 15)?

Diskutieren Sie den Zusammenhang von Aufgabenstellung und Unterrichtszielen: Was hat eine Aufgabenstellung mit Unterrichtszielen zu tun?

Kommentar zu Übungen 23

Die Teilnehmer*innen sollen sich der Struktur einer Aufgabe bewusstwerden und Aufgabentypen unterscheiden können. Aufgabenstellungen in Veröffentlichungen können kritisch beleuchtet und reflektiert werden. Häufig werden Aufgaben als *offen und kreativ* bezeichnet, die in Wirklichkeit geschlossene Handlungsanweisungen sind. In solchen Fällen hält die Aufgabenstellung nicht, was die didaktische Absicht verspricht. Dies zu erkennen, ist eine wichtige Voraussetzung für eine selbstreflexive Aufgabenkultur.

Sie sollen sich unter Einbeziehung der *Checkliste – gute kunstpädagogische Aufgaben stellen* (▶ Kap. 8.2.3) über die Elemente einer Aufgabenstellung bewusstwerden und diese im Gespräch miteinander in Beziehung setzen.

Übung 24

Befassen Sie sich mit der Abbildung 22 und versuchen Sie, das Schaubild zu lesen. Sprechen Sie über den Zusammenhang von kunstpädagogischem Input (von außen) und der Lernbasis/Lernvoraussetzungen, auf die der Input trifft. Wie hängen Input und Lernbasis miteinander zusammen? Belegen Sie Ihre Aussagen mit Beispielen. Mit »Selbstbewegung« ist der Freiraum gemeint, den die Schüler*innen für eigene Entscheidungen innerhalb eines künstlerischen Prozesses haben (Buschkühle, 2007, Teil II, S. 49)

Versuchen Sie, in der Gesamtgruppe oder in Kleingruppen für die verschiedenen Möglichkeiten des Inputs ein Beispiel zu finden (aus ihrer Erinnerung als Schüler*innen oder erdacht). Wo liegen die Schwerpunkte in der schulischen Praxis? Wo könnte noch ein größeres Angebot sinnvoll sein und warum?

8 Methodik

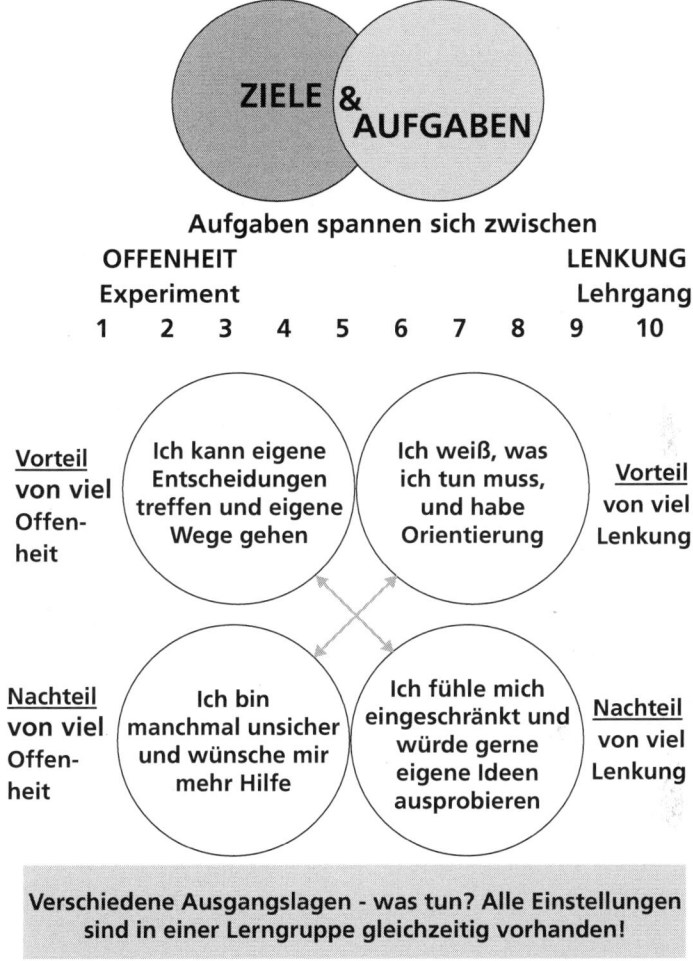

Abb. 21: Ziele und Aufgaben zwischen Offenheit und Lenkung (siehe *Download*)

Kommentar zu Übung 24

Abbildung 22 thematisiert das Aufeinandertreffen von kunstpädagogischer Intervention mit den Lernvoraussetzungen der Schüler*innen, was dann in der künstlerischen Arbeit in einem individuellen Ausdruck/Ergebnis/Gestaltung mündet. Die Seminarteilnehmer*innen sollen sich die Interdependenz der angebotenen Übungen von außen (Input) mit den Lernvoraussetzungen/Lernbasis/Entwicklungsstand der Schüler*innen bewusstmachen und sie diskutieren. Sie sollen die Vielfalt von Möglichkeiten der kunstpädagogischen Interventionen (Aufgabenstellungen) und ihre eigenen Präferenzen erkennen und möglichst erweitern.

II Kunstpädagogik zwischen Lenkung und Offenheit – Übungsteil

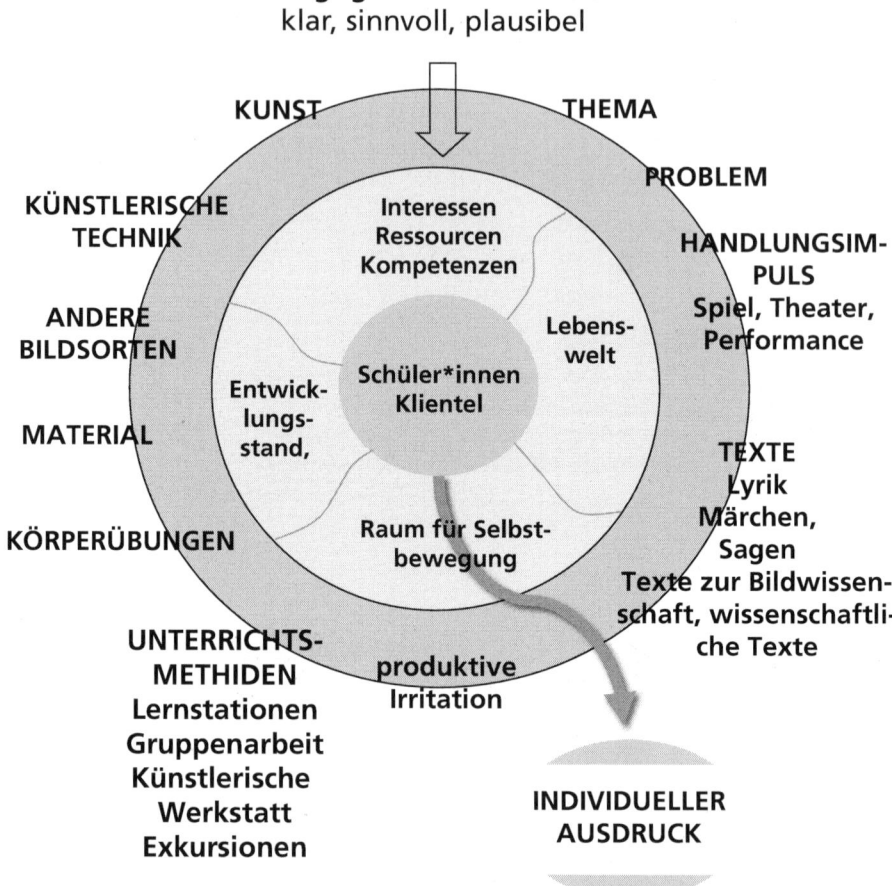

Abb. 22: Aufgaben stellen (siehe *Download*)

8.2.2 Mündlich Aufgaben stellen – zwei Beispiele

Nicole Berner und Miriam Hess stellten in ihrem Beitrag zum »Aufgaben stellen« zwei Beispiele einer mündlichen Aufgabenstellung vor. Sie eignen sich, um mit den Studierenden gemeinsam den zentralen Stellenwert einer Aufgabenstellung zu erkennen und zu diskutieren, von der aus die gesamte didaktische Konzeption einer Unterrichtsplanung sichtbar wird. Von hier aus können Aussagen darüber getroffen werden, ob die gesamte didaktische Planung stimmig ist oder nicht (Berner/Hess, Beilage K+U, Heft 407/408, 2016, S. 6–9).

»1) Beispiel für eine sehr unverständliche Aufgabenstellung (Grundschule):
Das heißt für uns, wir hatten ja die Tiere uns betrachtet. Es ist aber übrigens erlaubt,

wenn ihr meint, wenn man jetzt nochmal überlegt, welche Figur könnte ich denn hier modellieren, dann dürft ihr natürlich (...) unser Bild, was wir jetzt haben, nochmal herausnehmen und auch nochmal darauf schauen. Vielleicht habt ihr dann noch die ein oder andere Anregung, die ihr dann nachmachen möchtet. (...) Ihr sucht euch jetzt ein Tier aus, das ihr gern formen möchtet. Und ihr denkt daran, dass, nein, ihr macht euch selber Gedanken, ihr müsst nicht genauso, auf keinen Fall, probiert das mal aus, was ihr wollt. Also, eure Aufgabe ist Folgendes: nochmal für alle: Zuhören! Hallo? Fertigt eine Figur an, ja?

2) Beispiel für eine sehr verständliche Aufgabenstellung (Grundschule):
Und ihr habt alle euch ein Fantasiewesen in eurer Gruppe ausgedacht. Und jetzt habt ihr alle die Modelliermasse und verschiedene Drähte zur Verfügung. Das heißt, eure Aufgabe ist es jetzt, euer Fantasiewesen mit diesen Materialien zu gestalten. Deswegen solltet ihr euch nämlich schon überlegen, wie es aussehen könnte. Weiß jeder von euch, was er gestalten möchte?« (ebd., S. 8)

Übung 25

- Diskutieren Sie die beiden mündlichen Aufgabenstellungen. Schauen sie nach Widersprüchen, die die Aufgabenstellung gewissermaßen aushebeln könnten.
- Entwickeln sie Alternativen und formulieren sie die Aufgabenstellungen um.
- Spekulieren sie darüber, wie die beiden Aufgaben im Unterricht umgesetzt würden, wie der Unterricht verlaufen würde, welche Chancen darin liegen und welche Probleme auftreten könnten.
- Betrachten sie nun auch Ihre eigenen Aufgabenformulierungen unter dem Gesichtspunkt der Widersprüchlichkeit und im Zusammenhang mit dem Stundenziel (Ziel-Inhaltsverbindung) der Stunde. Gibt es Änderungsbedarf bei der Aufgabe oder dem Stundenziel?

Ausführlicher Kommentar zur Übung 25

Die Teilnehmer*innen sollen sich kritisch mit Aufgabenstellungen auseinandersetzen, die mündlich vorgetragen werden, und sie kritisch prüfen. Man kann die beiden Beispiele auch den Übenden präsentieren, ohne vorher bereits anzugeben, welche gut oder schwer verständlich ist. Anhand der sprachlichen Form der Aufgabenpräsentation *und* des Inhalts der Aufgabe können Vermutungen über den Unterrichtsverlauf angestellt werden (siehe unten). Die Teilnehmer*innen sollen ferner *bei ihren eigenen Entwürfen* die Aufgabenstellung in Zusammenhang mit dem gewählten Stundenschwerpunkt (Ziel-Inhaltsverbindung) setzen und überprüfen, ob die Aufgabe geeignet ist, den Schwerpunkt zu befördern.

Widersprüche in der Aufgabenstellung, Unklarheit der Zieldimension

Im ersten Beispiel wird der Konflikt zwischen *Orientierung geben* (Bild/Foto von einem Tier) und *dem Bestreben, die Gestaltungen der Kinder nicht zu lenken und die eigene Formfindung zu fördern*, deutlich. Es wird auf eine Vorlage verwiesen und gleichzeitig gesagt, dass das Ergebnis anders ausfallen darf oder gar soll. Die gute Absicht, beides zu verbinden, kann jedoch in der Aufgabenstellung kaum gelingen, weil die Vorlage einen Standard setzt (mein Tier soll aussehen, wie auf dem Foto, sonst ist es nicht gut genug oder sogar falsch), der gleichzeitig eine Überforderung darstellt (das kann ich aber nicht!). Die sprachlich sprunghafte Form ist Spiegel dieses Konfliktes. Offenbar entstand bei den Schüler*innen am Schluss Unruhe, das legt die Aufforderung, zuzuhören, nahe. Die Schüler*innen entzogen der Lehrperson vermutlich ihre Aufmerksamkeit, weil das Zuhören zu wenig Gewinn brachte. Es ist weiter zu vermuten, dass die Aufgabe in Frustration mündete, weil eine Anfertigung einer realistischen, formgemäßen Plastik nach Vorlage einer Fotografie, wie immer diese auch beschaffen sein mag, nicht den Lernvoraussetzungen des Grundschulalters entspricht und eine große Überforderung bedeutet. So ist die Aufgabe nicht nur sprachlich problematisch, sondern auch von ihrer gesamten didaktischen Konzeption fragwürdig. Sie steht aber auch exemplarisch für die Konflikte der Kunstvermittlung insgesamt. Kein*e Kunstpädagog*in könnte wohl behaupten, noch nie in dieser Zwickmühle gesteckt zu haben. Um den Konflikt aufzulösen, kann die didaktische Entscheidung auch für das Nachahmen eines Prototypen ausfallen, welche die Kinder leisten können, z. B. einer stilisierten Ziege (Darstellung in Ton). In diesem Fall müsste man sich aber eingestehen und didaktisch rechtfertigen, die Selbstbewegung der Schüler*innen auf »Null« reduziert zu haben. Dies wäre durchaus vertretbar, wenn die Selbstbewegung (eigene Formsuche) in einer anderen Stunde der Reihe wieder herausgefordert würde und es nicht bei einem *Vormachen-Nachmachen* (Nachahmungsdidaktik) über weite Strecken bleibt.

Werden Fotografien als Referenz im Grundschulunterricht eingesetzt, müsste mit den Schüler*innen in einer Erarbeitung zumindest der Anspruch einer weitgehenden Ähnlichkeit (Mimesis) der Ergebnisse mit der Vorlage aus der Aufgabenstellung herausgenommen und ein anderer Ansatz eröffnet werden. Dies ist schwierig, weil eine realistische Darstellung als Vorbild wie ein Magnet eine große Anziehungskraft auf die Schüler*innen ausübt und die andere Formfindungen rasch abwertet. Hier wird deutlich, wie wichtig das Zusammendenken der Anforderungen innerhalb der Aufgabe und die Berücksichtigung der Lernvoraussetzungen der Schüler*innen ist. Im zweiten Beispiel einer Aufgabenstellung ist der Anspruch der Ähnlichkeit zu Tiervorbildern schon nicht mehr vorhanden, weil es sich um »Fantasiewesen« handelt. Aber auch hier können Probleme auftreten, die wahrscheinlich bei der Verbindung und Verarbeitung der plastischen Masse und dem stabilisierenden Draht liegen. Deshalb ist es wichtig, die Aufgabe als Lehrperson selbst zu erproben, um Hilfestellungen und Lösungen für die technischen Probleme bereitzuhalten. Die Möglichkeit der eigenen Formfindung ist hier gegeben, allerdings muss sie mit den Kindern durch geeignete Methoden auch erarbeitet, entwickelt und unterstützt werden: Bildbetrachtungen, Gespräche, Ideensammlungen, ggf. Vorlagen zur Übernahme oder Anlehnung bieten sich hier an. Es ist den Autorinnen nur zuzustimmen, wenn sie schreiben:

> »Insgesamt ist davon auszugehen, dass einer verständlichen Aufgabe auch eine klare und geordnete Vorstellung der Lehrperson vorausgeht, was die Schülerinnen und Schüler leisten sollen. Hierfür ist es hilfreich, in der Vorbereitung die Gestaltungsausgabe selbst durchzuführen, um eine Vorstellung von den spezifischen Erfordernissen zu erlangen (Kirchner/Kirschenmann, 2015). Zu empfehlen wäre auch, insbesondere für den Unterrichtsverlauf

zentrale Aufgabenstellungen bereits bei der Unterrichtsvorbereitung so konkret wie möglich schriftlich zu formulieren, um nicht im Verlauf der Stunde zentrale Aspekte zu vergessen oder nicht klar und präzise genug formulieren zu können« (Berner/Hess 2016, S. 8).

8.2.3 Checkliste – Gute kunstpädagogische Aufgaben stellen

- *Recherche und Erprobung:*
  Habe ich nach *Kunst* recherchiert und meine erste Idee dadurch erweitert? Was müsste ich selbst noch erproben (Kunstpraxis) oder recherchieren (Kontextwissen), um dem Unterrichtsinhalt (Kunst) gerecht zu werden?
- *Anschlussstelle:* Welchen Anschluss/welche Verbindung gibt es zu den Schüler*innen?
  - Weshalb könnte Freude und Anstrengungsbereitschaft entstehen?
  - Warum meine ich, dass sich die Schüler*innen gerne mit dem Inhalt auseinandersetzen würden? (Motivation, Lebensweltbezug, biografische Bezüge, Interessen)
- *Schwerpunkt:* Hat der Unterricht eher einen Schwerpunkt in einer künstlerischen Technik oder in der künstlerischen Gestaltung? Danach richtet sich auch, ob die Methoden und Aufgaben eher geschlossen oder offener organisiert sind. Ist ein deduktives oder induktives didaktisches Denken angemessen (▶ Abb. 14; ▶ Abb. 15)? Bin ich mir bewusst, wo meine Aufgabe zwischen Experiment und Lenkung angesiedelt ist?
- Absichten/Ziele: Welches Unterrichtsziel verfolge ich nun? Kann ich meine Absichten und dazugehörigen Inhalte mit meinen eigenen Worten aufschreiben?
- Subjektivität: Gibt es innerhalb der Aufgabe Raum für die eigenen Entscheidungen der Schüler*innen (Selbstbewegung?) Siehe auch dazu den Punkt Schwerpunkt
- Leistungsgedanke: Wären die Schüler*innen mit ihren Prozessen und Produkten selbst zufrieden oder wären sie unterfordert oder überfordert? → Fördergedanke: Habe ich bei einer Förderabsicht (Förderung der Kreativität, Sozialverhaltens, Motorik, Kooperation, Sprache usw.) klar kommuniziert, dass die Prozesse nicht benotet werden? Habe ich dafür geeignete, aktivierende Methoden gefunden oder muss ich noch mehr auf die Suche danach gehen? Auch im Förderkontext gibt es Ziele, Aufgaben, Überforderung oder Unterforderung!
  Leistungsgedanke und Fördergedanke sind gerade in der Kunstpädagogik nicht klar zu trennen und wirken ineinander. Schwerpunkte können jedoch deutlich gesetzt werden. Fördersequenzen werden nicht benotet!
- Differenzierung: Kann ich die Aufgaben durch Zwischenaufgaben und Zwischenreflexionen differenzieren und facettenreicher gestalten?
- Probleme: Welche Probleme könnten auftauchen und was halte ich dafür methodisch bereit?
- Support: Habe ich die Aufgabe ausreichend unterstützt (Anschauungsmaterial, Hilfestellungen, Tipps, Erleichterungen, genügend Zeit)?

➢ Klarheit: Habe ich die Aufgabe sprachlich und inhaltlich so gestellt, dass ein widerspruchsfreier Handlungsimpuls entsteht, oder hemmen Widersprüche das Handeln und führen zu Über- oder Unterforderung? Ein Auftrag zum Experiment oder für eine Erforschung/Recherche kann auch ein klarer Handlungsimpuls sein.

8.3 Methodische Entscheidungen – Unterrichtsphasen abwechslungsreich gestalten

Übung 26

Befragen Sie die einzelnen Phasen von Unterricht. Teilen Sie die Phasen unter den Teilnehmer*innen gleichmäßig auf und gehen Sie auf die Suche nach passenden Methoden zu Ihrer Phase. Stellen Sie sich diese im Seminar gegenseitig vor.

Literatur zur Übung

Busse, 2002: Lernbox Kunst: Das Methodenbuch
Klippert, 2006: Methodentraining
Wahl, 2006/2013: Lernumgebungen erfolgreich gestalten
Wirth (Hrsg.), 2009: KUNST...Methodik, Handbuch für die Sek. I und II
Sowa u. a. (Hrsg.), 2009: KUNST Arbeitsbuch 3, 2009, S. 108–176
http://methodenpool.uni-koeln.de/

Sehr allgemein gliedert sich der Unterricht in 3 große Phasen, die methodisch gestaltet werden müssen:

1. Die Einstiegsphase:
   ➢ Wie könnte man einen Unterricht interessant eröffnen?
   ➢ Wie entsteht Motivation?
   ➢ Zieltransparenz: Denken Sie daran, die Schüler*innen über den Sinn des Unterrichts/Vorhabens/Aufgaben zu informieren, und lassen Sie nicht raten, was das Thema sein könnte.
   ➢ Welchen Stellenwert haben Demonstrationen durch die Lehrkraft und Bildpräsentationen?
2. Die Erarbeitungsphase:
   ➢ Wie entsteht bei den Schüler*innen Problembewusstsein?
   ➢ Welchen Stellenwert haben frontale Phasen (Lehrer*innenvortrag) und wie lang sollten diese sein?

➤ Recherchieren Sie nach anderen Bausteinen (Partnergespräch, Recherche, Experiment, Erprobung, Notizen, Planungen, Skizzen, Textarbeit) der Erarbeitung.

3. Die Reflexionsphase
   ➤ Erinnern Sie sich an Ihren eigenen Unterricht als Schüler*in: Welchen Stellenwert hatten die Reflexionen und wie liefen sie ab?
   ➤ Wie könnte man einen Unterricht interessant reflektieren?
   ➤ Wie entsteht ein gelungener Brückenschlag zur Erarbeitungsphase?
   ➤ Recherchieren Sie nach weiteren Reflexionsmethoden.

Infobox 6: Methodische Entscheidungen

In den methodischen Überlegungen wird festgelegt, wie der Unterricht in seinen verschiedenen Phasen organisiert wird – oder anders gesagt: Welche Wege mit den Schüler*innen gegangen werden sollen.

Seit den 1990er Jahren wurde bezüglich eines *breiteren Methodenspektrums* in der Schule vieles veröffentlicht, vieles steht auch online zur Verfügung (siehe Literaturhinweise).

Handlungsorientierung: Der Grundgedanke ist zu fragen, wie man die Schüler*innen aus der Rolle der Zuhörer*innen in eine größere Eigenaktivität führen kann.

Begründung der Unterrichtsphasen/des Unterrichtsverlaufs: WARUM dieser Einstieg/diese Phase des Frontalunterrichts/dieser Einstieg, Motivation/diese Erarbeitung/diese Form der Umsetzung/diese Form der Reflexion/das Lernen an Stationen/diese Experimentierphase/eine Zwischenreflexion/eine Vorübung usw.

Weitere methodische Entscheidungen:
Einsatz von *Sprache:* Welche sprachlichen Mittel/welche neuen Begriffe sollen einführt werden (nicht mehr als drei pro Stunde, wenn das sprachliche Lernen nicht im Vordergrund steht)?
Wie ist die Aufgabe formuliert?
Mediale Entscheidungen/Anschauung: Welche Anschauung wird ausgewählt und warum? (Tafelbild/Overheadprojektor/andere Bilder/Schriftbild/Kopien, Verschriftlichung/Arbeitsblätter und Übungen zur Sicherung, Festigung, Reflexion)

Lernen in verschiedenen *Sozialformen*/Gruppen- und Arbeitsorganisationen: Einzelarbeit/Partnerarbeit/Gruppenarbeit verschiedener Größen (Kleingruppen, Großgruppen), »Gruppenpuzzle« und andere Gruppenformen
Übungsformen: Körper- und Bewegungsübungen/Zwischenbesprechung/Unterrichtsgänge/Entspannungsübungen/Demonstrationen von Ergebnissen einzelner Schüler*innen oder Gruppen

Übung 27

Das Bild »American Gothic« von 1930 hat eine interessante Entstehungs- und Wirkungsgeschichte, außerdem sind ungewöhnlich viele Persiflagen dazu entstanden. Recherchieren Sie zu dem Bild und planen Sie zum Thema eine oder mehrere kunsthistorische oder kunsttheoretische Unterrichtsstunden, in denen Sie verschiedene Methoden einplanen. Achten Sie auf einen sinnvollen Wechsel von Unterrichtsmethoden und auf die Übergänge der Methoden. Formulieren Sie für jede Stunde eine Ziel-Inhaltsverbindung (Stundenziel).

Suchbegriffe/Internet:
American Gothic 1930
American Gothic 1930 Persiflage

9 Kunstbereiche und ihre Bildungspotenziale – didaktisch-methodische Felder der Kunstpädagogik

Die Tabellen in diesem Kapitel versuchen, verschiedene Felder der Kunstpädagogik zu unterscheiden und sehr allgemein darzustellen. Die Inhalte der Tabellen überschneiden und wiederholen sich mitunter, dennoch erscheint die Auflistung nach unterschiedlichen Gesichtspunkten sinnvoll. Es handelt sich um kunstpädagogische Methoden im engeren Sinne, da sie aber nicht von didaktischen Grundorientierungen loszulösen sind, nenne ich sie *didaktisch-methodische Felder*.

Die Teilnehmer*innen sollen sich der unterschiedlichen Schwerpunktsetzungen bewusstwerden und sich selbst verorten. Darüber hinaus sollen sie Felder wahrnehmen und diskutieren, die ihnen noch nicht so nah sind, und so ihr Spektrum erweitern.

Auf den folgenden Seiten werden die Felder mit einführenden Texten kurz dargestellt und mit einer Auswahl an Literatur versehen.

Produktion und Rezeption – Wer unterstützt wen?

wer unterstützt wen?

Abb. 23: Verhältnis von Kunstproduktion und Kunstrezeption (siehe *Download*)

In kunstpädagogischen Unterrichtsreihen oder Projekten greifen Kunstrezeption und Kunstproduktion ineinander. Kunst wird gezeigt und besprochen, analysiert, kunsthistorisch eingeordnet und mit Kunstproduktion verbunden. Hier stellt sich immer die Frage, ob die Rezeption die Kunstproduktion unterstützen soll oder umgekehrt. Im Fachdiskurs hängt dies stark von den Autor*innen der didaktischen Konzeptionen ab und von deren Herkunft: Argumentieren sie mehr aus der Blickrichtung der Kunstgeschichte und Kunstwissenschaft oder mehr aus der Perspektive der Kunstpraxis? Auch bei eigenen Unterrichtsideen ist immer die Frage zu stellen: Worum geht es mir hier: Um eine vertiefte Kunstrezeption oder eine vertiefte Produktion?

Übung 28: Zu den didaktisch-methodischen Feldern

Verteilen Sie die Kapitel 9.2 bis 9.12 in der Seminargruppe und recherchieren Sie dann zu Ihrem Feld einen Unterrichtsvorschlag. Stellen Sie diesen den anderen Teilnehmer*innen vor. Diskutieren Sie:

- Wo liegen Ihre eigenen Vorlieben?
- Welchen Bereich kannten Sie noch nicht und finden ihn interessant – warum?
- Mit welchen Bereichen hätten Sie Ihre Schwierigkeiten und warum ist das so?
- Wo sehen Sie Vor- und Nachteile der jeweiligen Bereiche? Diskutieren Sie Chancen und Grenzen.
- Untersuchen Sie die Bereiche auf ihre didaktischen Schwerpunkte. Was steht im Mittelpunkt, was ist den Autor*innen am wichtigsten?
- Diskutieren Sie jeweils über den Schwerpunkt von Produktion und Rezeption: Wer unterstützt wen? (▶ Abb. 23)

Kommentar zu Übung 28

Kunst besteht aus vielen verschiedenen Zugängen und Techniken, die in der Moderne noch deutlich erweitert wurden: Performative, installative und konzeptuelle Arbeitsweisen wurden ausgebaut und fanden auch Eingang in die Kunstpädagogik. Hinzu kommen digitale Möglichkeiten und die Kombination aller Bereiche im »crossover«.

Die Studierenden der Kunstpädagogik bringen persönliche Vorlieben und Schwerpunkte mit, die sie im Studium ausbauen. Wenn gerne im Dreidimensionalen gearbeitet wird, ist das Engagement im Zweidimensionalen (Malerei, Grafik) in der Regel nicht genauso stark ausgeprägt und umgekehrt, dies betrifft auch andere Kunstformen. Dennoch sollten die Seminarteilnehmer*innen ihr Repertoire erweitern und Bereiche zur Kenntnis nehmen, die *nicht* zu ihren Vorlieben gehören. Möglicherweise werden neue Impulse ausgelöst, z. B. die Weiterentwicklung von Malerei und Grafik in den Raum hinein als Rauminstallation (*Suchbegriffe/Internet: eva hesse rahmen museum wiesbaden*). In den folgenden Tabellen und Erläuterungen werden für verschiedene Bereiche der Kunstpädagogik Literaturhinweise und Beschreibungen gegeben, um damit im Seminar zu arbeiten. Selbstverständlich handelt es sich um eine Auswahl ohne Anspruch auf Vollständigkeit.

9.1 Kunst als Inhalt-Form-Verschränkung

Kunstwerke haben eine inhaltlich-intentionale und eine formale Seite (siehe Übung 5b). »Sie sind sichtbarer Ausdruck dieser intentionalen Zustände, denn in den Entstehungsprozess fließen von Seiten des Künstlers immer bestimmte Intentionen ein: Überzeugungen, Wünsche, Hoffnungen, die im Werk ihren Ausdruck bzw. ihre Form finden (...).« (Uhlig, 2005, S. 91). Diese Verbindung von Inhalt und Form existiert selbst in ungegenständlichen und abstrakten Kunstwerken. Eine inhaltsleere Kunst ist kaum vorstellbar, immer gibt es Anlässe und Bezüge, die dem künstlerischen Tun einen Sinn stiften, auch wenn es ungegenständlich verstanden wird. Beide Bestandteile, Form und Inhalt, sind untrennbar miteinander verschmolzen und können auch im kunstpädagogischen Prozess nicht voneinander getrennt werden. Es können aber Schwerpunkte und Ausgangspunkte im kunstpädagogischen Angebot gesetzt werden, um den Prozess in Gang zu bringen und sinnvoll mit den Schüler*innen zu entwickeln. In Analogie zur Sprache könnte man auch von den beiden Seiten *Semantik (Inhalt)* und *Syntax (Form)* der künstlerischen Mitteilung sprechen. Beide Schwerpunktsetzungen haben Chancen und Grenzen oder auch Vor- und Nachteile, die im Folgenden näher betrachtet werden sollen.

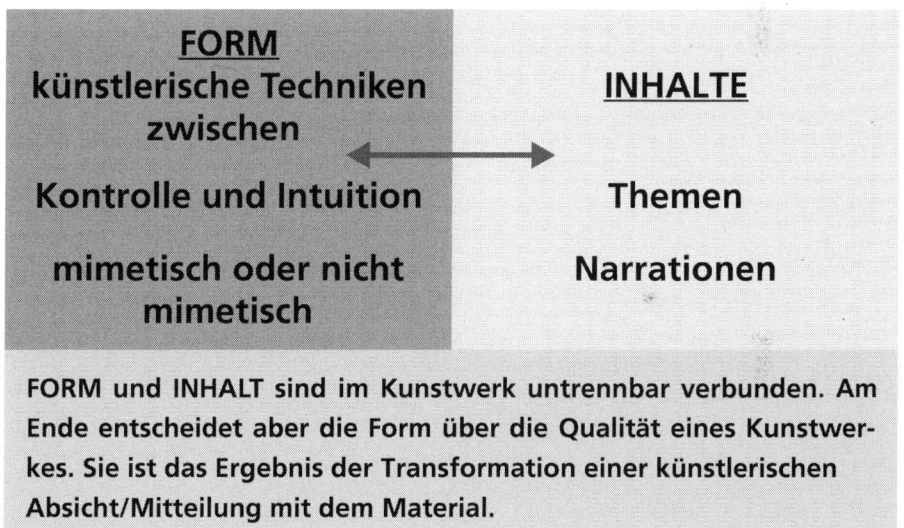

Abb. 24: Kunst als Form-Inhalts-Verschränkung

9.2 Inhalt und Thema als Sinnstiftung für das künstlerische Denken

Methodischer Schwerpunkt	Beispiele aus dem Fach (Auswahl)
Inhalt und Thema als Sinnstiftung für das künstlerische Denken	• Projekte der künstlerischen Bildung (Buschkühle, 2007, 2017) • Inhaltliche Themen (Sowa/Glas/Seydel, 2012, dort: S. 108 ff.) • Erzählung, Literatur, Lyrik, Märchen, Mythen, K+U, Heft 395/396, 2015: Literatur und Bild; K+U, Heft 445/446, 2020: Legenden • Biografieren (Seydel, 2005; K+U, Heft 280/281, 2004)

Das inhaltlich-thematische Vorgehen hat den großen *Vorteil*, sofort einen Sinn zu stiften und eine Beziehung (Lebensweltbezug) zu den Schüler*innen herzustellen. Ein weiterer Vorteil liegt in der Nicht-Festlegung auf eine künstlerische Technik oder Material, denn diese Wahl ergibt sich erst aus der Recherche, der Annäherung durch Sammlung und der gedanklichen Arbeit. So besteht hier die Chance auf eine größere Vielfalt in den Ergebnissen. *Sowa et al.* (Arbeitsbuch, Klett, 2012, S. 108) nennen in ihrem Schulbuch die Themen: Mensch, Gemeinschaft, Kultur, Vorbilder, Schönheit, Träume, Liebe, Symbole, Geschichte, Politik, Glauben u. a.

Buschkühle stellt in seinen Veröffentlichungen ebenfalls zahlreiche künstlerische Projekte mit thematischer Einbindung vor: *Kopf mit Geschichte, Freiheit und Würde, Architektur, Das Blattprinzip–Biontik, Kitsch und Kunst* u. a. (Buschkühle, 2017). Mattenklott (1998, S. 69 ff.) erörtert die Methodik des inhaltlichen Zugangs differenziert für die Grundschule von der »Erzählung« bis hin zum »Theater« vor dem geschichtlichen Hintergrund der Reformpädagogik bis heute und arbeitet ihre Potenziale heraus. *Seydel* schlägt mit seinem didaktischen Konzept »Biografieren« (Seydel, 2005, K+U 280 und 281, 2004) eine Methodik vor, bei der die Inhalte von eigenen oder fremden Lebensläufen zum Anlass für Wahrnehmungsübungen, Recherchen und Gestaltungen werden und die somit vielfältig die Brücke von den Schüler*innen zur Kunstgeschichte und Gegenwartskunst schlägt.

Das Problem, oder wenn man so will der *Nachteil* der inhaltlichen Herangehensweise ist die »Gefahr«, dass der Inhalt vordergründig ins Bild gesetzt wird und die Form keine Eigenständigkeit besitzt. Buschkühle weist auf diesen Umstand ausdrücklich hin und erläutert die künstlerische Form-Inhalt-Beziehung an verschiedenen Kunstwerken, u. a. an der Malerei Edouard Manets. Dabei »schiebt sich der Inhalt nicht in den Vordergrund« (Buschkühle, 2017, S. 176). »Der Inhalt dominiert hier nicht die Form, sondern inspiriert sie, die Form folgt dabei keinem Kanon, sondern entwickelt sich allererst im Betrachten, Erleben und farbig-gestischem Umsetzen des Objekts« (ebd.).

Es kommt also darauf an, mit den Schüler*innen gemeinsam diese Übersetzung in die künstlerische Form zu suchen, ohne eine vordergründige Illustration des Themas zu praktizieren, wie es etwa bei Plakaten – z. B. im Kontext von Wahlwerbung – der Fall ist. Nun muss jedoch auch an dieser Stelle gesagt werden, dass es auch Illustrationen gibt, die künstlerischen Ansprüchen genügen und die einer dienenden Funktion entwachsen sind. Diese vielschichtige und tiefergehende Formsuche zu begleiten durch Sammeln von Wahrnehmungen, durch einfühlsames künstlerisches Denken und dem Nachspüren der Absichten, welche die Form prägen, und auch immer wieder kritisch zu prüfen (Gespräch, Kontextualisierung), ist dann die Aufgabe im Kunstunterricht.

Selbstverständlich werden sich auch bei einem thematisch-inhaltlichen Zugang die Reflexionen und Erprobungen mit den *formalen Problemen* zu befassen haben, die im Prozess auftauchen. Im Projekt bietet es sich dann an, innerhalb der Thematik verschiedene künstlerische Techniken zu erarbeiten und zu variieren, wie es im Projekt »Kopf mit Geschichte« (Buschkühle, 2017, S. 277–281) geschieht: Das Projekt beginnt mit 1) einer *freien Zeichnung* eines Kopfes, 2) der *zeichnerischen Ausdeutung von Zufallsformen*, 3) *zeichnerischer Entwicklung* eines Mischwesens aus Mensch, Maschine und Tier, 4) Entwicklung einer hybriden *Kopfplastik aus Ton*, 5) einer *zeichnerischen Auseinandersetzung zu einer Ganzfigur*, 6) einer *Phase kreativen Schreibens*, 7) einer Grafik zu einer Situation aus der eigenen Erzählung der Schüler*innen mittels *Collage, digitalen Mitteln* und einem *Animationsfilm*. So lernen die Schüler*innen, auf vielen (formalen) Ebenen künstlerisch innerhalb des sinnstiftenden Themas zu arbeiten und ihre Formen zu suchen. Begleitet werden die einzelnen Schritte mit Bildbetrachtungen und Prozessreflexionen. Referenzen stammen dabei aus der Kunstgeschichte sowie aus anderen Bildsorten: Film (Kino), Comic, Werbung u. a.

In diesem Beispiel habe ich die Sage des *Rattenfängers zu Hameln* gewählt, um künstlerisch mit Grundschulkindern zu arbeiten. Die Grundidee ist, in einem Projekt mit verschiedenen Medien zu arbeiten (verschiedene Gruppen), von der Zeichnung, der Malerei bis hin zur Theateraufführung oder nur die Darbietung kleiner improvisierten Szenen. Auch Phasen der Lockerung können thematisch inspiriert eingebaut werden, wenn die Kinder z. B. als Ratten durch den Raum rennen und springen, ohne sich allerdings zu berühren, weil dies zu körperlichen Auseinandersetzungen führen kann. Wichtig bei solchen Aktivierungsphasen ist ein abschließendes »cool down«, um die Bewegungsenergie wieder in eine Entspannungsphase zu überführen.

Mit dem Verschwinden der Kinder in einem Berg am Ende der Sage muss auch mit Verunsicherung und Angstbereitschaft bei den Kindern gerechnet werden. Ich halte es für legitim, eine literarische Vorlage inhaltlich abzuändern, bevor Ängste den gesamten Prozess überschatten und eine Sage oder ein Märchen deshalb nicht genutzt werden kann. So wäre es vorstellbar, die Kinder am Schluss wieder auftauchen zu lassen, und ein Fest zu feiern. Auch andere Szenarien sind denkbar und können von den Kindern mitgestaltet werden.

Übung 29 (▶ Abb. 25)

Wählen Sie ein Märchen oder eine Sage und untersuchen Sie diese im Hinblick auf die projektartige Umsetzung mit verschiedenen künstlerischen Techniken: zwei-, dreidimensionale bis hin zu performativen Verfahren (Theater, Maske,

Performance). Auch digitale Medien (Foto, Film, Animation, Bildbearbeitung) sind geeignet. Konkretisieren Sie eine Idee, indem Sie die Planung tabellarisch notieren (▶ Abb. 25 und ▶ Tab. 3). Erdenken Sie zudem Lockerungsphasen, in der Bewegung und Entspannung zentral sind.

9 Kunstbereiche und ihre Bildungspotenziale

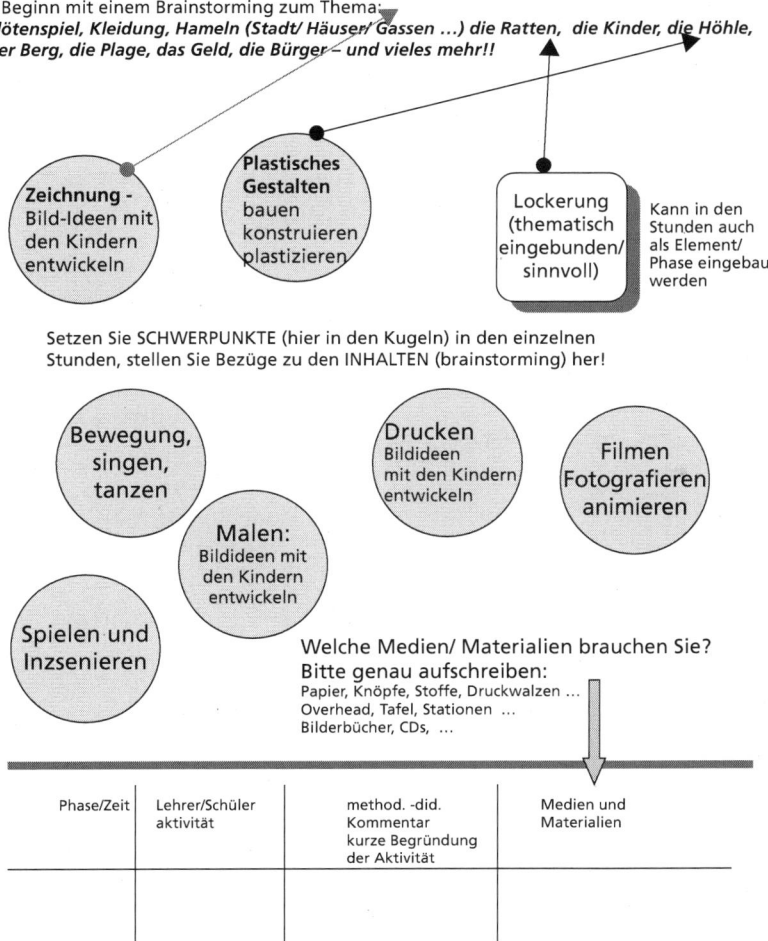

Abb. 25: Eine literarische Vorlage als Anlass. *Suchbegriffe/Internet:* Rattenfänger, Rattenfänger Kunstpädagogik (siehe *Download*)

9.3 Formales-sprachfernes Denken im Zentrum des künstlerischen Prozesses

Kunstpädagogisches Feld	Beispiele aus dem Fach (Auswahl)
Formales-sprachfernes Denken im Zentrum des künstlerischen Prozesses zwischen Kontrolle und Experiment Zufallsverfahren (evokative Verfahren)	• Techniken künstlerischer Verfahren: Zeichnen, malen, plastizieren, bauen, konstruieren, drucken, fotografieren, filmen, digitales Gestalten: Klant/Walch: Praxis Kunst (Buchreihe) • K+U, Heft 190, 1995: Vormachen-Nachmachen; Heft 260, 2002: Werkstatt; Heft 411/412, 2017: Abstrahieren • Reinhard Pfennig und das bildnerische Denken • Lehre von Peter Jenny (Jenny, 1996; siehe auch dazu: Wick, 2009, S. 525) • Bildnerisch experimentieren (Ulrich Klieber) • Kontrastlehre von Johannes Itten, Vorkurse am Bauhaus (Wick, 2009) • Reihe: *Werkstatt Kunst*, Schroedel, Peez, 2012, 2014
Materialorientierung: Produkt und Prozess, Ergebnis und Erlebnis	• Projekte von Gert Selle (1988) • Petra Kathke, »Sinn und Eigensinn des Materials« (mehrere Bände); K+U, Heft 292, 2005: Paper Art; Heft 219/220, 1998: Sprache des Materials; Heft 342, 2010: Materialproduktion
Zwischen Mimesis und Konstruktion Angewandte Kunst: Design, Architektur, Mode, Schmuck	• K+U: Heft 235, 1999: Mode; Heft 298, 2005: Kunst und Mode; Heft 359/360, 2012: Paper Dress; Heft 357/358, 2011: Schmuck; Heft 293, 2005: Architektur; Heft 384/385, 2014: Architektur – vom Modell zur Realität; Heft 217, 1997: Design; Heft 299, 2006: Erfinden; Heft 374/375, 2013: Design denken-Machen-Lernen

Es ist eine zentrale Aufgabe der Kunstpädagogik, ein Denken zu schulen, das sich eher sprachfern in formalen Vorstellungen bewegt, in dem Imaginationen entwickeln werden, wie ein künstlerisches Produkt sich verändern und wachsen kann, ohne immer schon alles verbalisieren zu können. Auch der künstlerische Prozess professioneller Künstler*innen ist stark von diesem intuitiven, hochkonzentrierten, formalen und sprachfernen Denken geprägt: *mit den Händen denken, körperlich einbezogen sein, unmittelbar ins Bild eingreifen, vom Prozess bewegt werden, im engen Kontakt zum Gegenüber, dem künstlerischen Produkt sein.* Dies bedeutet jedoch nicht, dass die Prozesse vom sprachlichen Denken völlig abgekoppelt sind. Dies ist nur *zeitweise* der Fall, die Verbindung zum sprachlichen Denken und zu distanzierter Reflexion ist wichtig und wird später wiederhergestellt. Dieser unmittelbare Kontakt mit dem Material und der Aktivierung handwerklicher Fertigkeiten, dem »Tun«, dem »Machen«, dem Ausprobieren jenseits einseitiger kognitiver Prozesse und wie es Pestalozzi auch aus heutiger Perspektive noch prägnant formulierte: mit »Kopf, Herz und Hand«, ist sicherlich ein wesentliches Merkmal eines gelungenen Kunstunterrichts. In diesen Bereich fällt das Vermitteln von traditionellen künstlerischen Techniken: Zeichnen, Malen, Drucken, plastischen Verfahren (subtraktiv, additiv), Fotografieren, Filmen und andererseits der intuitive Umgang mit Materialien.

Die *kunstdidaktische Schwierigkeit* des Einstiegs mit einer vorgegebenen künstlerischen Technik, besonders wenn es um die Beherrschung der Form und der Technik geht, dürfte die Tendenz sein, dass ein Nachahmen (Kopieren, Vormachen–Nachmachen, Nachahmungsdidaktik) durch die Schüler*innen bis hin zum Endprodukt naheliegt, ein Umstand, der in früheren Jahrzehnten möglicherweise gar nicht als so problematisch angesehen wurde. Heute wird dies jedoch in der Fachdebatte kritisch gesehen, möchte doch die aktuelle Kunstpädagogik zu eigenständigem Denken anregen und die Ergebnisformen in aller Regel nicht vorgeben, es sei denn, es handelt sich um einen Lehrgang (z. B. Schrift, Schraffur, Farbverläufe o. a.). Ein *werkstattorientierter Unterricht*, der es den Schüler*innen erlaubt, trotz technischer Vorgaben eigene Wege zu gehen, kann hier ein Lösungsansatz sein, um der Engführung entgegenzutreten.

Das Spektrum des formalen Schwerpunktes ist ebenfalls zwischen Planung/Kontrolle und Experiment/Intuition gespannt:

9.3.1 Kontrollierte Beherrschung und Planung der Form durch die Anwendung einer künstlerischen Technik

Dieser Bereich wird vielleicht zuallererst mit Kunst und Kunstvermittlung assoziiert: dem Erlernen von künstlerischen Techniken, des Zeichnens, Malens, Druckens, Aquarellierens, Plastizierens, der Fotografierens, des Filmens usw. Das heißt Fähigkeiten auszubilden, eine äußere visuelle Erscheinung möglichst realistisch oder gegenstandsgetreu ins Bild zu setzen oder ungegenständliche künstlerische Produkte zu erzeugen: im Tiefdruck, Hochdruck, Siebdruck, in der Lithografie, mit Abgießverfahren mit Gips, Ton und Beton im Plastischen, durch Schweißen, Schreinern u. v. m. Hier geht es darum, handwerkliche Strategien richtig anzuwenden, um ein Ergebnis zu erzielen. Insofern spielen innerhalb der Techniken das kontrollierte Planen und Handeln die zentrale Rolle. Die Techniken dienen dem künstlerischen Prozess, sie können aber nicht alleinstehen. Kunst entsteht zwar mit Hilfe von bildnerischen Techniken und Verfahren, erschöpft sich aber nicht darin. Das künstlerische Wollen (siehe künstlerischer Prozess, ▶ Abb. 1) muss hinzukommen. Es verwendet die erlernten Techniken frei im Sinne der künstlerischen Motivation und wird, wenn nötig, auch von den Regeln abweichen und sie verändern, kombinieren und erweitern. Die erworbene Kontrolle über das Material und die Abläufe (z. B. beim Tiefdruck) werden also auch gelockert und der Zufall gewinnt Einfluss auf die künstlerischen Prozesse. Hier liegt der Unterschied zwischen rein handwerklichem Tun und künstlerischem Handeln, denn im Handwerk, z. B. dem Decken eines Daches mit Schiefersteinen, sollte der Zufall keine Rolle spielen. Beim Dachdecken muss die Technik die Anforderungen erfüllen und z. B. das Abfließen des Regenwassers zuverlässig gewährleisten.

9.3.2 Intuitive Materialorientierung – wachsen und wuchern lassen

Bei dem anderen künstlerischen Weg steht die Kontrolle eher im Hintergrund. Vielmehr geht es um das intuitive Umgehen mit Materialien und die Formsuche mit dem und durch das Material im Handlungsprozess.

Der direkten Begegnung mit vielfältigen Materialien kommt schon aus entwicklungspsychologischer Perspektive Bedeutung zu, Piaget schreibt: »(...) beim Erwachsenen wie beim Kinde bleibt das Bedürfnis nach einem Zeichensystem, das sich nicht auf Begriffe, sondern auf Gegenstände als solche und auf die ganze vergangene Wahrnehmungserfahrung erstreckt« (Piaget/Inhelder, 1972, S. 76). An die Grunderfahrungen mit der materiellen Welt in der frühen Phase der ontogenetischen Entwicklung (sensomotorische Phase), die Exploration der Welt durch Bewegung und mit allen Sinnen, welche die Voraussetzung für die weiteren kognitiven Entwicklungsschritte ist, knüpft die Kunstpädagogik an. Beim Kind entwickelt sich *symbolisches Denken und Handeln*, das den Handlungen (basteln, zeichnen, bauen, spielen) Bedeutungen (Inhalte) zuweist, ähnlich dem Kunstwerk, das eine Form-Inhalts-Verschränkung ist. Kinder bearbeiten Material einerseits aus purer Lust am Tun, z. B. im Sandkasten. Sie experimentieren mit Sand und Wasser, den Eigenschaften des feuchten und trockenen Sandes, legen dann aber auch schon Bedeutungen in die Form, wenn sie eine Straße im Sand anlegen, eine Burg, Tunnel und Wasserstraßen bauen und diese im Spiel lebendig werden lassen. Schließlich geht die Entwicklung zur Gestaltung von Objekten, und es entwickelt sich ein symbolisches Tun zwischen *Prozess und Produkt* oder *Erlebnis und Ergebnis*. Es gibt kunstpädagogische Konzepte, die diese unmittelbare, intuitive Materialbegegnung in den Mittelpunkt stellen. *Gert Selle* gehört mit seinen Projekten mit zumeist Erwachsenen dazu, ebenso wie *Petra Kathke*, die ihr Angebot an Kinder richtet. Gerade mit Kindern im Vorschul- und Schulbereich vor dem Jugendalter, aber auch im förderpädagogischen Feld ist dieser Zugang zentral, weil er den Aufbau von Erfahrungen unterstützt und ggf. helfen kann, Entwicklungsrückstände aufzuholen. Er bestärkt zudem das Selbstvertrauen (Ich-Stärkung) und ermöglicht die Erfahrung der Selbst-Wirksamkeit. Die künstlerische Arbeit wirkt positiv auf die Person zurück, in Selbst- und Fremdwahrnehmung, Selbstwirksamkeit und Selbstausdruck. Bei Selle geht es eher darum, sich in die Möglichkeiten des Materials einzufühlen und sich ihm anzupassen und weniger, ihm den eigenen Willen aufzudrängen und das Material zu beherrschen. Dieses Vorgehen kann die Fähigkeit zur Wahrnehmung *und* Gestaltung ausbilden und einen Gegenpol zu einem Alltag bilden, der von Mangel an Bewegung und unmittelbarer Materialerfahrung geprägt ist. Selle ist aber bei seinen pädagogischen Projekten in erster Linie die Nähe zur Gegenwartskunst wichtig (Selle, 1992).

9.4 Gegenständliche (Mimesis) versus ungegenständliche Kunst (Konstruktion)[6] als pädagogisches Problem

a) Gegenständlich (mimetisch)

Für viele Menschen beginnt Kunst erst da, wo eine realistische Wiedergabe der Natur oder eines Motivs vorliegt, je realistischer, desto höher die Akzeptanz. Die Fähigkeit der möglichst naturgetreuen Wiedergabe eines Motivs löst bei vielen Staunen und Bewunderung aus; wo sie fehlt, stellen sich Ratlosigkeit und Unsicherheit ein. H.-G. Richter bezeichnet diese Kunstauffassung als »naturalistisches Missverständnis«, »welche den künstlerischen Rang *und* die Mitteilungsmöglichkeiten eines Bildes von der erscheinungsgetreuen (= naturalistischen) Darstellung abhängig machen möchte« (Richter, 1987, S. 71). Wolfgang Niedecken erzählt eine Anekdote über seinen Vater: Niedecken studierte Kunst in Köln. Der Vater hatte nicht viele Berührungspunkte zur aktuellen Kunst und konnte nicht so recht einschätzen, was die Inhalte des Studiums waren. Vielleicht zweifelte er auch daran, ob das Kunststudium der richtige Weg für seinen Sohn war. Eines Tages frage er ihn: Kannst du eigentlich auch ein Pferd malen? (Kunstforum 250, 2017, S. 283) Ein Pferd malen zu können, wäre für den Vater ein Beweis für eine tragfähige Qualifikation gewesen und hätte ihn möglicherweise beruhigt.

Seit der Moderne ist die Bedeutung des realistischen Abbildens immer mehr aus dem Zentrum der Kunstauffassungen an den Rand gewandert. Die Frage, ob das Beherrschen der Form etwa in der Zeichnung in den künstlerischen Ausbildungen (Kunstakademie, Kunstpädagogik, andere künstlerische Bereiche) noch zu den Schlüsselqualifikationen gehört, ist umstritten und wird sehr unterschiedlich praktiziert. Aus meiner Sicht spricht viel dafür, das gegenständliche künstlerische Arbeiten mit der heranwachsenden Generation zu entwickeln und zu üben. Nur wer sich die Kontrolle über eine Form wenigstens in den Grundlagen erarbeitet hat, kann darauf aufbauend dann mit den Formen auch spielen. Picasso ist ein Beispiel für einen Künstler, der die mimetische Arbeitsweise früh beherrschte und dann andere Wege ging, weil er nur im naturgemäßen Abbilden keine künstlerische Erfüllung mehr fand. Seine Kunst ist aber immer von seiner Fähigkeit geprägt und durchzogen, das Mimetischen zu beherrschen, selbst wenn die Endergebnisse nicht mehr ihren Ursprung verraten. Es existiert aber auch die andere Auffassung, dass das Erlernen von realistischen Arbeitsweisen die freie künstlerische Arbeit blockiere und ihre Entfaltung verhindere, weil sie eine Festlegung und Prägung bedeute, der man nur schwer wieder entkommen könne. Nicht-gegenständliche Wege würden dann nicht mehr als wertvoll erkannt. Bei Gert Selle finden sich solche Argumentationsstränge (1988, S. 176). Unstritten ist sicherlich, dass sich das Künstlerische nicht im Handwerklichen und auch nicht im Gegenständlichen erschöpft. Hinzukommen muss eine Transformation der künstlerischen Absicht oder Mitteilung in die

---

6 Siehe zur Begrifflichkeit »Mimesis und Konstruktion« Buschkühle, 2007, Bd. II, S. 129–131

Form, welche dann das Kunstwerk erst ausmacht. Dieses kann mimetisch sein oder auch nicht.

b) Abstrakt und ungegenständliche (konkrete) Kunst

Nach 1945 trat die *Abstraktion und Konkretion,* die sich seit ca. 1910 entwickelt hatte und durch den Nationalsozialismus bekämpft wurde, erneut in den Vordergrund der Kunstszene und dominierte sie im westlichen Europa und den USA bis in die 1960er Jahre. *Reinhard Pfennig* war derjenige, der seit den 1950er Jahren die abstrakte und ungegenständliche Kunst in der Schule vermitteln wollte, in einer Zeit, wo die Abstraktion und Konkretion keineswegs in der breiten Gesellschaft Akzeptanz genoss. Er und seine Mitarbeiter*innen entwickelten sowohl für den zweidimensionalen Bereich aber auch für die räumlich-plastische Kunst Unterrichtsmodelle und vielfältige Übungen. Der *Vorteil dieses Zugangs* ist, das unmittelbare Handeln und Ausprobieren in den Vordergrund zu stellen. Er liegt in der Unmittelbarkeit des Tuns, ohne die Prozesse vorher zu planen und ohne die sprachlich-kognitiven Fähigkeiten gewissermaßen als Voraussetzung für das künstlerische Tun voranzustellen, aber auch hier kann man planend und kontrolliert arbeiten. Das Experimentieren und Erproben mit verschiedensten Materialien ist wie bereits gesagt ein ausgesprochen wertvoller Baustein der Kunstdidaktik, auch im Hinblick auf das Vorschulalter, die Grundschule und insbesondere in der Förderpädagogik. Die Lust am Umgang mit Materialien, am Explorieren der Umwelt und ggf. das Nachholen von grundlegenden Materialerfahrungen bilden hier die Anschlussstelle zu den Schüler*innen. Ein *weiterer Vorteil* liegt in der *Abwesenheit von Mimesis*, das heißt, das Ergebnis misst sich nicht oder nur wenig an der Gegenstandstreue oder dem Abbildcharakter einer künstlerischen Arbeit. Ein großer Druck kann so von den Schüler*innen abfallen.

Andererseits kann diese Abwesenheit der Mimesis bei den Schüler*innen jedoch zu Unzufriedenheit und Mangel an Akzeptanz führen. Problematisch ist dann die tendenzielle *Inhaltsleere (Überbetonung der Syntax)* der Abstraktion oder Konkretion, wenn die Schüler*innen nicht im ausreichenden Maße ihre *Bedeutungen* im Kunstwerk transportieren und übertragen können – bei künstlerisch interessierten und vorgebildeten Erwachsenen mag es sich anders verhalten. Ein künstlerisches Tun sollte immer sinnvoll für die Übenden sein, eine wirkliche Inhaltleere oder Sinnleere darf es im kunstpädagogischen Setting nicht geben. Der künstlerische *und* pädagogische Prozess muss von Sinnhaftigkeit und Bedeutung angetrieben werden. Reinhard Pfennig war so überzeugt von der Gültigkeit der gegenstandsfernen Kunst, dass er die Anbindung an die Schüler*innen vernachlässigte. Die Aufgaben, die er in seinen Veröffentlichungen bereitstellt, sind immer noch von großer Attraktivität, es muss jedoch heute neu über Motivation und Anschlussfähigkeit zu den Schüler*innen nachgedacht werden. Dies sollten in erster Linie selbst gefundene Ausgangspunkte für eine Abstraktion sein: Spurensuche nach Schatten/Schattenmalereien mit der digitalen Kamera (Handy), Bewegungsstudien (Video), Ausschnitte aus eigenen Fotografien künstlerisch weiterbearbeiten, zeichnerische Skizzen weiterbearbeiten usw.

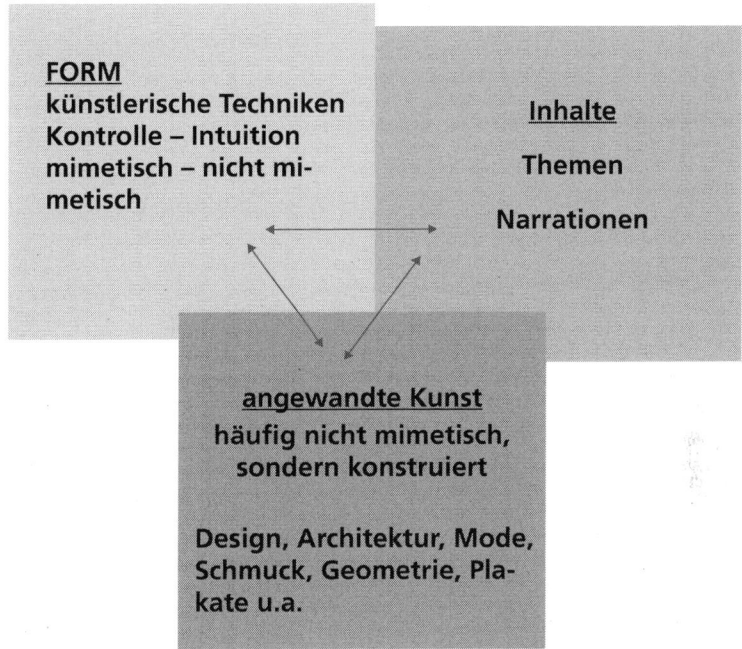

Abb. 26: Angewandte Kunst

Abbildung 26 hebt die *Angewandte Kunst* hervor. Sie ist in aller Regel nicht mimetisch organisiert, sondern wird konstruiert. So kann eine Aufgabe im Bereich Design, z. B. die Konstruktion eines Stuhls oder der Entwurf für ein Plakat, eine Schnittstelle zur ungegenständlichen Kunst sein.

Mit der Moderne erweiterten sich die künstlerischen Verfahren weg von der Mimesis (Nachahmung) hin zur Konstruktion von Wirklichkeit, ohne die gegenständliche Welt nachzuahmen – also die *Form-er-findung*. Beide Verfahren stehen auch der Kunstpädagogik zur Verfügung. Inwieweit eine echte *Formerfindung* überhaupt möglich ist, ist eine schwierige Frage, welche die Kognitions- und Entwicklungspsychologie, Philosophie und Kunstwissenschaft berühren. Auch darüber kann im Seminar diskutiert werden.

Übung 30

Erstellen Sie eine Tabelle, in der Sie zwischen künstlerischen Verfahren und Techniken unterscheiden, die die Nachahmung der Wirklichkeit zum Thema haben, und solchen, die ohne eine mimetische Absicht künstlerisch arbeiten. *Suchen Sie in der Literatur Beispiele für die Methoden.*

Denken Sie darüber nach, worin die Vor- und Nachteile solcher Verfahren liegen, je nach Alter und Entwicklungsstand der Schüler*innen (Grundschule, Sekundarstufe I und II, Förderschule, inklusive Lernsettings). Argumentieren Sie aus Schüler*innensicht.

Sprechen Sie über die Interdependenzen und Mischformen zwischen den Methoden: Beeinflussen sich *mimetische* und *nicht-mimetische* Methoden möglicherweise gegenseitig positiv? Gibt es Mischformen, Ergänzungen und Wechselwirkungen (Steigerungen) zwischen *Nachahmung* und *Form-er-findung*? Suchen Sie auch dazu Beispiele.

Tab. 6: Mimetische und nicht-mimetische Techniken und Verfahren der Kunst (siehe *Download*)

Mimesis: Techniken, welche Wirklichkeit nachahmen	Konstruktion: Techniken, welche künstlerisch arbeiten, ohne Wirklichkeit nachzuahmen
• Gegenständlich zeichnen • Malerische Verfahren • Gegenständlich plastisch arbeiten (aufbauend oder abtragend (skulptural) • Fotografie und Film • Einsatz des Beamers, Overhead-Projektors, Dia-Projektors (Projektionen) • Abstrahierend arbeiten • Was noch? ...	• Nach Musik malen/zeichnen • Experimentell zeichnen/malen (z. B. Geräusche zeichnen/malen, mit Farbstoffen experimentieren, Formen durch Zufälle finden) • Farbfeldmalerei • Mit Materialien plastisch arbeiten und experimentieren (Ton, Draht, Gips, Zement, Glas, Metall, plastische Massen, Farbe, Naturmaterialien, Holz, ...) • Räume gestalten (z. B. Bühnenbild) • Dekore erdenken und umsetzen (Wandgestaltung, Kleidung, Stoffe, ...) • Performance, Tanz, Theater • Aktion, Konzeptkunst • Designobjekte konstruieren, Architekturmodelle bauen • Was noch? ...
Interdependenzen, Mischformen, Steigerungen durch Wechselwirkungen	

Es ist grundsätzlich zu fragen, ab welchem Alter es *unter entwicklungspsychologischen Gesichtspunkten sinnvoll* ist, mit den Schüler*innen Fragen der formalen Komposition und Dynamik im Bild – wie es etwa die Gestaltungslehren am Bauhaus vorschlugen – zu reflektieren. Hier gibt es einen Zusammenhang mit der Reifung des kognitiven Denkens (vgl. Entwicklungsstufen nach Piaget, ▶ Kap. 7.4), der nicht unberücksichtigt bleiben darf. So sehr das Einüben eines formal-künstlerischen Denkens wünschenswert ist, so sehr findet es aber dort seine Grenzen, wo die Anbindung an die Schüler*innen nicht greift (Legler, 2011, S. 298), weil die Voraussetzung für eine formalästhetische Reflexion noch nicht gegeben ist. So kann man davon ausgehen, dass diese Stufe der formalästhetischen Reflexion ab dem 12 Lebensjahr sinnvoll ist, aber noch nicht in der Grundschule. Dort geht es eher darum, die spontane, unmittelbare und unbefangene Gestaltungslust zu fördern und nicht durch Kritik an der formalen Umsetzung (Komposition, Proportionen) zu hemmen. Anders sieht es wieder bei einer Aufgabe im angewandten Bereich aus. Hier kann eine kritisch-reflektierende Besprechung auch schon im Grundschulalter fruchtbar sein, weil sie mit der Nützlichkeit/Funktionalität einer Gestaltung verbunden ist (Möbel, Plakat, Einladungskarte, Design, Architektur usw.).

Bauhaus und Bauhauspädagogik als historischer Wendepunkt

Frühe Beispiele für einen formalen Kunstunterricht sind die *Vorkurse des Bauhauses (1919–1933)*, in denen es um die Untersuchung der formalen Wirkung der bildnerischen Mittel ging, um die Kontraste und Spannungsverhältnisse sowie deren Versöhnung im Kunstwerk. Johannes Itten war einer der ersten Pädagogen, die neben dem visuellen auch die anderen Sinne, insbesondere den Tastsinn und die Motorik, in die Aufgaben einbezogen haben. Die originalen Übungen sind jüngst wieder veröffentlicht worden und bieten einen guten Einblick in die Denk- und Arbeitsweise (Holländer/Wiedemeyer, 2022). Die Konzepte des *Bauhauses* wurden vor allem von ehemaligen Bauhaus-Schüler*innen weiterentwickelt und modifiziert (vgl. Regel, 1996). Sie fanden dann auch den Weg in die Schule: *Ehrhardt: Gestaltungslehre (1932), Röttger: Das Spiel mit den Künstlerischen Mitteln (1960), Schwerdtfeger, Bildende Kunst und Schule (1957–1970), Wick (Hrsg.): Hans Friedrich Geist (2003)*. Auch die Lehre von Peter Jenny (1996) steht letztlich in dieser Tradition.

Spannungsfeld Form-Inhalt im Wechsel der Zeit

Ende der 1960er Jahre wandte sich die Kunstszene und in der Folge auch die Kunstpädagogik von der Abstraktion ab, weil sich das Kunstverständnis änderte: Einerseits betrat die Pop-Art nun die Bühne der Kunstszene, die mit dem Einbezug von sogenanntem Trivialem (Werbung, Waren, Comics, Massenmedien, Warenästhetik) die europäischen Kunstauffassungen, die sich in ihren teilweise esoterisch-abstrakten Welten eingerichtet hatte, zunächst vor den Kopf stieß (Zahner, 2005, S. 111 ff.). Zudem griff die Kunst nun verstärkt wieder Themen der Gesellschaftskritik auf, was wiederum ein stark inhaltlicher Zugriff ist. Die Visuelle Kommunikation (VK) kritisierte dann auch massiv das »formale Denken« bei Pfennig und Otto und polemisierte stark dagegen. Zahlreiche Zeugnisse finden sich dazu in den Ausgaben von K+U der späten 1960er und frühen 1970er Jahre (z. B. K+U, Heft 1, 1968, Diethart Kerbs: Ästhetische und politische Erziehung, S. 28–31). Die formale Seite wurde bei der VK nun *künstlerisch* gar nicht mehr untersucht und thematisiert. Dies fand nur noch im Zusammenhang der Analyse von manipulativen bildnerischen Mitteln der Massenmedien statt, in erster Linie der Werbung. Vielleicht kann man sagen, dass in der Folge dieser Entwicklung die formalästhetische Untersuchung von künstlerischen Produkten seit den 1970er Jahren bis weit hinein in die 1990er Jahre auch in der Sekundarstufe I und II stark vernachlässigt wurde – also wieder das andere Extrem.

Insgesamt steht die Kunstpädagogik, wie auch die Kunst selbst, im *Spannungsfeld von Form und Inhalt*. Eine extreme Einseitigkeit in die eine oder andere Richtung ist für den kunstpädagogischen Prozess eher schädlich. Die Schlüsselfrage bleibt auch hier:

Ist das kunstpädagogische Angebot für die Schüler*innen in ausreichendem Maße sinnhaft?

9.5 Kunstrezeption

Kunstpädagogisches Feld	Beispiele aus dem Fach (Auswahl)
Rezeption in der Grundschule Rezeption theoretisch: Historische Kunst, Bildanalyse, Museum	• Uhlig, 2005 • Uhlig in: C. Kirchner, 2007, S. 132–140 • Kirchner, 2009, S. 118–154 • K+U, Heft 288, 2004: Kunstrezeption mit Kindern • K+U: Heft 234, 1999: Historische Kunst, Heft 323/324, 2008: Ins Museum, Heft 447/448, 2020: Warum ins Museum? Heft 387/388, 2014: Kulturelles Erbe, Heft 253, 2001: Assoziative Methoden der Kunstrezeption • Busse, 2002 • Brassat/Kohle, 2003 • Sowa, 2009, S. 108–176

Die Kunstrezeption, also das Aufnehmen, Betrachten und Reflektieren von Kunst, ist ein ausgesprochen weites Feld der Kunstpädagogik. Bereits ab dem Vorschulalter ist es sinnvoll, mit Kindern Kunst zu betrachten und darüber zu sprechen. Selbstverständlich ist die Art und Weise der Rezeption und der daran anschließenden verbalen und nonverbalen Reflexionsprozesse vom Entwicklungsalter der Kinder und Jugendlichen abhängig. Außerdem ist es wesentlich zu bestimmen, wie das Verhältnis von Rezeption und Produktion gestaltet sein soll. So ist die Frage zu beantworten, »wer unterstützt wen« bzw. wo sollen die Hauptabsichten des Unterrichts liegen? Der didaktisch-methodische Schwerpunkt von Kunstunterricht ergibt sich aus der verschiedenen wissenschaftlich/künstlerischen Herkunft der Autor*innen. Es ist die Frage, ob

- die *künstlerische Produktion* der Schüler*innen von der Kunstrezeption unterstützt und befördert wird oder ob es genau umgekehrt ist, dass
- die *Kunstrezeption und Kunstanalyse* durch flankierende praktische Übungen unterstützt werden soll (▶ Abb. 23).

Bei Kindern im Grundschulalter sind Gespräche über die Form-Inhalts-Bezüge von Kunstwerken bereits möglich und sinnvoll, jedoch ist in diesem Alter die praktisch-produktive Aneignung und Interpretation des Gesehenen methodisch sinnvoll, weil die sprachlichen Mittel und längere Aufmerksamkeitsphasen noch nicht zur Verfügung stehen. Uhlig weist darauf hin, dass Kunstwerke, die in ihrer Aussage schwierig und unzugänglich erscheinen, nicht voreilig von einer Thematisierung ausgeschlossen werden sollten (Uhlig, 2005, S. 138). Wir wissen nicht, was die Kunst den Heranwachsenden mitteilt, und sollten keine Zugänge beschneiden.

Je älter die Schüler*innen sind, desto mehr verbale – mündliche und schriftsprachliche – Kompetenzen stehen zur Verfügung, um ein Kunstwerk zu reflektieren. Hier wird aber nicht die Auffassung vertreten, dass ein produktiv-handelnder Umgang mit Kunst nur *ein Ersatz* für sprachliche Reflexionsprozesse ist, wo diese nicht möglich sind. Vielmehr steht beides im Zusammenhang und durchdringt einander.

Für rezeptive Zugänge gibt es wie bei der Kunstproduktion auch »keine allgemeine, verbindlich feststehende Zugangsweise« (Richter, 1984, S. 41), nur »theoretisch fundierte, aber wechselnde (kunsthistorische) Methoden (...) unter den Bedingungen hermeneutisch-philosophischer Kategorien« (ebd.). Die Kunstrezeption mit ihren unterschiedlichen Zugängen ist somit dynamisch und im pädagogischen Kontext ist es wesentlich, dass eine Verbindung zur Lebenswelt der Heranwachsenden hergestellt werden kann, um Sinnbezüge überhaupt wirksam werden zu lassen: *Was hat das mit meinem Leben zu tun?* H.-G. Richter betont, dass auch im rezeptiven Bereich der Kunstpädagogik nicht nur ein bloßes Nachvollziehen von Erkenntnissen anzustreben ist, sondern ähnlich wie in der Kunstproduktion auch das eigenständige Denken der Schüler*innen ausgebildet werden soll. Dies geschieht freilich auf dem Boden und vor dem Hintergrund von fundierten Sachkenntnissen und Methoden, sowie der Berücksichtigung von Entwicklungsstufen der Heranwachsenden (vgl. ebd.).

Hier ergeben sich auch Schnittmengen zum Philosophieren mit Kindern vor Kunstwerken (Uhlig, 2005, S. 327, Buschkühle, 2017, S. 55 ff).

In Analogie zum freien oder stärker angelehnten *produktiven Umgang* mit Kunst geht es auch in der *Kunstrezeption* darum, sich der Kunst zunächst beschreibend und genau beobachtend zu nähern, um dann mit den Form-Inhalts-Bezügen gedanklich zu spielen, frei damit umzugehen und die Kunst zu deuten.

Bettina Uhlig (vgl. in Kirchner, 2007, S. 139) listet Zugänge auf, die im Unterricht vor Kunstwerken durchgeführt werden und eine aktiven gedankliche Auseinandersetzung anstiften können:

➢ Genau wahrnehmen und beschreiben
➢ assoziieren und imaginieren
➢ Gedankenexperimente: Was würde passieren, wenn: Was könnten die Personen tun? Was würden sie sagen? Was wäre, wenn eine Person im Bild sich wehren würde, aufstehen würde, weglaufen würde, gar nichts mehr tun würde ...?
➢ Fragen zum Kunstwerk stellen
➢ erklären, deuten (durch Texte, Zeichnungen)
➢ nachahmen, erproben, spielen
➢ spüren, innehalten, Empfindungen nachspüren und sie näher beschreiben
➢ Zusammenhänge zu Bekanntem herstellen
➢ recherchieren zur: Künstlerbiografie, Technik, Zeitgeschehen der Entstehungszeit, Wirkung des Kunstwerkes in der Geschichte, Verwendung des Kunstwerkes, Verbreitung, Handel, Kommerzialisierung usw.

> einen Bezug zur aktuellen Lebenswelt der Schüler*innen herstellen und kunstpraktisch dazu arbeiten.

9.6 Aneignen, interpretieren, transformieren – Kunstrezeption gestaltungspraktisch und bildkompetent

Kunstpädagogisches Feld	Beispiele aus dem Fach (Auswahl)
Kunst praktisch aneignen, interpretieren, transformieren	• v. Criegern, K+U, Heft 233/1999, v. Criegern, 2004 • Otto, 1987 • Penzel, 2017 • Kirschenmann/Schulz, 2006, S. 46–55 • Nille, 2021, https://www.kubi-online.de/index.php/artikel/dem-weg-einer-erforschung-praxis-bilderschliessung-schulischen-kunstunterricht-skizze • Kirschenmann/Schulz, 2021: Buchreihe, 8 Bände: Kunst Geschichte Unterricht,

Kunst entsteht aus Kunst. Künstler*innen beziehen sich immer auf die eine oder andere Weise auf Kunst, die bereits vorhanden ist. Früher mehr als heute war das Kopieren von Kunst direkt vor dem Original im Museum Bestandteil der künstlerischen Ausbildung. Die Auseinandersetzung kann jedoch auch in Abgrenzung von bereits existierender Kunst und in der Hervorbringung eines Gegenentwurfs bestehen.

Zahlreiche Beispiele können zeigen, wie sich Künstler*innen aufeinander beziehen: Édouard Manet nahm einen deutlichen Bezug bei der Bildfindung seines »Frühstück im Freien« (1863) zu einem Ausschnitt (unten rechts) aus einer Grafik Marcantonio Raimondis (Urteil des Paris), das wiederum eine Kopie einer Malerei Raffaels (1483–1530) ist. Das Ursprungsbild Raffaels ist verschollen, Manet kannte nur die Kopie als Stich (Ausstellungskatalog Manet, 1984, S. 165 ff.). Picasso malte ca. 100 Jahre später zahlreiche Versionen des »Frühstück im Freien«, genauso wie er in vielen Variationen die Werke des Malers Diego Velazquez (1599–1660) interpretierte. Horst Janssen fasste in seinem Buch *Die Kopie* (München, 1977) seine Auseinandersetzung mit der Kunst anderer zusammen. Von David Hockney und Roy Lichtenstein kennen wir Arbeiten, die insbesondere Picasso rezipieren und interpretieren. Die Liste ließe sich nahezu beliebig erweitern.

Suchbegriffe/Internet: Picasso Velazquez, Hockney Picasso, Horst Janssen die Kopie, Picasso Manet, Picasso Roy Lichtenstein

9 Kunstbereiche und ihre Bildungspotenziale

Abb. 27: Marcantonio Raimondi, Urteil des Paris, Stich nach Raffael, um 1530 – siehe Ausschnitt unten rechts

Abb. 28: Das Frühstück im Grünen Édouard Manet, 1863 Öl auf Leinwand, 208x264,5 cm, Musée d'Orsay

Kunstpädagogische Überlegungen

Die Kunstdidaktik hat sich mit den Potenzialen des *sich Rückbeziehens auf Kunst im produktiven Prozess* auseinandergesetzt. A. v. Criegern stellt in seinem didaktischen Konzept Stufen der produktiven Auseinandersetzung vor. Er unterteilt die Stufen in

1. *Rekonstruktion:* abzeichnen, Details imitieren, kopieren, nachstellen, farbliche Studien nachahmen,
2. *Dekonstruktion:* umgestalten, verändern, neukomponieren (zerschneiden, neu zusammensetzen),
3. *Konstruktion:* sich durch das Motiv zu eigenen Arbeiten anregen lassen, die weit von der Vorlage entfernt sein können.

Insgesamt geht es darum, mit der vorhandenen Kunst anderer zu spielen. Das kann man tun, indem man nahe an der Vorlage bleibt und sich an ihr in irgendeiner Form orientiert oder indem man sich weit von ihr entfernt und nur anregen lässt – möglicherweise sogar, um Gegenentwürfe zu schaffen oder inhaltlich zwar verwandte, formal aber gänzlich unterschiedliche Arbeiten zu erstellen. Interessant ist es auch, die künstlerischen Verfahren zu wechseln, etwa eine Malerei in die Plastik oder das Relief zu übersetzen oder zu einem Kunstwerk einen Film zu konzipieren. Wenn man eine Metapher bemühen will, kann man sich ein Kunstwerk wie ein Gebäude vorstellen. Die Kunstpädagog*innen öffnen die Türen und laden ein, das Haus anzuschauen und zu erkunden. Es gibt viele Räume zu entdecken, darin sind Werkstätten, auch eine »Fälscherwerkstatt« und Ateliers, in denen künstlerisch gearbeitet werden kann. Die Übenden können sich an das Kunstwerk anlehnen und inspirieren lassen. Aufkommende Ideen können in der einen oder anderen Weise verfolgt werden. Aufgaben könne gestellt werden, aber nicht nur, um das Kunstwerk zu »verstehen«, sondern auch, um eigene Wege anzuregen. Wenn der eigene Weg zunächst einmal darin besteht zu kopieren, weil die Technik neugierig macht, ist das ganz legitim.

Ganz wesentlich in diesem Zusammenhang ist die Abgrenzung zu einem Unterricht des *Vorbild Nachgestaltens* im Sinne von *wir malen wie Paul Klee, August Macke, Picasso o. a.* Worin liegt aber der Unterschied zwischen einer blinden Kopie, das heißt eines wenig kreativen Nachahmens oder Umgestaltens, und andererseits einer fruchtbaren interpretatorischen Aneignung von Werken anderer? Wann handelt es sich um eine sinnvolle Auseinandersetzung und wann um eine bildnerische Aufgabe ohne Tiefgang? Diese Unterscheidung zu treffen, ist schwierig. Kunstpädagog*innen können sich fragen, ob sie in ihrer eigenen künstlerischen Entwicklung und Biografie Prozesse des Kopierens auffinden, die nutzlos waren oder die sie weitergebracht haben.

Kopieren

Der Sinn kann sich 1) auf einer *technischen Ebene* aus der Frage ergeben: Wie lösen andere Künstler*innen das Problem, das sich mir gerade auf der technischen Ebene bei meiner eigenen Arbeit stellt? Wie gelingt es beispielsweise Gerhard Richter in seiner fotorealistischen Malerei, den Unschärfeeffekt zu erzeugen? Das Kopieren führt in eine intensive Beschäftigung mit der Herstellung eines künstlerischen Produkts, zeitlich ausgedehnt und unter Überwindung von Schwierigkeiten und Misserfolgen. Am Ende stehen wesentliche Erkenntnisse, die schließlich in die eigene Arbeit Eingang finden. Wichtig ist dabei, zu jeder Zeit das Bewusstsein für die fremde Autorenschaft zu reflektieren: Das Bild ist eine Nachahmung oder Kopie eines anderen, es ist nicht mein eigenes, obwohl ich es hergestellt habe! Gerade im Zeitalter von Instagram und anderen Plattformen, die eine Fülle von Rezepten zur Herstellung von Bildern (Zeichnung, Malerei, anderes) anbieten, gerät über die Faszination für eine künstlerische Technik das Bewusstsein für die geschichtliche Herkunft eines Objekts häufig aus dem Blick. Herkunft und Ursprung von Kunst und deren Abkömmlinge (Derivate) mit ihren Zugeständnissen an einen Massengeschmack werden nicht mehr erkannt. Hier ist es die Aufgabe der Kunstpädagogik, stets die geschichtlichen Bezüge klarzustellen, um nicht in eine geschichtsvergessene, unreflektierte Bildrezeption und Bildübernahme abzugleiten. Es ist wichtig, die Ursprünge (Quellen) von Bildtraditionen und -gruppen zu kennen, um darauf fußend deren Wirkungsgeschichte und »Aneignungsschicksal« im freien Raum der vielfachen Anpassungen und Veränderungen durch die Zeit hindurch zu durchschauen. Diese Fähigkeit ist gemeint, wenn von *Bildkompetenz* die Rede ist.

Freie Kopie: das Spiel mit dem Vorgefundenen, Veränderung, Umgestaltung und Anwendungen

Auf der 2) *künstlerisch-gestaltenden Ebene* handelt es sich dann um einen fruchtbaren Prozess, wenn die Schüler*innen eigene Wege gehen können und mit den Urbildern nach eigenen Interessen spielerisch umgehen dürfen. Es geht nicht darum, nach einer Anleitung in Sinne von ›wie ahmt *man* effektiv Picasso nach‹ zu handeln: Dies beginnt bereits in der Auswahl des Ursprungsbildes. Eigene Interessen und gestalterische Probleme sollen den Anlass geben und nicht das Erledigen einer Aufgabe ohne Einbindung. Sinnstiftend könnte eine *Anwendung* sein: die Gestaltung einer Einladung zu einer Feier, ein Filmplakat oder ein anderes Gestaltungsproblem. Dieser Anlass oder dieses Gestaltungsproblem ist dann der Grund und die Motivation, um mit pädagogischer Unterstützung nach Referenzen in der Kunst zu suchen und sich dort Gestaltungsstrategien auszuleihen, um diese im Dienste der eigenen Absichten und Ziele zu variieren.

Kunstdidaktisch ist bei diesem Vorgehen insgesamt wieder nach der Selbstbewegung der Schüler*innen zu fragen: Es kann nicht nur darum gehen, die *Wege anderer* gläubig, »gehorsam« und unkritisch nachzuvollziehen. Vielmehr sollen die eigenen Interessen und Wege der Schüler*innen unterstützt und erweitert werden, auch wenn die Kunst anderer Künstler*innen verstärkt herangezogen wird. Hier zeigt sich das Feingefühl der pädagogischen Intervention und Aufgabenstellung, denn gerade in diesem »Typ« des methodischen Vorgehens schleicht sich häufig ein problematisches Aufgabenverständnis ein, wenn die Aufgabe der Nach- und Umgestaltung zum zusammenhanglosen Selbstzweck gerät oder sinnlos ist.

Kunst wird in einem zeitgeschichtlichen Kontext geschaffen und nimmt ihren Weg in die Gesellschaft, sie wird von der Außenwelt mehr oder weniger wahrgenommen und rezipiert. Eine Auswahl steht exemplarisch für ihre Zeit und erfährt eine weite Verbreitung oder sogar Berühmtheit. Viele Kunstwerke werden aufgegriffen und wiederum verändert, sie werden an aktuelle Sehgewohnheiten angepasst und tauchen als Derivate oder Abkömmlinge in der einen oder anderen Version in verschiedenen Anwendungsbereichen wieder auf. Die Arbeiten von Rob Gonsalves lehnen sich an die Surrealisten und insbesondere an den Künstler M. C. Escher an. Auch viele Plattencover/CD-Cover beziehen sich zurück auf Kunstwerke, variieren und spielen mit den Vorbildern: Das Cover ›Abraxas‹ von Santana greift Kunst der Präraffaeliten, insbesondere Gustav Moreau (Ende des 19. Jahrhunderts) auf und kombinieren sie mit südamerikanischen Motiven, die *Jan Hammer Band* variiert Pop-Art Motive der 1960er Jahre. Zumeist zeichnen sich die Abkömmlinge durch einen höheren Grad an Gefälligkeit und Eingängigkeit aus. Sie sind leichter zu konsumieren und eignen sich daher gut für eine breite populäre Verwendung (Popkultur, Werbung, Medien). Sie könne im Kunstunterricht eine positive, vermittelnde Rolle spielen, indem bekannte Motive der Massenmedien im Unterricht thematisiert und auf ihre Ursprünge zurückgeführt werden und so ein Zugang zur Kunstgeschichte eröffnet wird. Ihre stimulierende, mitunter identitätsstiftende Funktion erzeugt Motivation und ist eine Anschlussstelle zur Lebenswelt der Schüler*innen.

Übung 31

Sprechen sie über Kunst-Abkömmlinge im Kunstunterricht: Welche Jugendkulturen mit ihren ästhetischen Praktiken kennen Sie (Gothic, Punk, Live-Rollenspiele, PC-Spielszene)? Welche eigenen Erfahrungen haben Sie mit Abkömmlingen von Kunst? Welche Poster und Bilder hingen in Ihrem Jugendzimmer, welche Bilder, Filme und andere visuelle Angebote fallen Ihnen dazu ein? Bringen sie diese mit in das Seminar und entwickeln ihre Überlegungen anhand der konkreten Beispiele. Welche Funktion können sie übernehmen? Welche Chancen eröffnen sich und welche Probleme sind mit ihrer Verwendung verbunden? Welche Gestaltungsideen/Aufgabenstellungen fallen Ihnen dazu ein?

Literaturempfehlung: Unterrichtsprojekt: Kopf mit Geschichte, in: Buschkühle, 2017, S. 277 ff.
Suchbegriffe/Internet: Rob Gonsalves imagine a world (in Vergleich zu) Escher metamorphosis 1; Spampinato, Francesco: Art Record Covers; Santana Abraxas cover (in Vergleich zu) Moreau Jupiter und Semele; Jan Hammer Band oh yeah (in Vergleich zu) Roy Lichtenstein m-maybe

9.7 Kreativitätsförderung als übergreifendes Prinzip

Kreativität ist ein sehr breit verwendeter Begriff, der keineswegs nur im Rahmen von Kunst und Kunstpädagogik Bedeutung hat, sondern in nahezu allen gesellschaftlichen Bereichen, überall dort, wo es um *Problemlösen* geht. Insbesondere bei Problemen, die überraschend auftauchen und wo ein spontanes Handeln bei begrenzten Ressourcen gefragt ist, wird von Kreativität gesprochen: Not macht erfinderisch. Der Begriff ist ausgesprochen positiv besetzt und wird daher auch in populären und kommerziellen Zusammenhängen gerne verwendet, um von dem positiven Image zu profitieren. Die große Ausdehnung und die breite Verwendung führen zwangsläufig zu einer Begriffsunschärfe. So hat die *Kreativität* mittlerweile auch eine Bedeutungsebene von schummeln, manipulieren, täuschen, es sich leichtmachen, Regeln umgehen, *Dinge zurechtbiegen* erhalten (kreative Buchführung, o. a.).

Kunstpädagogisches Feld	Beispiele aus dem Fach (Auswahl)
Kreativitätsförderung als übergreifendes Prinzip	• Kirchner/Peez, 2009 • Seitz, 1998 • Dinkelmann, 2008 • Berner, 2018 • https://improwiki.com/de/wikis • K+U, Heft 261, 2002: Kreative Methoden • v. Hentig, 1998 • Theunissen/Großwendt, 2006

In der Kunstpädagogik haben sich vor allem Daucher/Seitz und Kirchner/Peez, aber auch andere Autor*innen (siehe oben) mit dem Thema befasst und sind zu differenzierten Merkmalen gekommen, die Kreativität genauer bestimmen. Sehr vereinfacht besteht Kreativität aus zwei Polen: 1) Die Fähigkeit, den gewohnten Rahmen des Denkens und Handelns zu verlassen und *neue* Gesichtspunkte zu suchen, zu sehen, zu erproben. Und 2) die Ausdauer, die gefundenen Wege auch zu gehen und die Ideen mit Anstrengungsbereitschaft umzusetzen. Wenn es um Kreativitätsförderung geht, wird meistens die erste Seite betont, weil die zweite (Ausdauer, Durchhalten, etwas zu Ende bringen) in unseren Bildungsinstitutionen bereits vermehrt geübt wird, die »Rahmenüberschreitung« jedoch nicht. Voraussetzung, um überhaupt kreativ zu werden, ist die Problemsensitivität. Kreative Personen können Themen oder Problemen sehr schnell interessante Seiten abgewinnen, erkennen offene Probleme und nehmen sie als Herausforderung an. Kirchner/Peez zitieren in ihrem Buch *Kreativität in der Grundschule erfolgreich fördern* (2009) Rudolf Seitz, der folgende Merkmale kreativen Verhaltens auflistet:

»Sensibilität, Assoziationsfähigkeit, Originalität, sich eine Sache anders vorstellen können, Spontaneität, Mut, Bedürfnis, sich zu äußern, Fähigkeit zur Analyse und Synthese, eine Sache zu Ende führen können, Konflikttoleranz, Humor« (ebd., S. 10).

Übung 32

- Sprechen Sie über die Elemente von Kreativität: Welche sehen Sie in der Schule bereits gut umgesetzt, welche eher nicht? Stellen Sie Vermutungen an, weshalb dies so ist.

- Setzen Sie die Elemente von Kreativität in Beziehung zu den Elementen des künstlerischen Prozesses (▶ Abb. 2). Welche Elemente sind sich ähnlich? Welche Elemente des künstlerischen Prozesses könnte man mit Kreativitätsübungen fördern?
- Suchen Sie nach Übungen zur Kreativitätsförderung in der Literatur und stellen Sie in der Gruppe vor. Führen Sie einige davon durch (Übung 33).
- Was wirkt Ihrer Meinung nach kreativitätsfördernd, was kreativitätsbehindernd?
- In welchem Zusammenhang stehen Kreativitätsförderung und Leistungsbewertung?

9.8 Performative Methoden – Körperlichkeit und Bewegung als Sinnstiftung

Kunstpädagogisches Feld	Beispiele aus dem Fach (Auswahl)
Performative Methoden – Körperlichkeit und Bewegung, Tanz, Theater, Aktion, Performance, Film und Video, Selbstinszenierung, Maske	• Haselbach, 1991; Kunsthalle Emden, 1997; K+U Heft 321/322, 2008: Theater; Heft 389/390: Szenische Räume • Werner, 2012 • Mezenthin, 1983/1988) • Performance und Unterricht: Lange, 2002; Seumel, 2015; Peters, 2005; Sautermeister, 2013; https://www.zeitraumexit.de/ • K+U: Heft 225, 1998: Aktionskunst, Heft 254/2001: Spielarten der Kunstrezeption, Heft 453/454, 2021: Performance erleben • Film/Video: K+U, Heft 276/277, 2003: Filmen, C.-P. Buschkühle, Die Welt als Spiel, Bd. II, 2007, S. 314: Aspekte der spielerischen Erzählung des Videos

Kinder performen, bevor sie mit anderen Mitteln ihr symbolisches Denken mitteilen, im Rollenspiel mit oder ohne Objekt, mit Puppen, Stöcken und Spielzeugen. So durchleben sie ihre Wahrnehmungen und Erlebnisse immer wieder neu und erschließen sich auf vielen Ebenen ihre Welt: kognitiv, sprachlich, emotional, motorisch, dialogisch unter Beziehungsaspekten, mit Spielfreund*innen, mit Erwachsenen oder alleine. Das Spielen ist somit eine wesentliche Quelle und Anknüpfungspunkt des Kunstunterrichts im Vorschulalter und später in der Schule. In der Kunst gewann das Performative immer mehr an Bedeutung und hat heute einen festen Platz in der Kunstwelt. Sicherlich besteht eine Nähe zu Tanz, Theater und anderen kulturellen Äußerungen, in denen das Körperliche prägend ist, auch Sport, Kampftechniken, Yoga u. a. gehören dazu. Die Unmittelbarkeit des Körperlichen und der Bewegung ist eine wertvolle Ressource, die pädagogisch in allen kunstpädagogischen Feldern genutzt werden sollte.

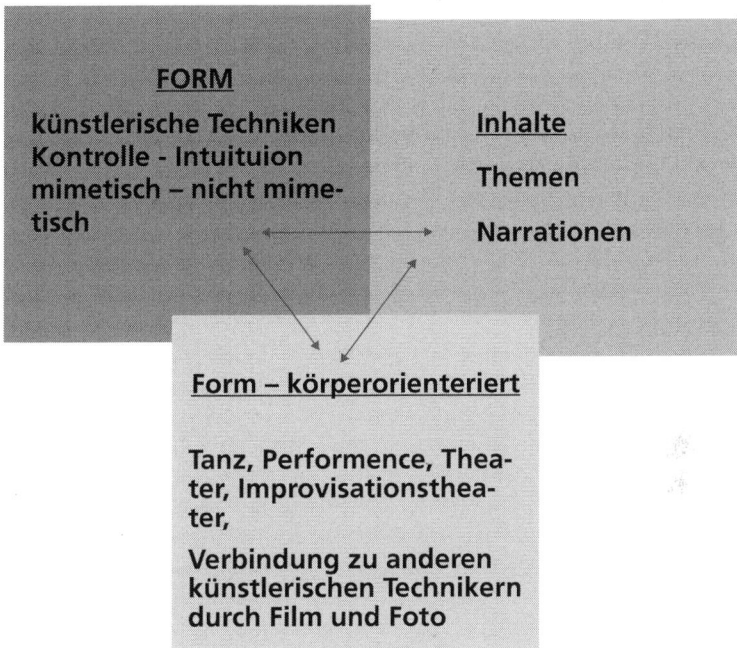

Abb. 29: Performance

Abbildung 29 stellt die kunstpädagogische Arbeit in den Mittelpunkt, die das Performative nutzt, um die Form zu finden. Dazu gehören die Performance im engeren Sinne, aber auch viele verwandte Formen wie Theater, Tanz, Improvisationstheater und anderes mehr. Durch den Einstieg mit körperlichen Übungen, die auf die Lerngruppe abgestimmt sein müssen, können Anknüpfungspunkte für die Arbeit mit anderen künstlerischen Techniken entstehen. Gute Einstiegsmöglichkeiten bieten Interaktionsspiele und das Improvisationstheater (Stegreiftheater). Dabei geht es nicht immer direkt um die Performance als Ziel und Inhalt, sondern auch um das Initiieren von künstlerischen Prozessen im Bereich Malerei, Zeichnung, Foto, Film u. a. *durch* die Körperübungen. An diese und das entstandene Foto- und Filmmaterial können dann weitere Prozesse angeknüpft werden.

Ein Beispiel: Barbara Haselbach hat sich in ihrem Buch »*Tanz und Bildende Kunst – Modelle zur Ästhetischen Erziehung*« *(1991)* um die Verbindung und gegenseitige Befruchtung von Bewegung und bildender Kunst bemüht und legt eine Fülle von reich bebilderten und erprobten Unterrichtsvorschlägen vor, die auch die Abstraktion thematisieren. Dabei geht die Autorin gar nicht immer nur vom Tanz aus, wie der Titel suggeriert. Die körperliche Aktivierung an sich ist vielmehr der Anknüpfungspunkt. Haselbach stellt Künstlerpersönlichkeiten aus Malerei und plastischer Kunst vor, die die Verbindung zum Theater gesucht haben und etwa im Bühnenbild mit dem Theater kooperierten: Picasso, Kandinsky, Schlemmer, Baumeister u. v. m. Die Autorin ist dabei nicht auf eine bestimmte Kunstrichtung festgelegt, die Kunstauffassung im Buch ist vielmehr weit gespannt, vom intuitiven Zugang: »Die

Dinge kommen langsam. Mein Vokabular der Formen z. B. (...) Es hat sich fast gegen meinen Willen geformt.« (zitiert nach Haselbach 1991, S. 20) – bis hin zu einem konstruktivistischen Weg: »Die Lotlinie in der Hand, mit Augen so genau wie ein Lineal, in einem Geiste, so gespannt wie ein Zirkel...« (zu Naum Gabo in der Kunsthalle Mannheim, ebd.). Der didaktische Ausgangspunkt ist immer die Aktivierung der unmittelbaren Körperlichkeit bei den Teilnehmer*innen, schulisch oder außerschulisch: »Es geht hier um eine kreative Interpretation, bei der nicht die Analyse des Kunstwerks im Vordergrund steht, sondern subjektives Erleben zu einer Gestaltung werden kann.« (ebd., S. 28). Bemerkenswert ist auch, dass im Buch alle Altersstufen Berücksichtigung finden. Ein Beispiel aus dem Buch:

Balance oder »center und off-center«

In Einstiegsübungen, die kleinschrittig vom Übungsleiter moderiert wurden, begaben sich die Übenden paarweise in stabile Posen (center), die sich dann zu instabileren Figurationen veränderten (off-center). »Es geht darum, sich ganz intensiv in Gewichtsverlagerung, Köper- und Raumspannung einzufühlen, zu beobachten, welcher Teil des Körpers das Gewicht trägt, welcher über die Schwerpunktlinie hinausstrebt, durch welche Ausgleichshaltung das Gleichgewicht erhalten bleibt, in welche Raumrichtungen die verschiedenen Strebungen zielen u. ä. m.« (Haselbach, 1991, S. 32). Die Erfahrungen wurden später gegenständlich und ungegenständlich in Material umgesetzt, z. B. mit Ton, Draht, Papier, Holz usw.

Übergänge zur Performance: Stegreiftheater/Improvisationstheater:

Das Improvisationstheater kann ein Zwischenschritt zur Performance sein, es kann aber auch für sich stehen und eine Basis bilden, von der künstlerischen Prozesse ausgehen. Wie der Name bereits sagt, wird improvisiert, das heißt, bekannte Elemente des Alltäglichen werden aus dem Zusammenhang gelöst und im Spiel neu eingebunden, was bereits eine Parallele zur Performancekunst darstellt. Der Unterschied besteht in den Vorgaben von Spielregeln, die im Improtheater Orientierung und Halt bieten. Fotos und Videos, die während der Improvisationen aufgenommen werden, dienen weiteren künstlerischen Formfindungen im Plastischen, Malerischen, Grafischen (Zeichnen, Drucken), Fotografischen, Maskenspiel, Theaterspiel usw. Um die Spielszenen als Ausgangspunkt für weitere künstlerische Arbeit zu nutzen, kann man formal oder inhaltlich denken:

1. Inhaltlich denken: Welche Inhalte sind während des Spiels ausgetaucht (Beziehungen, Gefühle, Konflikte aller Art, gesellschaftliche Themen)? Hier kann sich eine Recherche zur Kunst und eine (selbstgestellte) Gestaltungsaufgabe anschließen.
2. Formal denken: Welche Möglichkeiten bieten die entstandenen Fotos? Könnte man sie in Malerei, Grafik, Plastik, Abstraktion oder eine digitale Arbeit weiterentwickeln?

Im Kapitel zur Förderpädagogik sind einige Improvisationsübungen und sich anschließende Gestaltungsideen beschrieben.

Performance, Film und Video: Das Spiel mit Sinnbezügen

Die Performancekunst, wie sie sich seit den 1970er Jahren aus dem Happening entwickelte (Peters, 2005, S. 9), aber bereits 1916 in Zürich mit der DADA-Bewegung um Hugo Ball im Cabaret Voltaire ihren Anfang nahm (Susanna Partsch, 2002, S. 50), bietet neue Chancen für die Kunstpädagogik, stellt sie aber auch vor neue Herausforderungen. Die Performance verlagert die Kunst vom Produkt in den Prozess, der flüchtig und situativ ist. Es öffnet sich eine Parallele zu Film- und Videoarbeiten, denn es liegt nahe, Performances filmisch zu sichern und die Möglichkeiten des Films (Schnitt) zu nutzen. Die Kunstform löst Handlungen, Wahrnehmungen, Situationen und biografische Spuren aus ihren Alltagsbezügen und spielt mit ihnen: »Hier geht es um die Wahrnehmung und Erfahrung von Bildern, persönlichen Dingen und Situationen usw., die uns bekannt und scheinbar vertraut vorkommen, deren Fülle von Wirkungen aber bisher verborgen geblieben sind« (ebd., S. 5 f.). Handlungen werden aus den vertrauten Einbindungen und Sinnzusammenhängen des Alltags herausgelöst und neue Sinnbezüge gestiftet. Meist sind diese neuen Bezüge biografisch geprägt. Es geht »um ein Spiel mit möglichen und unmöglichen Facetten des Selbst und des Anderen. Um Strategien der Verwandlung, Täuschung und Übersteigerung« (ebd., S. 15). Schon diese wenigen Zeilen lassen erkennen, dass in der Performance ein großes Bildungspotenzial steckt: des Selbstausdrucks, der Selbstreflexion, der Erweiterung von Wahrnehmung, der Formsuche jenseits des Bildnerischen, der Ich-Stärkung. Das Herauslösen von Handlungen aus ihren ursprünglichen Sinnbezügen muss für Schüler*innen zunächst unwägbar, riskant und verunsichernd wirken. Die Fragen nach Sinn, Unsinn und Eigensinn in der Kunst und im Pädagogischen stehen bei der Performance in einem mitunter verwirrenden Spannungsverhältnis. Die Dada-Künstler wollten nach eigener Aussage *sinnlose* Kunst machen: »Was Dada ist, wissen nicht einmal die Dadaisten, sondern nur der Oberdada, und der sagt es niemandem«, so der Dadaist Johannes Baader (zitiert nach Partsch, 2002, S. 50). Allerdings *reagierten* die Dadaisten auf die Realität des 1. Weltkrieges und seine Sinnlosigkeit. Ihre Kunst war eine Reaktion und Gegenbewegung auf die gesellschaftliche Wirklichkeit und spiegelte diese wider. Daraus ergibt sich die Sinnhaftigkeit der Dada-Bewegung, auch wenn die Künstler*innen dies selbst nicht so sehen wollten, »Dada war somit ein Kind des Zeitgeistes (...)« (ebd., S. 52).

Auch im pädagogischen Setting kann es eine wirkliche Sinnlosigkeit nicht geben. Die Sinnhaftigkeit der geübten Kunst – aus Sicht der Schüler*innen (!) – ist die unverzichtbare Voraussetzung für gelingende kunstpädagogische Prozesse. Nicht Sinnlosigkeit, aber das *Spiel mit dem Sinn oder einem angeblichen Sinn* ist durch Formen der modernen Kunst greifbarer geworden, Maria Peters berichtet: »Die Schüler und Schülerinnen waren überrascht zu entdecken, dass es auch eine auf den ersten Blick sinnlos wirkende Handlung sinnvoll sein kann, wenn man die Aufmerksamkeit und Konzentration auf ihren Verlauf lenkt. Schülerzitat: ›Für mich war ein neuer Gedanke, dass Taten, wenn sie sinnlos sind, verschiedene Arten von Sinnlosigkeit aufweisen können«« (Peters, 2005, S. 12). Diese Aussage, die bei genauerer Betrachtung widersprüchlich ist, zeigt prägnant auf, dass Schüler*innen das Spiel mit Sinnhaftigkeit annehmen.

Körperlichkeit: Die Unmittelbarkeit, welche die Performance bedeutet, also das unmittelbare Einbringen der eigenen Person und des eigenen Körpers, ist eine Herausforderung, die in der didaktisch-methodischen Planung und Umsetzung ihre Entsprechung haben muss. Nur in einer vertrauensvollen Atmosphäre und einem Schutzraum können pädagogische Performance-Projekte gelingen. Die pädagogische Leitung hat die besondere Verantwortung, die freiwerdende Energie, positiv wie negativ, zu erkennen und zu lenken und Überforderungen zu vermeiden, die die persönliche Würde der Teilnehmenden berühren. Schüler*innen dürfen nicht durch Notendruck zu Handlungen veranlasst werden, die über ihre Grenzen hinausgehen. Sicherlich können nur Kunstpädagog*innen Performance unterrichten, die selbst ausreichend Erfahrungen mit der Kunstform gemacht haben. Maria Peters plädiert daher für die Einbindung in die Lehrer*innenausbildung und die Nutzung der Potenziale (ebd., S. 23 ff.).

9.9 Räume gestalten – Rauminstallation

Kunstpädagogisches Feld	Beispiele aus dem Fach (Auswahl)
Räume gestalten, Installation	• Lucassen, 2011 • K+U: Heft 207, 1996: Raum und Klang, Heft 314/315, 2007: Im öffentlichen Raum, Heft 351, 2011: Urban Art, Heft 352/353, 2011: Wohnen: Raum erfassen/Raum gestalten

Bei der Installation geht es darum, die künstlerische Arbeit vom Bildträger oder dem plastischen Material weg und in den Raum hinein zu entwickeln oder die gesamte Arbeit im Raum oder mit dem Raum zu realisieren. Möglich ist auch eine Bezugnahme auf vorhandene Räume und deren Nutzung, um sie zu verändern und ggf. Irritationen zu bewirken. Hier besteht bereits eine Schnittmenge zur Konzeptkunst. Das künstlerische Aneignen von ganzen Räumen ist aufwändig und materialintensiv. Insofern stellt sich die Frage, inwieweit diese Form eine Rolle im Schulpraktikum spielen kann. Wenn installative Arbeiten auch seltener im Praktikum thematisiert werden, sollte man diese Möglichkeit nicht ausschließen, vielleicht gibt es begonnene Projekte in der Schule, die wieder aufgegriffen oder fortgeführt werden können.

Das *erste Beispiel* zeigt eine Abschlussarbeit von Martina Kopp. Sie entwickelt ihre Kunst in den Raum hinein. In Abbildung 30 ist im Hintergrund eine Materialcollage an der Wand zu sehen (Stoff, Vernähungen), rechts daneben ist ein Overheadprojektor (OVH) angeordnet, der auf das Bild Malereien auf Folie projiziert, weitere Arbeiten sind um den OVH platziert. Vom OVH geht ein Gardinenstoff aus und ragt in den Raum auf dem Boden, der Stoff ist zudem mit Figurationen bemalt. Im Vordergrund steht ein Tisch, der mit Malerei und Druckgrafik wie eine Tischdecke bedeckt ist. Die Künstlerische Arbeit geht von einem Wandbild aus und zieht sich in den gesamten Raum hinein. Abbildung 31 zeigt den Tisch aus der anderen Perspektive.

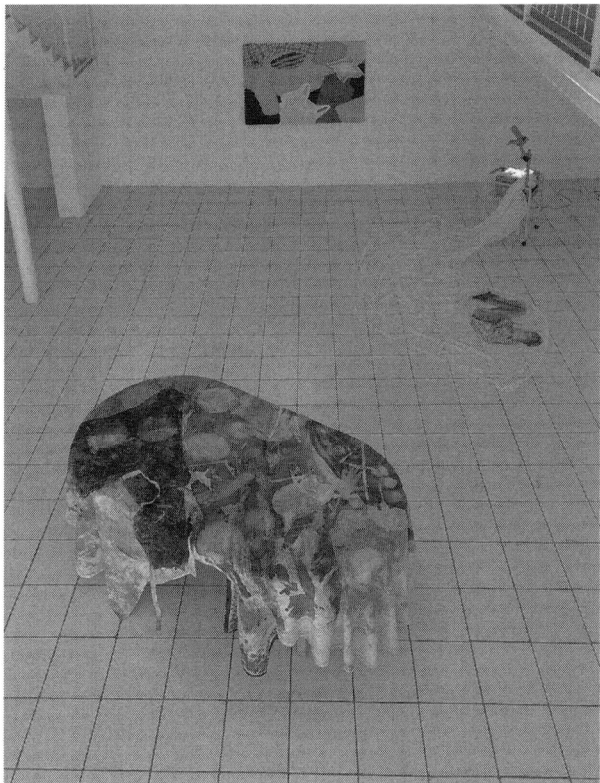

Abb. 30: Installation von M. Kopp – Collagearbeit, Overhead Projektor, bemalte und bedruckte Textilien, Klavier

Weitere Beispiele zur kunstpädagogischen Arbeit im öffentlichen Raum finden sich bei W. Lucassen (2011). Lucassen verwirklicht mit Schüler*innen mit Förderschwerpunkt Lernen/emotionale und soziale Entwicklung beeindruckende Projekte, die in den städtischen Raum von Düsseldorf unmittelbar eingreifen und dort verbleiben. So werden die Wände einer Unterführung malerisch gestaltet (▶ Abb. 32), der Innenraum einer Kirche (Thema Passion) mit Malerei ausgestattet, weite Flächen des Bahnhofs Düsseldorf-Garath mit Fliesen gestaltet und vieles mehr. Diese Projekte eignen sich nicht für Einsteiger*innen in den Kunstunterricht, zeigen aber perspektivisch Möglichkeiten des Machbaren auf.

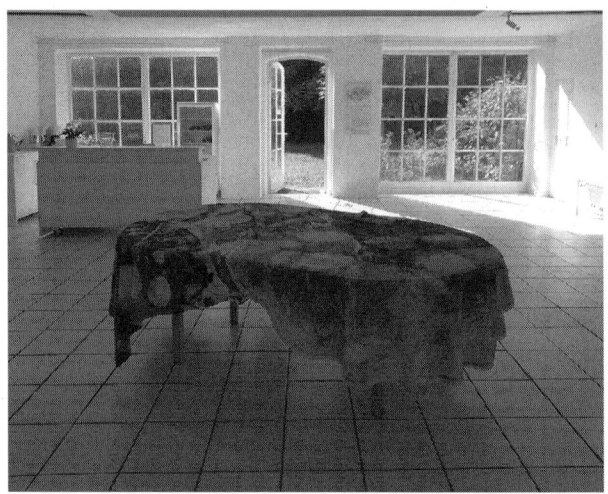

Abb. 31: Installation von M. Kopp – Klavier mit bedrucktem Tuch

Abb. 32: Gestaltung der Unterführung Koblenzer Straße, 2008 (vgl. Lucassen, 2011, S. 16–23, als PDF verfügbar)

Genauso wie das *dritte Beispiel* (▶ Abb. 33). Es zeigt ein Graffiti-Projekt der Freiherr-von-Schütz-Schule, Bad Camberg, einem überregionalen Beratungs- und Förderzentrum des LWV Hessen mit dem Schwerpunkt Hören, Leitung Christine Seifried: Eine Schulhofwand wurde mit Graffiti gestaltet, ausgehend von Fotoszenen (Basketball), die dann auf die Wand übertragen wurden.

Abb. 33: Graffiti-Projekt der Freiherr-von-Schütz-Schule in Bad Camberg

9.10 Konzeptkunst

Kunstpädagogisches Feld	Beispiele aus dem Fach (Auswahl)
Konzeptuelle Künstlerische Arbeitsweisen – Konzeptkunst	• K+U: Heft 222, 1998: Marcel Duchamp, Heft 270, 2003: Das Bekannte im Unbekannten, Heft 413/414, 2017: Gegenwartkunst vermitteln • Brenne, 2004, S. 26–61 • Tragatschnig, 1998 • Ausstellungskatalog Yoko Ono: Pfeffer/Hollein/Hendricks, 2014 • Beißwanger, 2021

Konzeptionelle künstlerische Arbeitsweisen nehmen in der aktuellen Kunstszene immer mehr Raum ein und werden auch in der Kunstpädagogik aufgegriffen. Sie stehen im Zusammenhang mit dem *erweiterten Kunstbegriff* nach 1945. Eine kurze, informative Darstellung findet sich z. B. bei Brenne (2004).

Konzeptkunst geht über die klassischen künstlerischen Techniken (Zeichnen, Malen, Plastizieren, Drucken) hinaus, gewissermaßen weg vom Bild, und bindet Aktion, Performanz, Installation und andere Arbeitsformen ein, Grenzen sind nicht immer scharf zu ziehen.

> »Konzeptionelle Kunst hat die Aufmerksamkeit weg von dem im wörtlichen Sinne Begreifbaren hin auf das nur mental Vorstellbare gerichtet. Diesem Perspektivwechsel muss dann auch die Rede vom ›Kunst-Objekt‹ bzw. von der Objekthaftigkeit von Kunst angeglichen werden: Der für jede Vermittlung notwendigen, syntaktischen Materialität wird ein immaterielles, semantisch-pragmatisch bedingtes ›Objekt‹ der Kunsterfahrung (die ›Bedeutung des Vermittelten‹) zur Seite gestellt« (Tragtschnig, 1998, S. 20).

Konzeptkunst setzt sich mit gesellschaftlichen Themen auseinander, hinterfragt und reflektiert Traditionen, Gewohnheiten, Strukturen des Zusammenlebens, indem sie mit verschiedensten Ausdrucksweisen und visueller Kultur jeder Art spielt. Dabei werden Muster unserer Lebenswelt deutlich, Muster von Zusammensein, Kommunikation, Ernährung, Familienleben, Rollenbilder usw. In der künstlerischen

Arbeit liegen Bildungschancen und Möglichkeiten persönlicher Weiterentwicklung. Die Konzeptkunst wie auch die Performancekunst bietet Möglichkeiten der Selbsterfahrung mit allen Chancen und pädagogischen Risiken. Yoko Onos Aktionen sind häufig sehr körperbetont und fordern die Teilnehmenden heraus, ihre persönlichen Grenzen zu befragen. In der Aktion *cut piece* (ab 1964) animiert sie die Anwesenden aus ihrer Kleidung, die sie am Leib trägt, mit einer Schere Teile herauszuschneiden (Pfeffer/Hollein/Hendricks, 2014, S. 39). Inhalte von *Körpergrenzen, Schutz und Gewalt* werden eindringlich durch die Arbeit erlebbar gemacht (*Suchbegriffe/Internet*: Yoko Ono cut Piece).

Auch im Schulunterricht sind konzeptuelle Arbeitsweise vielfach denkbar, erfordern aber eine besondere pädagogische Aufmerksamkeit und verantwortlich-reflektiertes Handeln (▶ Kap. 9.8).

9.11 Der Fördergedanke in der Kunstpädagogik – die personale Entwicklung im Fokus

Kunstpädagogisches Feld	Beispiele aus dem Fach (Auswahl)
Fördergedanke Selbsterfahrung und Subjektorientierung Kunsttherapie Inklusion	• Richter, 1977, 1984; Wichelhaus, 1995; Bröcher,1999; Richter-Reichenbach, 2007; Schuster, 2003 • Mann/Schröter/Wangerin, 1995 • Aissen-Crewett, 1987 • Inklusion: Brenne, 2013; Loffredo, 2016; Böhm/Brenne/Hörnak, 2017/2018; Kaiser/Brenne, 2021

In dieser kurzen Darstellung soll nach dem Fördergedanken im Fach gefragt werden: Woraus leiten sich die förderpädagogischen, *auf die Person ausgerichteten* Denkrichtungen im Fach ab und wie entwickelten sie sich bis in die Gegenwart hinein?

Insbesondere Denker des ausgehenden 18. und des 19. Jahrhunderts (Kant, Schiller, Novalis, Hegel u. a.) legten durch ihre Überlegungen zur Kunst und Kunstwirkung auf Individuum, Kultur und Gesellschaft die Grundlagen für spätere Konzeptionen der Kunstpädagogik (vgl. hierzu z. B. Skladny, 2009, Legler, 2011, S. 77–97).

Bereits Schiller stellt in seinen Briefen »über die ästhetische Erziehung des Menschen« (erschienen 1795) die Kunst als eine vielschichtige duale Verschränkung von Subjektivität und Objektivität (Vernunft und Sinnlichkeit, Einbildungskraft und Erkenntnisvermögen, Natur und Kultur, Willkür und Gesetz) dar (vgl. z. B. den vierten Brief, Schiller, 2000, S. 14–18). Auch moralische (ethische) Prinzipien oder das Thema der *Freiheit* (zweiter Brief, ebd., S. 11) werden bei Schiller mit der Kunst (Schönheit) verknüpft. So richtet sich die Wirkung von Kunst an die *Person als Ganzes*, wobei in der Zeit Schillers die Harmonie und der Ausgleich der Kräfte das

Ideal darstellten. Im 15. Brief hebt Schiller die zentrale Bedeutung des Spiels und des Spieltriebs für das künstlerische Tun hervor. Heute begreifen wir das Spiel als die Grundlage künstlerischen Denkens und Handelns von der Kindheit bis zur sogenannten Hochkultur als *hohes Spiel*. Schiller verstand seine Texte nicht als theoretische Grundlage für eine kunstpädagogische Praxis und sah sich nicht als Kunstpädagoge. Obwohl Denker um 1800 und im 19. Jahrhundert bereits wesentliche Bestandteile von Kunst und Kunstwirkung formulierten, gab es noch keine Kunstpädagogik, die das Spiel und die subjektive Seite in ein pädagogisches Konzept integrierte, auch nicht bei Pestalozzi, von dem die bekannte Wendung »Lernen mit Kopf, Herz und Hand«, stammt. Pestalozzi beobachtet zwar, wie »es (das Kind) aus kleinen Hölzerchen Häuser baut, aus Sand und Lehm allerhand Gestalten von Menschen und Tiere formt« (zitiert nach Richter, 1984, S. 93), erkennt bereits, wie das Kind »einen außerordentlichen Trieb hat, mit Farben, mit allem, was nur Gestalt gibt, zu malen« (ebd.), zieht daraus aber keine entsprechende didaktisch-methodischen Konsequenzen, im Gegenteil: »So soll es (das Kind) Punkte und Linien machen, Winkel, Dreiecke, Figuren bilden und zusammensetzen« (ebd.). Das heißt, die Kinder sollten geometrische Muster ohne eigenes Zutun übernehmen, nachahmen und kopieren, denn, so Pestalozzis Schüler J. Schmid: Das »Skelett alles Schönen ist gleichlinig, das heißt: es ruht auf Proportionen, die durch gerade Linien gezeichnet werden müssen« (ebd., S. 94).

Erst ca. 100 Jahre später, im Zuge der Kunsterziehungsbewegung, werden die Impulse des 19. Jahrhunderts wieder aufgegriffen und auf breiter Ebene weiterentwickelt. Wieder oder immer noch sah man das Fach im Dienst der Erziehung allgemein (Franke, 2007, S. 107) und sprach ihm »vorwiegend allgemeinpädagogische Erziehungsaufgaben zu, welche eng mit der Zielvorstellung eines musisch, ganzheitlich gebildeten Menschen verknüpft waren« (ebd.). Man sprach sich bei einer kultur- und technikkritischen Grundhaltung – viele *Kunsterzieher* lehnten beispielsweise zunächst die Fotografie als künstlerisches Medium ab – gegen »Intellektualismus und Rationalismus« aus, gegen die »Verkopfung der Schule«, und wollte nun den »schöpferischen Kräften« der Heranwachsenden Raum geben (ebd.). Die Überlegungen blieben aber wieder in einem sehr allgemeinen, teilweise neoromantischen (Richter, 2003, S. 223 ff.) und schwärmerischen Rahmen, was vielfache Angriffspunkte für Kritik bot. Die erste und zweite Phase der Kunsterziehungsbewegung sind von Widersprüchen geprägt. Die Kunstpädagog*innen unterschieden sich vor allem in ihrer Akzeptanz der damals aktuellen Kunst. Die einen waren ihr zugewandt, hatten Kontakte in die Kunstszene und nahmen die neuen Entwicklungen (Expressionismus, Neue Sachlichkeit, Impressionismus, Bauhaus) aufgeschlossen wahr. Zudem wurde die Kinderzeichnung seit Beginn des 20. Jahrhunderts von verschiedenen Seiten des Kunstbetriebs ganz neu wahrgenommen und wertgeschätzt. Maßgeblichen Künstler*innen (Münter, Kandinsky, Klee, Jawlensky, Matisse, Picasso) legten Sammlungen von Kinderzeichnungen an und ließen sich von ihnen beeinflussen (Sievert-Staudte, 1999, S. 251 ff.). Der Kunsthistoriker Gustav Friedrich Hartlaub, seit 1923 Leiter der Kunsthalle Mannheim, sah Parallelen zwischen der Kinderzeichnung und den neuen Ausprägungen der Moderne seiner Zeit (Richter, 2003, S. 227). Die neue Aufgeschlossenheit gegenüber der Kinderzeichnung bis hin zur Bewunderung ging mit dieser positiven

Haltung gegenüber den neuen künstlerischen Konzepten einher. Hartlaub veröffentlichte aus Sicht des Kunsthistorikers das richtungsweisende Buch »Der Genius im Kinde« (1922/1930). Das Buch markiert einen Wendepunkt in der Geschichte der Kunstdidaktik. Nachdem die Kinderzeichnung vorher als ein defizitäres Vorstadium der Kunstausübung angesehen wurde, dessen Vorübergehen abzuwarten ist, bevor überhaupt eine künstlerische Ausbildung beginnen kann, wurde sie nun geradezu idealisiert. Richard Ott erneuerte einige Jahre später den Gedanken der *Wesensgleichheit von Kind und Künstler* (Ott, 1949, S. 7, Richter, 2003, S. 264).

Die andere Fraktion der Kunstpädagog*innen lehnte die neuen Entwicklungen der modernen Kunst ab und wandte sich stattdessen der sogenannten Volkskunst zu (Legler, 2007, S. 213 ff., Wick, 2003). Somit führte ein Strang der *musischen Erziehung* bei allen Kontroversen in die Zukunft des Faches, ein anderer ebnete jedoch auch der Zusammenarbeit mit dem NS-Regime den Weg und endete als Irrweg (Richter, 1981, Legler, 2011, Franke, 2007). Eines war aber unumkehrbar im Fach angekommen, nämlich der Umstand, dass die individuelle Seite des künstlerischen Prozesses nun gesehen wurde und ihm auch die Schule eine Daseinsberechtigung einräumte: die Bedeutung der freien Kinderzeichnung, die eigenständige Entwicklung von Gestaltungsideen der Schüler*innen und somit der Beginn einer »Ausdruckskultur« (Richter, 1984, S. 66). Das erste Schulbuch mit großer Breitenwirkung, welches die neuen Entwicklungen aufgriff und auch die *gestalterische Produktion* der Kinder förderte, legte Gustav Kolb 1926 und 1927 vor (Bildhaftes Gestalten, Teil 1 und 2).

Wie ging es weiter? Die Entwicklung des Fachs nach 1945 kann hier nicht umfassend und differenziert genug dargestellt werden, ich verweise daher auf die Übersichtsliteratur (Richter, 1981, 2003, Legler, 2007, Franke, 2007) und nehme den Faden dort wieder auf, wo der Fördergedanke in der Kunstpädagogik wesentliche neue Impulse erhielt. In den späten 1970er Jahren erweiterte sich der Blick im Fach, wie auch gesamtgesellschaftlich, von gesellschaftskritischen Aspekten hin zu einer Betrachtung des Individuums unter psychologischen und therapeutischen Gesichtspunkten. H.-G. Richter wandte sich Mitte der 1970er Jahre der subjektiven Seite und den förderpädagogischen Fragen des Fachs wissenschaftlich zu, um die theoretische Fundierung einer förderpädagogisch ausgerichteten Kunstpädagogik neu zu legen, die bis dahin unbefriedigend war. Dabei grenzte er sich zunächst von einem sogenannten »Wissenschaftlichen Kunstunterricht« ab (Otto, 1969, 1974), der sich mittlerweile durgesetzt hatte und sich einseitig von kunstbezogenen/sachbezogenen Merkmalen ableitete (Richter, 1984, S. 64) und dadurch »die Einheit des künstlerischen Werkes (Form *und* Bedeutung) und die Darstellung authentischer Lebensinhalte« (ebd., S. 66) grob vernachlässigte. Richter und seine Mitarbeiter*innen beobachteten, dass Heranwachsende mit Förderbedarf nicht auf die sachorientierten kunstpädagogischen Angebote reagierten, »weil psychische Grundkonflikte, und/oder emotionale intellektuelle Entwicklungsverzögerungen alters- und sachadäquate Problemlösungsversuche nicht zulassen und eine Lernbasis erst aufgebaut werden muss« (Franke, 2007, S. 149).

Die Konsequenz war, den Lernvoraussetzungen (Lernbasis) mehr Aufmerksamkeit zu widmen und den Unterricht konsequent daran auszurichten, auch wenn dadurch für das *Lernen an der Sache* weniger Zeit zur Verfügung stand (Richter, 1984,

S. 70). Damit kamen auch Lern- und Entwicklungsbereiche in den Blick, die nicht als Lernbereich der allgemeinen Schule angesehen werden, weil sie der frühen Kindheit angehören.

Die neuen Konzepte sollten verstärkt die »Ausdrucksfreude, die Produktivität, das Spielverhalten o. ä. des Kindes« berücksichtigen und zur Grundlage der Kunstpädagogik machen (ebd.). In der Folge entwickelte sich eine förderpädagogisch ausgerichtete Kunstpädagogik, die neben der Anbindung an die Theorie der ästhetischen Erziehung auf zwei weiteren theoretischen Grundpfeilern steht: erstens auf der *Entwicklungspsychologie Jean Piagets* und dessen Stufenmodell und zweitens auf *tiefenpsychologischen Theorieelementen*, insbesondere der Auffassung des Unbewussten, die auf Sigmund Freud und seine Schüler*innen zurückgehen.

Die entwicklungspsychologische Argumentationslinie weist auf die Möglichkeit hin, Entwicklungsverzögerungen durch die ästhetische Erziehung auf- oder nachzuholen. Dies betrifft vor allem grundlegende ästhetische Materialerfahrungen im Bereich der Wahrnehmung, Motorik und Haptik. Aber auch Entwicklungsbereiche der Kognition, der Sprache, des Sozialen (Kooperation) und des affektiven Lernens sind Förderbereiche, die innerhalb des Unterrichts Raum haben sollen, genauso wie der Aufbau der symbolischen Funktionen (freie Kinderzeichnung, bauen, spielen, plastizieren, inszenieren usw.). Darüber hinaus sollen biografische Inhalte ebenfalls Gegenstand des Unterrichts sein. Biografische Inhalte, die Kinder von sich aus einbringen, werden nun als bedeutsam angesehen und sollen nicht mehr wegorganisiert werden, weil sie den Unterricht stören, sondern sie sollen im Gegenteil zum Unterrichtsgegenstand gemacht werden. So berichtet H.-G. Richter (1977, S.46) von einem Jungen, der sich ein Jahr im Krankenhaus aufhalten musste und diese Erfahrung nun im Kunstunterricht spielend einbaute und auch die Mitschüler*innen einbezog. Das Spiel zog sich über den gesamten Vormittag, während das Interesse der Klasse vorher, ohne den biografischen Bezug, gering war. Hier zeigt sich: Die ästhetische Sache ist in ihrer Verschränkung von Rationalem und Affektivem geeignet, einen Beitrag zur Aufarbeitung von psychischen Belastungen und Entwicklungsrückständen zu leisten (Richter, 1984, S. 27 ff. und S. 131 ff.).

Der zweite theoretische Pfeiler, die Einbindung tiefenpsychologischer Theorie, ist im Fach nach wie vor stark umstritten, weil damit ein Grenzbereich von Pädagogik und Therapie betreten wird, was Chancen, aber auch Probleme mit sich bringt. *Lehrer*innen sind keine Therapeut*innen*, so lautet die Gegenargumentation. Sie überschreiten ihre Kompetenzen, wenn sie mit projektiven oder tiefenpsychologischen Verfahren hantieren. Andererseits ist festzustellen, dass es in der Förderpädagogik wichtige Schnittpunkte mit der Medizin, Psychologie, Psychosomatik und Kinder- und Jugendpsychiatrie gibt, die auch Teil der Ausbildung von Förderpädagog*innen sein müssen, ohne daraus eine direkte Handlungskompetenz abzuleiten.

Der Verdienst der neuen kunstpädagogischen Konzepte (Richter, Wichelhaus, Bröcher, Richter-Reichenbach u.a.) ist die solide theoretische Verankerung der *anthropogenen Grundlagen* in der ästhetischen Bildung, die vorher zwar auch ansatzweise in der Theorie vorhanden waren, in der Wirklichkeit allerdings stark vernachlässigt wurden. Auch die nachfolgenden Konzepte der 1980er Jahre und danach, die nicht in erster Linie förderpädagogisch ausgerichtet waren, bezogen die

Lernbasis und die subjektiven Anteile im kunstpädagogischen Prozess nun präziser und ausdrücklich mit ein und lieferten wertvolle Beiträge (z. B. Staudte, 1993). Es war unumgänglich geworden, viel stärker nach Anschlussstellen zu den Adressat*innen und nach *Bezügen zu ihrer Lebenswirklichkeit* zu fragen, um ein kunstpädagogisches Angebot zu legitimieren, und so ist es bis heute geblieben. Vieles, was die Autor*innen der 1970er und 1980er Jahre einforderten, ist heute selbstverständlich geworden.

Inklusion

In der Gegenwart werden förderpädagogische Ansätze in der Kunstpädagogik in erster Linie im Zusammenhang mit der Inklusionsdebatte geführt. In den letzten Jahren stiegen die Veröffentlichungen zum Thema Kunstpädagogik und Inklusion an, eine Übersicht findet sich bei Kaiser/Brenne (2021). Gerade dem Fach Kunst traut man zu, inklusive Lernfelder erfolgreich zu initiieren, weil das Künstlerische die Person nicht nur kognitiv, sondern auch darüber hinaus vielschichtig anspricht und fordert, wie schon des Öfteren betont wurde. Es gilt, auch für Menschen mit einem Förderbedarf Teilhabe zu ermöglichen und vorhandene Hemmnisse abzubauen. Die Debatte findet im Spannungsfeld von Diversität und Differenz statt. Ein inklusiver Kunstunterricht will »einerseits jedem Kind passende Lernangebote für eine günstige Leistungs- und Persönlichkeitsentwicklung unterbreiten, andererseits aber gemeinsames Lernen in Kooperation und Ko-Konstruktion ermöglichen« (ebd., S. 25). So steht das Prinzip der Individualisierung mit differenzierten, auf jede*n Einzelne*n zugeschnittenen Angeboten dem Anspruch gegenüber, Menschen *zusammenzuführen*, die sehr unterschiedlich in ihren Lernausgangslagen sind, und möglichst eine Kooperation zwischen ihnen zu ermöglichen. Ein ideales inklusives, kunstpädagogisches Lernfeld wäre demnach eine künstlerische Werkstatt, die viele Möglichkeiten bietet, gemeinsam an einem Lerngegenstand oder auch ganz ohne Aufgaben (Heyl/Schäfer, in: Brenne, 2013, S. 97) alleine oder besser noch kooperativ künstlerisch zu arbeiten, unterstützt durch ausreichend pädagogisch qualifiziertes Personal (Teamteaching). Es geht bei einem »exklusionskritischen Blick« (Dannebeck, in: Blohm/Brenne/Hörnak, 2017/18, S. 24) darum, Diversität als Ressource und Erweiterung von Möglichkeiten zu sehen, Formen des gemeinsamen Lernens und Arbeitens zu praktizieren und Partizipationshemmnisse abzubauen. Sicherlich gibt es aber auch Förder- und Therapiesituationen, die in eins-zu-eins-Betreuung, Partnersituationen oder Kleingruppen stattfinden sollen oder müssen. Dannebeck gesteht dann auch zu, dass sich Gruppenzusammensetzungen aufgrund von »spezifischen Zielsetzungen« ändern können, aber nicht, »aufgrund eines didaktischen Verständnisses der Organisationseffizienz« (ebd.). Brenne betont, dass sich eine inklusive Kunstpädagogik nicht zuerst an Differenzierungsmöglichkeiten, sondern auch an Möglichkeiten des gemeinsamen Lernens orientieren soll (ebd., S. 212). Welche Rolle eine »inklusive Diagnostik« dabei spielt, lotet Wichelhaus in einem Beitrag aus (ebd., S. 277 ff.). Wesentlich ist in diesem Zusammenhang, dass eine Diagnostik nicht zu »Zu- und Festschreibungen von Defiziten« (Dannebeck, ebd., S. 24) führen darf, sondern im Sinne einer Förderdiagnostik die Stärken und

Ressourcen von Heranwachsenden im Blick haben muss, um günstige Entwicklungen zu ermöglichen und zu fördern (Wichelhaus, ebd., S. 279). Wichelhaus verschweigt nicht, dass eine pädagogische Diagnostik bei Kunstpädagog*innen weithin auf Kritik oder Ablehnung stößt. Sie betont: »Es geht bei der Erfassung von Ressourcen für Inklusion auch um ein besonderes Menschenbild, sowie um eine positive Bewertung von Emotionalität, Fantasie und Einbildungskraft unabhängig von Lern- und Leistungsniveaus« (ebd.).

Es fällt auf, dass die neuere Literatur zum Thema *Inklusion und Kunstpädagogik* die förderpädagogischen Impulse innerhalb der Kunstpädagogik der 1970er, 1980er bis hinein in die 2000er Jahre kaum rezipiert und kaum mit dem inklusiven Thema verknüpft. Die Vermutung liegt nahe, dass die pädagogischen Konzepte mit spezifischer Ausrichtung auf Menschen mit Förderbedarfen (intellektuelles Anderssein, sozial-emotionale Entwicklung, körperliche Behinderung, bei z.B. bei Richter, 1984, Richter-Reichenbach, 2011, Bröcher, 1999, Wichelhaus, 1995) aus heutiger Sicht zu stark die Differenzen und zu wenig das gemeinsame Lernen betonen, obwohl die dort vorgeschlagenen Projekte auch inklusiv durchgeführt werden könnten. Es darf jedoch nicht übersehen werden, dass diese Beiträge eine direkte Verbindung zu den inklusiven Bemühungen der Gegenwart haben und eine ihrer Grundlagen im Fach sind. Die Debatte um Inklusion steht im Spannungsfeld von Divergenz und Differenz, zwischen *Anderssein dürfen* und dem Fördergedanken, der auch kunsttherapeutische Angebote einschließt. Es geht um den Abbau von Hemmnissen, die einem gemeinsamen Lernen bei aller Verschiedenheit von Menschen im Wege stehen. Die Inklusion ist eine wichtige gesamtgesellschaftliche Aufgabe, die oft genug gegen Widerstände mit Engagement weitergeführt werden muss. Menschen mit individuellen (Förder-)Bedürfnissen brauchen aber auch differenziert-individuelle Förderangebote und es ist ebenso wichtig, diese zu erforschen und weiter zu entwickeln, beides gehört zusammen. Es ist richtig, das eine zu tun und das andere nicht zu lassen sowie Erkenntnisse zusammenzuführen.

9.11.1 Kunstpädagogik und Fördergedanke praktisch

Ein förderpädagogisch ausgerichtetes Angebot muss niederschwellig genug sein, um die Beteiligten sehr schnell in einen Handlungszusammenhang zu führen. Es soll motivierend und anregend sein und möglichst bald Erfolgserlebnisse als positive Verstärkung ermöglichen. Es muss aber auch vielschichtig genug sein, um sich in der künstlerischen Arbeit zu vertiefen und eigene Inhalte und Bedeutungen einbringen zu können. Oft sind dies Methoden, die nicht zu dem mimetischen Verfahren gehören, das heißt, nicht das realistische Zeichnen und Malen oder Plastizieren, weil diese Verfahren überfordern können.

Methoden und Prinzipien der Kunstpädagogik mit Förderabsicht

- Sicherheit durch Phasen mit geringem Leistungsanspruch vermitteln, Erfolgserlebnisse ermöglichen
- Nicht-mimetische Verfahren einsetzen (▶ Tab. 6)

- Entlastungs-, Entspannungs- und Lockerungsphasen einplanen
- Materialien mit Aufforderungscharakter einsetzen/insbesondere plastische Verfahren (z. B. Ton, Schaumstoff, Draht u. a.)
- Körperlichkeit einbeziehen
- Wahrnehmungsübungen
- Bewegung/Fotografie/Video einbeziehen: Improvisationstheater, Darstellendes Spiel, Rollenspiel, Aktion, Experiment, Performance
- Erleichterungen: Abzeichnen, Abpausen, Collage, Montage, Arbeit mit Beamer-Projektionen als Vorlagen
- Evokative Verfahren (Zufallsverfahren) einsetzen (bottom-up-Prozesse, ► Kap. 7.2.4 und ► Abb. 9)
- Drucken
- Gespräch, Reflexion
- Biografische Bezüge herstellen

Förderziele können sein:

- Empathie fördern, Befindlichkeiten verbalisieren
- Ambiguitätstoleranz fördern
- Sich in schwierigen Situationen (z. B. Streit) distanzieren können
- Kooperation, Kontakt herstellen
- Ausdauer, eine Sache fertigstellen können
- Entspannung, Lockerung
- Selbstwertgefühl stabilisieren (Ich-Stärkung)
- Entwicklungsverzögerungen aufholen, symbolisches Handeln ausbauen und weiterentwickeln: Zeichnen, Plastizieren, Bauen, Darstellen, Spielen

Die Unmittelbarkeit durch Material oder auch Körperorientierung ist eine Chance, einen Inhalt stärker an die Schüler*innen zu binden und sie besser zu motivieren, weil die Eigenaktivität in besonderem Maße angesprochen ist. Durch diese Aktivierung werden aber auch teilweise Abwehr und Rückzug ausgelöst, weil affektive Beteiligungen angesprochen werden. Hörgeschädigte Menschen, die Gebärdensprache einsetzen, sind meist schnell bereit, sich auf Körperübungen und Körperausdruck einzulassen. Ganz anders sieht es bei Menschen mit Autismus aus. Es gilt, Ressourcen zu nutzen und Grenzen zu respektieren und vorsichtig eine Ausweitung der Möglichkeiten anzustreben. Die schematische Aufstellung (► Abb. 35) geht von Fotos und Erfahrungen aus dem Improtheater aus und entwickelt von hier künstlerische Vorhaben: Maske, Malerei, Zeichnung, Druck, Foto und Film. Die erwähnten Impro-Übungen werden hier kurz vorgestellt.

9 Kunstbereiche und ihre Bildungspotenziale

Tab. 7: Übungen zum Improvisationstheater (▶ Abb. 33) (siehe *Download*)

Pole bilden: Ein*e Spieler*in steht vor der Gruppe und nimmt spontan eine Körperhaltung ein – die anderen Mitspieler*innen »antworten« mit einer eigenen Haltung darauf.	Auch wenn es zunächst ungewohnt ist, vor einer Gruppe eine nicht alltägliche Körperhaltung einzunehmen, finden die Spieler*innen schnell in die Übung hinein. Die Spielleitung sollte die ersten Posen übernehmen und »das Eis brechen«. Die Fotos eignen sich gut zur künstlerischen Weiterarbeit. Auch für Grund- und Förderschule geeignet.
Fotos spielen: Die Spielleitung hält Impulsbilder (Fotografie) bereit, auf denen Menschen abgebildet sind – die Fotos liegen auf dem Boden aus. Ein*e oder zwei Spieler*innen einigen sich auf ein Foto und setzen es in ein pantomimisches Spiel um, der Außenkreis soll das dargestellte Foto/Bild erraten. **Erhöhte Schwierigkeit:** Fotos ohne Menschen (Landschaften, Stillleben, Zeitungsfotos) spielen lassen: erfordert vermehrt eine Transferleistung von den Spielern.	Mit oder ohne Sprache möglich: Die Spieler*innen müssen in der Improvisation recht gut kooperieren. **Erleichterung:** Die Komplexität (Lesbarkeit) der Fotos kann reduziert werden (päd. Material, z. B. Bilderserien zu Berufen), so kann die Übung auch in Grund- und Förderschule eingesetzt werden.
Situation ›in ein Gefühl tauchen‹: 3–4 Spieler*innen stehen in der Mitte und haben sich bereits auf eine Spielszenerie geeinigt (Straßenbahnfahrt, vor dem Affenkäfig, im Eissalon, Heiligabend, …). Der Außenkreis ruft nun Gefühlsstimmungen in den Raum (euphorisch, verzweifelt, tranig, gelangweilt, glücklich usw.). Die Spieler*innen einigen sich auf ein Gefühl und spielen nun die Szene in dieser Grundstimmung, z. B. »depressiv im Eissalon« (Übertreibungen erwünscht).	Die Spieler*innen improvisieren eine Szene und zeigen – wenn auch übertrieben – Gefühlsstimmungen und somit einen Aspekt ihrer selbst. Dies setzt Vertrauen in der Gruppe voraus.

Übung 33

Erproben Sie in der Gruppe Stegreifübungen, wenn möglich. Dokumentieren Sie diese mit Fotos und Filmen. Tauschen Sie sich danach über Ihre Erfahrungen aus, über positive Aspekte (Spielfreude, Humor, Unerwartetes), aber auch über Widerstände und Abwehr, denn beide Reaktionen gibt es auch auf Schüler*innenseite.

Untersuchen Sie Ihre Erfahrungen nach inhaltlichen und formalen künstlerischen Aspekten, mit denen man künstlerisch arbeiten könnte:

1. Welche *Inhalte* tauchen in den Spielszenen auf (Beziehungen, eigene Rolle im Freundeskreis, Einsamkeit, Liebe, Streit, komische und groteske Situationen, u. a.)?

2. Welche *formalen Probleme* und Herausforderungen ergeben sich und wie könnte man künstlerisch arbeiten (Körperformen, Skulptur, grafische und malerische Umsetzungsmöglichkeiten, digitale Veränderungen der Fotos und Filme, Performance, inszenierte Fotografie, …)? Welche künstlerischen Techniken bieten sich außerdem zur weiteren künstlerischen Arbeit mit Schüler*innen an? Bitte beachten Sie: Körperorientierte Übungen sollen immer freiwillig sein und werden in aller Regel nicht benotet. Methodisch ist zu fragen, wie der Einstieg und das Mitmachen erleichtert werden können.

Literaturempfehlung: https://improwiki.com/de/wikis

9 Kunstbereiche und ihre Bildungspotenziale

Ausgangslage – Stegreiftheater/Improvisation: Dokumente in Fotografie und Video
Weiterarbeit mit künstlerischen Verfahren und Techniken:

Gemeinsames Sichten der Fotos und Videoaufzeichnungen: Offenheit für Ideen signalisieren, die während des Spielens entstanden sind.
Inhaltlich denken: Interessante Themen aufgreifen, die im Spiel auftauchten, Handlungsstränge, Dialoge, Handlungen (z.B. aus der Übung: **Fotos spielen**)
Formal denken: besonders gelungene Fotos oder Videos auswählen, Bewegungsstudien, Gruppenfotos, Raumwirkungen (z.B. aus der Übung: **Pole bilden**) – formalästhetisch orientierte Umsetzungen eignen sich ab der 5. Klasse.
An künstlerische Techniken denken: Gibt es Umsetzungsmöglichkeiten in Malerei/ Zeichnung, Drucken, Fotografie, Film, Maskenspiel, Plastik? Gibt es Verschmelzungen (Cross-over)?

Zum Beispiel: Rolle, Maske, Inszenierung

Eine „schnelle Maske" herstellen aus preiswerten Materialien (Pappteller, Papier, Fundstücke, geklammert...) und weiter improvisieren.

Gefühlsregungen aus den Stegreifszenen (z.B. aus Übung **Situation in ein Gefühl tauchen**) aufgreifen und bewusst inszenieren, mit Requisiten und Verkleidungen erweitern und fotografieren. Anregung: Jeff Wall (inszenierte Fotografie), CD/ Plattencover

Eine **Charaktermaske** bauen, plastizieren (z.B. mit Ton, mit Papier kaschieren...) und damit spielen. Anregungen: Stummfilme (Mimik, Gestik), afrikanische Masken, Masken in der Malerei bei

Zum Beispiel: Fotografie und Film:

Maskenspiel im Kurzvideo festhalten, z.B. **Inszenierung an einem interessanten Ort**: Wald, Burgruine, in der Stadt, Kaufhaus ...

Werbespot drehen
Modenschau (mit Requisiten) inszenieren und im Video festhalten

Aus einer Stegreif-Szene einen **Kurzfilm** entwickeln und drehen

Mit Fotos und Projektionen arbeiten (Overhead/ Beamer)
Einfache Projektion (Overheadfolien oder Beamer) von Fotos aus Stegreifübungen in Malerei oder mit digitaler Bildbearbeitung weiterentwickeln.
Doppelbelichtungen/ übereinander gelegte Projektionen.
- inhaltlich denken: „Ich und die da draußen" – malerisch umsetzen, z.B. durch Farbsymbolik
- formal denken: Farb- Formdurchdringungen und Verschmelzungen malerisch umsetzen
digitale Bildbearbeitung einsetzen
Anregungen: Abstrakter Expressionismus (W. de Kooning, H. Frankenthaler) , E.L. Kirchner, Neue Wilde, R. Diebenkorn
Hinweis: Ist eine Projektion nicht möglich, kann mit vergrößerten Kopien (s/w) gearbeitet werden, die übermalt, überzeichnet werden.

Zum Beispiel: Malerei, Zeichnung, Tiefdruck:

Tiefdruck: Fotos mit Stegreifszenen mit Plastikfolien/ Platten übertragen (abpausen), collagieren, prägen, auf die Platte malen, in den Druck malen (zeichnen), seriell arbeiten

Bewegungsbilder (Standbild oder Foto) **in abstrakte Malerei** weiterentwickeln – Anregungen: großformatig mit verlängerten Pinseln am Stab arbeiten oder kleines Format

Einzelne Standbilder malerisch umsetzen

Abb. 34: Improtheater als Anlass für künstlerische Arbeit (vgl. Improvisationstheater als Ausgangspunkt für die künstlerische Arbeit. Werner, 2012, S. 30; siehe *Download*)

9.11.2 Selbsterfahrung

Das Gemälde *Morning Sun (1952)* von Edward Hopper wurde mehrfach unabhängig voneinander während des Corona Lockdowns von Studierenden in Seminare eingebracht. Sie erkannten darin ihre Situation des Alleinseins während der Beschränkungen, jedoch war die Erfahrung nicht einhellig: Einige empfanden die Situation als bedrückend und mit negativen Gefühlen begleitet, andere empfanden das Ungestört-Sein als angenehm und entlastend. Für die Studierenden löste das Bild von Hopper eine *Selbsterfahrung* aus, das heißt, es leistete einen Beitrag, sich über die eigene aktuelle Befindlichkeit klarer zu werden (*Suchbegriffe/Internet:* Hopper morning sun).

Vielleicht ist der Begriff der Selbsterfahrung insofern für den Schulunterricht konsensfähig, weil er die personalen Bereiche von Bildung in den Vordergrund stellt, ohne gleich von Therapie oder Kunsttherapie zu sprechen. Die Autoren Mann, Schröter und Wangerin (1995) stellen in ihrem Buch zahlreiche Übungen vor, die von der Kunstrezeption ausgehen und in der Kunstproduktion Möglichkeit eröffnen, um »sich mit Kunstwerken und zugleich mit sich selbst zu beschäftigen« (ebd., S. 13). Auch hier wird ein Gemälde von Edward Hopper (Automat, 1927) als Referenz herangezogen. An das wortlose Betrachten und Assoziieren knüpfen sich Phasen des Schreibens, szenischen Spiels, Modellierens und Collagierens.

Die Übung »Collagieren« wird hier wiedergegeben (ebd., S. 207); Ablauf (*Suchbegriffe/Internet:* Hopper Automat):

»1) Hoppers Bild <u>Automat</u> wird auf eine Leinwand projiziert und in Ruhe betrachtet.
2) Die Teilnehmer/innen notieren die Assoziationen, die Ihnen beim Betrachten des Bildes kommen.
3) Die Assoziationen werden in der Runde mitgeteilt.
4) Die Gruppenleiterinnen teilen DIN-A3-Kopien von Hoppers Bild aus und schlagen vor, eine Collage anzufertigen. Die Frau sollte als Mittelpunkt des Bildes erhalten bleiben. Zwei Alternativen ergaben sich: Was nimmt die Frau in sich selbst wahr? Gedanken/Gefühle/Stimmungen können verändert/verdeutlicht werden. In welch einem Raum wünscht die Frau zu sein? Außensituation/Umfeld können verändert werden. Die Zeitvorgabe beträgt etwa 60 Min. Das Collagematerial ist im Raum ausgebreitet.
5) Die Collagen werden aufgehängt und zunächst ohne Gespräch in Ruhe betrachtet.
6) Die Gruppenteilnehmer/innen teilen mit, was sie wahrnehmen. Danach kann jeder, sofern er es wünscht, zu seiner eigenen Collage und zu den Wahrnehmungen der anderen etwas sagen.
7) Gespräch über die in den Collagen deutlich werdenden Sichtweisen, über Hoppers Bild, über die Reaktionen auf dieses Bild. Hinter Grundinformationen über Hopper.«

Bei der Reflexion der Ergebnisse geht es in erster Linie um die Empfindungen und Gedanken, die durch die Betrachtung (Rezeption) und die Gestaltung (Produktion) ausgelöst wurden, und nicht um die künstlerische (formale) Umsetzung. Dieser Umstand löst dann auch die Kontroversen aus, ob diese Vorgehensweise noch zur Kunstpädagogik gehört. Meines Erachtens kann ein solches Vorgehen ein gutes Mittel sein, in diesem Falle Jugendliche in eine konstruktive Auseinandersetzung mit sich selbst zu führen. Wichtig ist, klar zu kommunizieren, dass die künstlerische Umsetzung jetzt nicht im Vordergrund steht und auch keine Benotung erfolgt. Insofern unterscheidet sich ein solches Vorgehen schon deutlich vom herkömmlichen Unterrichtsmodus und kann seinen Platz etwa in freiwilligen AG-Angeboten finden. Auch im regulären Kunstunterricht halte ich ein solches Angebot für legitim und wertvoll.

9.12 Werken

Kunstpädagogisches Feld	Beispiele aus dem Fach (Auswahl)
Werken	Gfüllner, 2015 (Salutogenese: Entstehung von Gesundheit)

In der Gegenwart und jüngeren Vergangenheit wird von der Mehrheit der Fachvertreter*innen eine kunstpädagogische Grundhaltung eingenommen, die das künstlerische Handeln eines/einer jeden Einzelnen in den Vordergrund stellt und damit den Gedanken der Differenz und nicht der Gleichförmigkeit der Ergebnisse (Franke, 2007, S. 242). In der Vergangenheit wurde der Kunstunterricht jedoch durchaus mit dem Werkunterricht zusammengedacht, wobei er Schwerpunkt eindeutig im Technisch-Handwerklichen lag. In verschiedene Kapiteln dieses Buches (▶ Kap. 7.5.4, zum induktiven und deduktiven Denken) wurde bereits betont, dass sich das Künstlerische und somit auch die Kunstpädagogik nicht im Technischen erschöpft. Und doch erscheint es angemessen, darauf hinzuweisen, dass ein reflektierter, handwerklich orientierter Werkunterricht und insbesondere die Begegnung mit verschiedenen Materialien und deren Bearbeitung ein wichtiger Baustein der Kunstpädagogik sein kann (Gfüllner, 2015). Das produktorientierte Werken kann sich günstig auf das Selbstwertgefühl von Heranwachsenden auswirken und eine Ich-Stärkung bewirken. Selbstverständlich ist Kunstpädagogik nicht mit dem Werken gleichzusetzen und geht über den angewandten Bereich hinaus, weil die Kunst es auch tut. Und doch sollte über den Wert des Werkens neu nachgedacht werden.

9.13 Keine Kunstpädagogik

Die Kategorie »Beschäftigung und ausschmückendes Gestalten« sei hier erwähnt, um die Kunstpädagogik von einer nur schmückenden Funktion für andere Inhalte und Fächer abzugrenzen. Die ausschmückende bildnerische Tätigkeit ist nicht mit kunstpädagogischen Inhalten zu verwechseln, das gleiche gilt für Beschäftigungen wie das Ausmalen von Mandalas. Gerade auch ein Unterricht, der fächerübergreifend konzipiert ist, muss darauf achten, dass die Kunstpädagogik nicht nur in diese Rolle gerät und das Künstlerische neben dem Sachlichen aus dem Blick gerät und vernachlässigt wird. Auch bei Schulveranstaltungen und großen Festen wie Weihnachten und Ostern wird die Kunstpädagogik häufig nur herangezogen, um auszuschmücken, was problematisch ist.

10 Interaktive Übungen mit der Gruppe

Die beiden Übungen *Unterrichtssimulation* und *Klassengespräch anhand einer Bildbetrachtung* führen die Teilnehmer*innen in eine Echtsituation, die unmittelbare Handlungsentscheidungen herausfordert. Das direkte Agieren und Reagieren lässt Grundprobleme des Unterrichtens prägnant sichtbar werden: Aufgaben stellen, Techniken und Probleme der Gesprächsführung, der Umgang mit kontroversen Diskussionsbeiträgen oder auch Unterrichtsstörungen. Diese Erfahrungen in der Gruppe sind dann eine gute Grundlage zur Reflexion der abgelaufenen Prozesse, an deren Ende möglicherweise Handlungsstrategien stehen, auf jeden Fall aber eine geschärfte Wahrnehmung von Unterrichtssituationen.

10.1 Übung 34 – Unterrichtssimulation (ca. 120 Min.)

Bei der Unterrichtssimulation geht es darum, in einem Rollenspiel Unterricht mit einer »Klasse« durchzuführen. Ein*e Teilnehmer*in ist bereit, in die Rolle des/der Lehrer*in zu gehen, die übrigen Teilnehmer*innen sind die Schüler*innen. Der/die »Lehrer*in« bereitet sich auf eine Kunststunde mit einer Lerngruppe vor (ca. 30–40 Min.), das Alter wird vorher gemeinsam bestimmt. Die Teilnehmer*in erhält Unterstützung in der Vorbereitung durch die Seminarleitung, eine schriftliche U-Vorbereitung ist aber nicht notwendig. Es kann sich um eine kunstpraktische Übung (Zeichnen, Collage, Arbeiten mit Ton) handeln oder um eine theoretische Kunststunde (Bildbetrachtung, Textarbeit). Es stellt sich die Frage, ob eine Videoaufzeichnung sinnvoll ist. Nach einigen Experimenten verzichte ich in der Seminararbeit auf Aufzeichnungen, weil das Anschauen und »Auswerten« vor und mit der gesamten Gruppe eine*n Teilnehmer*in zu sehr in den Fokus rücken würde und man zu sehr an ihrer Person kommentieren würde. Alternativ ist es ggf. sinnvoll, Aufzeichnungen von Unterricht aus anderen Quellen zu zeigen und darüber zu sprechen.

Einstimmung

Am Tag der Übung ziehen sich die »Schüler*innen« mit der Seminarleitung, aber ohne den/die »Lehrer*in« in einen anderen Raum zurück, um sich Gedanken über ihre Rolle und die Lebensumstände zu machen, in der sich die Schüler*innen befinden, die sie darstellen sollen, z. B. eine 8. Klasse, Realschule: Welche Interessen haben Schüler*innen im Alter von ca. 14 Jahren? Welche Medien konsumieren sie? Gibt es bereits Jugendkulturen mit eigener ästhetischen Praxis (Kleidung, Bilderwelten)? Welche Themen sind wichtig im Alltag? Wie sehen die Beziehungen zu Gleichaltrigen, den Eltern und anderen Erwachsenen aus? Welche Vorkenntnisse haben die Schüler*innen im Fach Kunst (künstlerische Techniken, Kenntnisse zur Kunstgeschichte, zu Künstler*innen)? Welche Entwicklungsaufgaben müssen sie gerade bewältigen (Stichwort Pubertät)?

In der Gruppe der Schüler*innen ist eine Gruppendynamik wirksam, es gibt verschiedene Schüler*innen-Rollen, die verteilt werden können: der Unaufmerksame, der Verträumte, die Unruhige, die immer Nebengespräche führt, der »Streber«, der alles richtigmachen will, der Desinteressierte, der Talentierte, der aber nicht der Aufgabe folgen will und eigene Ideen dagegensetzt usw. Sicherlich werden auf diese Weise Klischees aufgerufen, die nicht ganz der Wirklichkeit entsprechen. Das Rollenspiel soll nicht zu einem Jux oder Klamauk werden, darauf ist hinzuweisen. Es geht nicht darum, die Unterrichtssituation zu karikieren, ins Humoristische zu ziehen oder den/die »Lehrer*in« vorzuführen, indem die »Schüler*innen« sich fortwährend verweigern. Es geht darum, die eigene Schulerfahrung bei den Teilnehmer*innen wachzurufen und neu lebendig werden zu lassen. Es ist interessant zu sehen, wie realistisch die Teilnehmer*innen die Schüler*innenrolle darstellen können, wie treffend die Wortbeiträge sind und wie real die Unterrichtssituation während des Rollenspiels entsteht. Sind die Vorbereitungen getroffen, findet sich die Gruppe ein und stellt Namenskärtchen auf, die nicht dem richtigen Namen entsprechen. Die Seminarleitung nimmt am Rollenspiel selbst nicht teil, sondern moderiert den Ablauf und protokolliert möglichst genau: gestellte Fragen, Aufgabenstellungen, Beiträge der Schüler*innen, allgemeines Verhalten.

Unterricht

Nachdem der Unterricht begonnen hat, mischt sich die Seminarleitung nicht mehr in das Rollenspiel ein, sondern protokolliert. Erfahrungsgemäß ist die Dauer von 30–40 Min. ausreichend. Nach der Simulation bedankt sich die Seminarleitung bei dem/der »Lehrer*in« für die Bereitschaft, die Rolle übernommen zu haben, und leitet eine Pause von 15 Min. ein. Die Pause ist sinnvoll, damit der/die »Lehrer*in« genug Zeit hat, um die Rolle wieder abzustreifen.

Feedback und Reflexion

Die Reflexion wird ebenfalls durch die Seminarleitung moderiert. Die wichtigste Gesprächsregel besteht darin, anderen nicht ins Wort zu fallen, sondern in jedem Fall ausreden zu lassen. Das Ende eines Wortbeitrags wird angezeigt, indem zum Schluss »Punkt« gesagt wird. Der/die Teilnehmer*in mit der Lehrer*innenrolle hat das erste Wort und wird gefragt: *Wie haben Sie die Stunde erlebt und was ist Ihnen aufgefallen?* Nachdem der/die »Lehrer*in« seine/ihre Wahrnehmung geäußert hat und nachgefragt wurde, ob es noch etwas gibt, was er/sie mitteilen möchte, kann sich die Gruppe äußern. Dabei ist zu beachten:

> Ein *Kritikhagel* ist zu vermeiden. Vielmehr sollen kritische Aspekt flankiert werden von positiven Aspekten. Ein positiver Gesichtspunkt sollte möglichst am Ende des Wortbeitrages stehen.
> Kritische Aspekte sollen immer mit einer konkreten Beobachtung kombiniert werden, um die Situation zu konkretisieren und ein Verhalten/eine Situation kritisch zu betrachten, aber nicht die Person.

Nach dem Feedback der Gruppe gibt die Seminarleitung ihr Feedback. Auch hier ist auf ein behutsames Vorgehen zu achten, weil Aussagen der Seminarleitung noch eine größere Wirkung entfalten. Besonders sensibel sind Aussagen zur Person und Performanz des/der Teilnehmer*in: Körperhaltung, Sprechweise, Mimik, Gestik. Es geht nicht darum, absolute Aussagen und Wertungen zu treffen, sondern Situationen zu benennen und über mögliche Alternativen und Wirkungen nachzudenken. Inhalte des Feedbacks können sein: Unterrichtseröffnung, Motivation, Fragestellungen, Reihenfolge von Unterrichtsphasen, Übergänge von Phasen, Aktivierung der Schüler*innen, Gespräch mit der gesamten Klasse, Instrumente zur Disziplinierung, Methodenvielfalt, Reflexionsfragen, Performanz der Lehrer*in, Aufgabenstellungen u. a.

Perspektivwechsel

Als Ergänzung kann die Seminarleitung sich fragend an die Übenden mit ihrem Rollennamen wenden und als Schüler*innen ansprechen, um die Perspektive der Schüler*innen noch genauer zu erforschen: »Tom, als der Lehrer die Aufgabe gestellt hat, wusstest du da, was du machen solltest?« »Tom« würde dann als Schüler antworten, z. B.: »Ja, ich wusste, dass ich mit Ton was machen soll, aber das war schwer, ich wusste nicht, wie ich anfangen soll.« Auf diese Weise erhält die Gruppe ein ausgesprochen authentisches Feedback aus Schüler*innensicht, obwohl es sich nur um eine Rolle handelt. Dies funktioniert im Rollenzusammenhang gut und fällt den Teilnehmenden in der Regel nicht schwer.

Abschluss

Am Schluss der Übung insgesamt ist es sehr wichtig sicherzustellen, dass der/die Teilnehmer*in mit der Rolle des/der »Lehrer*in« seine/ihre Gedanken und Beiträge in ihrer Gesamtheit äußern konnte: »Wie ist es für Sie jetzt am Ende der Übung? Gibt es noch etwas, das Sie sagen möchten oder das unklar geblieben ist? Sie haben das letzte Wort.« Es sollte nicht das Gefühl des Bloßgestellt-Seins aus der Übung mitgenommen werden. Sollte dies doch einmal so sein, ist es wichtig, dies möglichst noch in der Sitzung zur Sprache zu bringen, mit der Gruppe gemeinsam einzuordnen und einer übergroßen Selbstkritik entgegenzuwirken. Die Rolle des/der Lehrer*in ist geeignet, besonders selbstkritische Studierende über ein angemessenes

Maß hinaus im Nachhinein zu belasten, insbesondere, weil die Reflexion mit einer Gruppe erfolgt und die Kommentare zahlreich sind. Es soll vielmehr der Eindruck zurückbleiben, eine wertvolle Erfahrung mit Erkenntnisgewinn gemacht zu haben. Dafür trägt die Seminarleitung die Verantwortung.

10.2 Übung 35 – Klassengespräch anhand einer Bildbetrachtung

Für Lehrkräfte ist die Fähigkeit, ein Gespräch mit der gesamten Klasse zu führen, fundamental wichtig und die Praktikant*innen werden sicherlich mit dieser Situation konfrontiert. Es ist vielfach und mit Recht darauf hingewiesen worden, dass der Frontalunterricht und das lange Zuhören kaum zu einem Lernzuwachs bei den Schüler*innen führen, weil die Schüler*innen nicht genügend aktiviert werden. Daher ist der reine Vortrag auch selten und wird mit einem Gespräch oder anderen offeneren Lernmethoden verbunden. Das gelenkte Gespräch mit der Klasse oder Gruppe gilt als eine Form des Frontalunterrichts (Jank/Meyer, 1994, S. 338), das heißt, die Lehrkraft hat längere Redeanteile und die Schüler*innen sind mit einer gewissen Möglichkeit zur Beteiligung weitgehend in der Rolle der Zuhörer*innen. Gudjons hat in seinem Buch *Frontalunterricht neu entdeckt (2011)* auf die Notwendigkeit eines *guten* Frontalunterrichts hingewiesen, ohne ihn direkt abzuschaffen zu wollen. Es muss also darum gehen, gute Gespräche mit einer Lerngruppe zu führen:

> »Unterrichtsgespräche stehen immer in der Gefahr, entweder zum ›Labern‹ zu verkommen oder aber eine Pseudo-Demokratisierung der Unterrichtsarbeit zu leisten, bei der die SchülerInnen an langer Leine genau dorthin geführt werden, wo sie der Lehrer haben will (…) (Jank/Meyer, 1994, S. 338).

Und dennoch ist die Bildbetrachtung in der Form des gelenkten Gesprächs ein wichtiger Bestandteil des Kunstunterrichts, der ausgesprochen interessant sein kann. Hier werden gezielt Beobachtungen und Erkenntnisse am Bild herausgearbeitet und die Bildkompetenz der Schüler*innen entwickelt. Dies trifft genauso für Werke der offiziellen Kunst zu wie für andere Bildsorten der Massenmedien aller Art – von der Werbung, Bildern mit politischen Inhalten bis hinein in die Bilderflut des Internets. Eine gelungene Bildbetrachtung ist ein Erlebnis, weil der Blick auf das Bild danach ein anderer ist.

Übung

Die Teilnehmer*innen erhalten die Aufgabe, sich ein Bild zu suchen, welches sie mit der Gruppe betrachten und besprechen möchten. Das Bild kann aus allen Bereichen stammen, aus der Kunst, aber auch aus anderen Quellen (historische Kunst, Gegenwartskunst, Medien, Film-Screenshots, Fotografie usw.). Die Teilnehmer*innen bereiten sich für die Bildbetrachtung vor, indem sie selbständig zum Bild recherchieren und sich eine Strategie der Betrachtung überlegen. Es geht darum, ein lebendiges Gespräch mit der Gruppe zu führen, also nicht einen Vortag zu halten, sondern die Beiträge der Gruppe aufzugreifen und sinnvoll einzubinden. Dabei sollen Erkenntnisse erarbeitet und Fragestellungen diskutiert werden. Unterstützt wird die Übung im Seminar durch die Bereitstellung von Informationen zur 1) Struktur einer Bildbetrachtung und 2) Struktur von Gesprächsführung und Fragestellungen (▶ Infobox 7 und ▶ Infobox 8).

Ablauf

Durch eine freiwillige Bereitschaft oder durch das Auslosen wird bestimmt, wer die Bildbetrachtung mit der Gruppe durchführt. Es sollten sich aber alle im Hintergrund vorbereiten, um auch diese Erfahrung der Planung zu machen. Es kann sich auch um ein Rollenspiel handeln wie in der Übung »Unterricht simulieren«, es ist aber auch möglich, die Übung mit der Gruppe ohne Rollenzuweisung durchzuführen. Die Seminarleitung protokolliert wieder das Gespräch, das wie im *Unterricht simulieren* auch ca. 30–45 Min. dauern soll.
Reflexion und Feedback finden ebenfalls analog zu der Übung 34, *Unterricht simulieren* statt.

Infobox 7: Bildbetrachtung

Struktur einer Bildbetrachtung

Hier wird absichtlich eine recht einfaches Schema angeboten, das auch schon in der Grundschule zum Einsatz kommen kann. Die Erfahrung zeigt, dass die unten aufgeführten Aspekte und Fragestellungen ausreicht, um in eine vertiefte Bildreflexion einzusteigen.

»**Was ist wahrzunehmen?**
Material: Konsistenz, Strukturen, Texturen, Bedeutung des Materials, Materialassoziationen, Farbe, Proportionen, Komposition, Raum, Kontraste, Spannung, Rhythmus, Gegenstände, Motiv, Produktionsverfahren

Wie ist die Wirkung?

- Empfindungen, Assoziationen, Erinnerungen, …
- Wodurch entsteht Wirkung? Beziehung von Material, Form und Inhalt, Licht, Gegenständlichkeit, Farben, Ausdruck, …

Welche Inhalte werden ausgedrückt?

- Anmutung/Beziehung zum Betrachter, Motivation des Künstlers
- Intention der Künstlerin
- Gesamtkontext des Oeuvres

Interpretation

- Welche Deutungspotenziale gibt es? Bedeutungsgehalte erschließen
- Motivgeschichte recherchieren
- Sozialgeschichte/Zeitgeschichte erörtern, literarische Quellen heranziehen
- Biografisches zum/zur Künstler*in ermitteln

Kritische Würdigung

- Welche gesellschaftliche Wirkung hat das Werk?
- kunsttheoretische Einordnung des Künstlers, belegt durch Selbstzeugnisse oder zeitgenössische bzw. retrospektive Kritik, biografische Bezüge, gesellschaftliche, politische Positionen
- Beziehung zu anderen Künstler*innen/Künstlergruppen
- Anknüpfen an/Abgrenzen von bestimmten künstlerischen Konzepten, Innovation?«

(Bätschmann, 2001, zitiert nach Kirchner, 2009, S. 133/134)

Weitere Literatur: https://www.kubi-online.de/index.php/artikel/dem-weg-einer-erforschung-praxis-bilderschliessung-schulischen-kunstunterricht-skizze,

Infobox 8: Ein Gruppengespräch führen (▶ Tab. 8)

Die Tabelle 8 ist angelehnt an Böhmann und Schäfer-Munro, 2008, S. 120. Sie wurde an den Kunstunterricht angepasst und etwas vereinfacht. Ganz grundsätzlich ist es wesentlich, zwischen geschlossenen (zusammenführenden, fokussieden, konvergierenden) Fragen und offenen (divergierenden) Fragen zu unterscheiden. Richtig eingesetzt können sie ein Gespräch wieder in Gang bringen, das in eine »Sackgasse« geraten ist. Wertende Fragen (»Wie gefällt euch das Bild?«) sollten in aller Regel erst am Ende einer Bildbetrachtung stehen, weil es zunächst darum geht, die Wahrnehmung zu vertiefen und verfeinern. Gerade bei fremd wirkender Kunst kann eine breite Ablehnung am Anfang einer Betrachtung zu einem überlagernden Hemmnis werden. Wesentlich bei der Auswertung der Übung sind die Momente, in denen das Gespräch ins Stocken geriet. Für die Gesprächsleitung ist das Schweigen der Gruppe auf eine Frage ein ausgesprochen schwieriger Moment, wie damit umgehen? Ein häufiger Fehler ist dann, immer wieder neue Fragen zu stellen, was aber ein Nachdenken der Schüler*innen erschwert oder verhindert. Mögliche Interventionen sind hier:

➢ Genügend Zeit lassen, Nachdenkpausen zulassen, Schweigen aushalten.
➢ Keine Fragen mit anderem Schwerpunkt stellen, sondern die Hemmnisse erkunden.
➢ Nachfragen: »Soll ich die Frage noch einmal wiederholen? Keiner sagt was, woran liegt es? Ist etwas unklar?«
➢ Die Frage einfacher/anders stellen, aber nicht sofort.

> In Partnerarbeit gehen und die Schüler*innen untereinander die Frage besprechen lassen (Partnerarbeit): Viele sind zu scheu, sich vor der ganzen Gruppe zu äußern. Durch das Vorgespräch fällt die Beteiligung dann leichter, weil die Gedanken schon einmal ausgesprochen und damit vorstrukturiert sind.
> In Einzelarbeit einige Schlüsselbegriffe zu der Frage notieren lassen.
> andere Ideen

Tab. 8: Fragetypen des Klassengesprächs

Fragetypen	Beschreibung, was die Schüler*innen wissen sollen	Beispiele
Kenntnisfragen	Fragen nach etwas, woran sich die Schüler*innen erinnern sollen	Welche Farben dominieren in diesem Bild?
Konvergierende Fragen	Fragen nach etwas, was die Schüler*innen verstehen/erkennen sollen; es ist nur eine Antwort möglich, eher »geschlossene« Fragen	Was bedeuten nun diese Gegenstände in dieser Zeit? Wofür stehen sie?
Divergierende Fragen	Fragen nach etwas, was die Schüler*innen weiterdenken sollen; es sind mehrere Antworten möglich, eher »offene« Fragen	Welche Gedanken kommen euch, wenn ihr das seht?
Bewertende Fragen	Fragen nach Verknüpfungen von Sachverhalten und Bewertungskriterien	Wie wirkt die Szenerie auf euch?
Organisierende Fragen	befassen sich mit dem Unterrichtsverlauf selbst und seiner Organisation	Habt ihr zu der Aufgabenstellung noch eine Frage?

11   Reflektieren, bewerten und benoten

Die Widersprüchlichkeit oder die *Janusköpfigkeit* des Faches, wie sie an anderer Stelle genannt wurde, zwischen Lenkung und Offenheit oder Freiheit, wird im Zusammenhang mit den Fragen nach der Bewertung und Benotung von künstlerischen Prozessen wieder besonders deutlich. Das Streben nach Transparenz und Berechenbarkeit und letztlich der Anspruch von *Gerechtigkeit in der Benotung* führen recht schnell in eine kriterienorientierte Aufgabenkultur: Kriterien werden im Unterricht transparent kommuniziert; wenn sie in der Aufgabenstellung erfüllt und umgesetzt sind, ist eine gute Note sicher, bei Abweichungen fällt die Note schlechter aus. Die Kriterienorientierung ist aber auf den zweiten Blick auch kritisch zu sehen. Schüler*innen nur dazu anzuhalten, die angekündigten und für eine Benotung relevanten Kriterien zu erfüllen, hieße, dem Fach nicht gerecht zu werden. Das Ziel, die *Differenz* (Pierangelo, 1994, S. 110–121), also die individuellen oder subjektiven Wege der Schüler*innen zu fördern, wäre durch eine bloße Kriterienvorgabe und -erfüllung aufgegeben. Es kann nicht sein, kunstpädagogische Aufgaben auf ihre Kalkulierbarkeit zu reduzieren, weil man sie benoten will. Aufgaben im Hinblick auf ihre Eignung zur Benotung der Ergebnisse auszuwählen und andere, die schwerer zu bewerten sind, gar nicht erst zu stellen, käme der Preisgabe der Bildungspotenziale des Faches gleich.

Soll Kunst denn überhaupt bewertet werden? Außerhalb der Schule ist Kunst auch Wertungsprozessen unterworfen: Kunstkritik, Ausstellungswesen (wer erhält welchen Ausstellungsort), Geldwerte auf dem Kunstmarkt, Stipendienvergaben, Auszeichnungen, all dies sind Ausdruck von Bewertung. Auch Kinder und Jugendliche bewerten und vergleichen ihre Produkte mit denen anderer, Noten spielen hier allerdings keine Rolle, genauso wenig wie in außerschulischen kunstpädagogischen Angeboten. Man könnte sich nicht vorstellen, dass am Ende eines Volkshochschulkurses »Aktzeichnen« oder bei selbstorganisierten Kursen Noten ausgeteilt werden – gelernt wird dort dennoch. Zensuren haben im Gegensatz zu verbalen Reflexionen und Bewertungen in der Institution Schule die Funktion, den gesellschaftlichen Selektionsauftrag zu erfüllen (Peez, 2009), den Schule nicht abstreifen kann. Im besten Fall können die Noten eine Sekundärmotivation erzeugen, dann strengen sich Schüler*innen an, um eine gute Note zu bekommen, aber nicht, weil sie der Kunstunterricht interessiert. Im schlechten Fall wirken sich schlechte Noten negativ auf die Biografie von Menschen aus, überschatten die Auseinandersetzung mit Kunst lebenslänglich oder beschädigen gar bleibend das Selbstwertgefühl. Ähnliches kennen wir vom Sportunterricht. Möglicherweise sind die Auswirkungen auf die Person im Gegensatz zu anderen Fächern nicht so gravierend, weil das Fach vonseiten der Eltern und der Gesellschaft für den Schulerfolg nicht hoch eingeschätzt wird und daher nicht viel Druck auf die Heranwachsenden ausgeübt wird. Allerdings ist das Signal ›Kunst ist sowieso nicht so wichtig‹ aus bildungstheoretischer Sicht verheerend und verschließt Wege.

Reflexionsgespräch mit Bewertungsaspekten

Im Kunstunterricht muss über die Gestaltungsprozesse und -ergebnisse reflektiert werden, und das schließt Bewertungen ein. Entscheidend dabei sind die Nachvollziehbarkeit und Begründbarkeit der Bewertungen. Dies sollte aber nicht nur von der Lehrperson, sondern auch von der Gruppe ausgehen. Schüler*innen fordern ein kompetentes Feedback ein, sie wollen Tipps und weiterführende Beratung für ihre ungelösten gestalterischen Probleme. Sie wollen kein unspezifisch-inflationäres Lob, das nicht auf den/die Einzelne*n und die offenen Fragen eingeht, weil es weder konstruktiv noch wertschätzend ist. Der gut gemeinte Ausruf: »Das habt ihr alle ganz toll gemacht« hilft den Einzelnen nicht weiter. Da künstlerische Prozesse immer eng mit der Person verbunden sind und mit einer emotionalen Beteiligung einhergehen, sind Reflexions- und Bewertungsgespräche besonders herausfordernd. Aussagen zum Produkt werden leicht mit Aussagen zur Person gleichgesetzt, weil die Nähe von Person und künstlerischem Produkt groß ist. Wer sich selbst schon einmal einer Besprechungs- und Bewertungssituation durch andere ausgesetzt hat, weiß, wie schwierig es ist, zur eigenen Arbeit eine kritische Distanz einzunehmen und sich auf fremde Veränderungsvorschläge einzulassen. Die Konsequenz für das Beratungsgespräch ist ein respektvoller Umgang miteinander, Wertschätzung für das bereits Geleistete, eine gewählte Sprache und das Vermeiden von absoluten Aussagen. Schließlich geht es darum, ein Bewusstsein für Alternativen zu schaffen und durch Argumente einen neuen Denkprozess anzustoßen. Das Beispiel aus dem Buch »Kunst als Prozess im Unterricht« (Otto, 1969, S. 230 ff.) zeigt, dass ein kriterienorientierter Unterricht und eine entsprechende Bewertungspraxis nicht ausreichen, um einen annehmbaren Umgang mit dem Bewertungsdilemma zu finden. Hinzukommen müssen eine reflektierte, vielfältige Aufgabenkultur und das Signal an die Schüler*innen, dass eigene Wege wertgeschätzt werden.

Übung 36: Gesprächsanregungen zum Thema: Reflektieren, bewerten und benoten

Als Begleitlektüre schlage ich zwei Aufsätze von Georg Peez vor, in: Beurteilen und Bewerten im Kunstunterricht, 2009: *Einführung* (S. 10–22) und *Bewertungsmethoden und Beurteilungsnormen gestern und heute* (S. 182–191).

1. Sprechen Sie über Ihre eigenen Erfahrungen mit *Reflexionen und Bewertungen* im KU aus Ihrer Schulzeit. Fanden sie überhaupt statt und wie haben Sie diese erlebt?
2. Sprechen Sie über den Unterschied von einem Bewertungsgespräch und der Benotung durch eine Zensur.

3. Welchen Sinn haben Bewertung und Benotung im KU Ihrer Meinung nach? Sollte man Bewertungen und Noten im KU nicht abschaffen?
4. Was ist Ihrer Meinung nach die Voraussetzung für eine gerechte Benotung im KU?
5. Was sollte bewertet werden und warum? Was sollte im KU *nicht* bewertet werden?
6. Welche Rolle spielen Kriterien in KU? Wie können Kriterien formuliert werden? Reichen Kriterien aus oder anders gefragt: Was bleibt bei der Orientierung an Kriterien unberücksichtigt? Beziehen Sie Abb. 1 (künstlerischer Prozess) in ihre Überlegungen mit ein.

Gunter Otto (1969, S. 230 ff.) veröffentlichte einen Klassensatz von Schüler*innenarbeiten, um seine Technik des Bewertens vorzustellen. Die Tabelle zeigt die Bewertungskriterien mit dazugehörigen Punkten, allerdings ist es sehr kompliziert, die Zifferntabellen mit den Bildern zusammenzuführen und die Noten zuzuordnen. Machen Sie sich die Mühe und diskutieren Sie die Bewertungskriterien: Können Sie die Benotung nachvollziehen? Wo sehen Sie Widersprüche? Wo werden in den Schüler*innenarbeiten Förderbedarfe sichtbar und wie wird darauf reagiert?

Kommentar zu Übung 36

Teilnehmer*innen sollen in den Gesprächen ein Bewusstsein dafür entwickeln,

- dass es einen Unterschied zwischen einer begründeten Beurteilung und Bewertung gibt und einer Zensur (Note).
- dass im Kunstbetrieb außerhalb der Schule Bewertungen ebenfalls eine Rolle spielen (Kunstkritiken, Ausstellungsmöglichkeiten, Geldwerte, Stipendien, Auszeichnungen).
- dass die Kriterien für eine Bewertung offengelegt werden sollten, Kriterien aber andererseits nicht die einzige Bewertungsreferenz sein können.
- dass die Kunstpädagogik in einem unauflösbaren Dilemma steht: Einerseits sind transparente Kriterien wichtig, andererseits soll eine kreativ-originelle Eigenleistung, die von den Kriterien abweicht oder diese erweitert, positiv gesehen werden.
- dass Lernen im künstlerischen Bereich auch ohne Noten stattfindet. Beispiele dafür sind außerschulische Lernorte (private und öffentliche Angebote im künstlerischen Bereich).
- dass durch die Zensuren eine sekundäre Motivation entstehen kann, aber keine primäre, intrinsische Motivation.
- dass die Zensur in erster Linie ein Instrument der Schule als Selektionsinstitution ist. Bewertung und Beratung ist auch ohne Zensur möglich. Die Schule kann diese gesellschaftliche Selektionsaufgabe nicht abstreifen, muss aber verantwortungsvoll damit umgehen. Benotungen können sich schädlich auf die Motivati-

on, das Verhältnis zur Kunst und das Selbstwertgefühl der Schüler*innen auswirken.
➢ dass im Kunstunterricht nicht alles benotet und bewertet werden sollte: kreativitätsfördernde Übungen, Übungen mit Förderzusammenhang, Übungen mit dem Schwerpunkt *Selbsterfahrung*, körperorientierte Übungen sollten von der Benotung in der Regel ausgenommen werden.
➢ dass eine Vielfalt im Angebot über die Zeit im Unterricht wichtig ist, um die vielseitigen Ressourcen (Stärken) der Schüler*innen abzurufen und anzusprechen. Einseitigkeiten sind vor diesem Hintergrund ungerecht.
➢ dass es eine Mischung von deduktiven und induktiven Aufgabenbereichen geben sollte und deduktive Aufgaben nur im Zusammenhang von induktiv-künstlerischen Gestaltungsaufgaben sinnvoll sind.
➢ dass sich die künstlerische Prägung und Vorlieben der Lehrperson auf die Bewertung auswirken und es keine Objektivität in der Bewertung gibt. Die Professionalität der Lehrenden besteht darin, eigene Vorlieben distanziert reflektieren zu können.
➢ dass der künstlerische Prozess zur Bewertung dazu gehört: Leistungsbereitschaft, Erprobungen, die letztlich nicht in das Endprodukt einbezogen wurden, Annehmen der Aufgabenstellung.
➢ dass der Leistungsanspruch *der Schüler*innen selbst* wichtig ist und nicht nur Bewertungen von außen: Wann sind die Schüler*innen mit ihrer Leistung zufrieden und wann nicht?
➢ dass Beratung und Bewertung auch durch die Gruppe artikuliert werden sollten und nicht nur durch die Lehrperson.
➢ dass nicht Aspekte benotet werden dürfen, die (noch) nicht im Leistungsspektrum der Schüler*innen liegen (z. B. realistisches Zeichnen im Grundschulalter oder ohne vorherigen Unterricht dazu).
➢ dass es insgesamt im Kunstunterricht darum geht, die Lust am künstlerischen Tun zu erhalten, auch im Hinblick auf die Zeit nach der Schule. Noten sind immer auch pädagogisch auf ihre Wirkung zu reflektieren.

12   Unterrichtsbesuch

Der Unterrichtsbesuch ist ein wesentlicher Bestandteil des Praktikums, weil hier die Vorbereitung und Planung mit der Wirklichkeit der Umsetzung konfrontiert werden. Es handelt sich nicht um eine Prüfung, sondern um eine Beratungssituation ohne Benotung, in der jedoch deutlich wird, wie vorausschauend und differenziert der bzw. die Praktikant*in sich vorbereitet hat und in der Lage war, konkrete Entscheidungen begründet zu treffen. Im Reflexionsgespräch werden diese Zusammenhänge und Entscheidungen strukturiert besprochen. Das Benoten der Lehrprobe ist noch nicht sinnvoll, weil es sich meistens um die ersten Unterrichtsversuche handelt. Zudem führt eine Benotung häufig zu unreflektierten Übernahmen aus vorgefertigten Quellen (Rahmenrichtlinien, vorgefertigte Unterrichtsbilder), ohne selbst Formulierungen zu suchen, um einen besonders guten Eindruck zu erwecken. Es kommt aber darauf an, das selbständige Denken und Schreiben der Praktikant*innen und nicht eine »copy und paste Mentalität« zu fördern, die weit verbreitet ist. Dies soll selbstverständlich nicht heißen, dass nicht auf fachliche Quellen Bezug genommen werden soll, allerdings nicht pauschal und stereotyp.

Vorbereitung (vgl. ▶ Kap. 7.3.2 und ▶ Kap. 7.3.4): Zum Unterrichtbesuch soll ein tabellarischer Unterrichtsentwurf vorliegen mit

- Stundenziel (Ziel-Inhaltsverbindung),
- eigener Erprobung bei einer praktischen Aufgabe als Hintergrund,
- der mündlichen oder auch schriftlichen Aufgabenstellung,
- allen verwendeten Arbeitsblätter und Bilddaten, falls Bilder einbezogen sind.

Während der Stunde beobachtet der oder die Hospitant*in und führt differenzierte Aufzeichnungen (siehe *Download*):

1. *Formular Didaktischer Kreis:* Hier werden die Zusammenhänge und Anschlussstellen zwischen dem U-Inhalt (Kunst, andere Bildsorten) und Schüler*innenschaft notiert, mögliche Lernziele oder Lernbereiche, personale Lernziele, ggf. Förderziele, Erweiterungen und Alternativen zu den geplanten Schritten. Diese Aufzeichnungen dienen im Gespräch der Einordnung und Diskussion der Zusammenhänge zwischen Didaktik, Methodik, Kunst und Schüler*innen.
2. *Protokoll des Unterrichtsverlaufs:* Der Unterrichtsverlauf wird möglichst genau protokolliert: gestellte Fragen, Reaktionen und Antworten der Schüler*innen, Arbeitsphasen, Zeiten, Nebenaktionen (Unruhe, Arbeitsverhalten, Reaktion auf eine Aufgabenstellung, Erledigung der Aufgabe, Beobachtungen im Klassen-

raum). Das Protokoll dient der Konkretisierung im Nachgespräch, um Aussagen zur Planung und Umsetzung stets an Situationen anzubinden und auf diese Weise nachvollziehbar zu machen. Protokollierte Schüler*innenäußerungen sind wertvolle Hinweise, die Mängel in der Aufgabenstellung oder problematische Fragestellung bei Gesprächen deutlich und nachvollziehbar werden lassen.
3. *Blatt mit Zusammenfassung:* a) Lehrer*innenverhalten (Performanz), b) Aspekte, die den Unterricht zusammenfassend ausmachten. Positive Aspekte werden mit einem »+« versehen, kritische Aspekte mit einem »!« oder mit dem Zusatz »Tipp«, c) Weiterentwicklungen: Aspekte, wie die Unterrichtsidee in weiteren Stunden fortgeführt werden könnte.

Auf diese Weise erhält der/die Praktikant*in drei Blätter als Rückmeldung zu dem Unterrichtsversuch. Nach der Stunde findet die Nachbesprechung in einem ruhigen Raum statt (ca. 60 Min.), wenn möglich, nimmt der bzw. die Mentor*in daran teil. Das erste Wort hat der oder die Praktikant*in, die Einleitungsphase kann lauten: »Wie haben Sie den Unterricht erlebt und was ist Ihnen aufgefallen?«

Das darauffolgende Gespräch findet mit Unterstützung der Aufzeichnungen statt. Der/die Mentor*in wird einbezogen und erhält ausreichend Raum, um die eigene Wahrnehmung rückzumelden. Im Gespräch ist darauf zu achten, dass der bzw. die Praktikant*in genügend Gelegenheit hat, auf die Beiträge zu antworten. Negativ ist eine Gesprächssituation, bei der auf den/die Praktikant*in von ein oder zwei Seiten eingeredet wird, ohne Gelegenheit zur Reaktion zu geben. In diesem Fall wird nicht mehr deutlich, wie die zur Sprache kommenden Aspekte aufgenommen und verarbeitet werden. Nur der *dialogische Austausch* und die ständige Anbindung an die konkret stattgefundenen Unterrichtssituationen können zu Erkenntniszuwachs führen. Bei praktischen Aufgaben ist es günstig, eine Auswahl von Schüler*innenarbeiten vorliegen zu haben. Es müssen nach der konkreten Unterrichtserfahrung auch *Alternativplanungen* zur Sprache kommen im Sinne von:

> die Stunde anders aufbauen, die Phasen verkürzen, verlängern, umstellen, Sprache anders einsetzen, Aufgaben anders stellen, Aufgabenanteile in eine andere Stunde verlegen, die Schüler*innen mehr aktivieren, frontale Phasen verkürzen, Fachbegriffe reduzieren oder mehr Zeit auf deren Erarbeitung verwenden, die Reflexionsphase stärker an die Erarbeitungsphase rückanbinden, eine Zwischenreflexion einbauen, eine Experimentierphase einbauen, Inhalte reduzieren, eine Ergänzungsaufgabe bereithalten usw.

Ziel ist eine Klärung der Funktion und Rolle der Einzelbestandteile einer U-Stunde mit Hilfe der Aufzeichnungen (Zielvorstellungen, Aufgabenstellung, deduktives und induktives didaktisches Denken) vor dem Hintergrund der erarbeiteten Theorie. Findet das Gespräch nicht als Prüfungssituation, sondern als Beratung statt, sind die Rückmeldungen durch die Praktikant*innen zumeist ausgesprochen positiv. Das Gespräch wird als Bereicherung und Klärung empfunden. In diesem Gesprächssetting können dann auch gedankliche Fehlschlüsse oder Fehlannahmen, mangelnde Anbindung an die Schüler*innen, zu kurz greifende methodische Entscheidungen usw. ohne weiteres erkannt, eingeräumt und besprochen werden, ohne direkt mit einer schlechten Note als Konsequenz rechnen zu müssen. Wir dürfen nicht vergessen, dass *Unterricht durchführen und planen* ein ausgesprochen komplexes Gefüge ist, das für Anfänger*innen eine enorme Herausforderung darstellt und das erst langsam mit wachsender Erfahrung ausdifferenziert wird. Größere Unterlassungen oder grobe Nachlässigkeiten, wie nicht erfolgte eigene Erprobungen des Unterrichtsgegenstandes und daraufhin der falsche Einsatz von Materialien o. Ä., sollen jedoch auch klar als Mangel rückgemeldet werden.

13 Nachbereitungsseminar – kompakt an 2 Tagen

Im Folgenden wird ein Nachbereitungsseminar über 2 Tage beschrieben, das sich an ein Schulpraktikum anschließt. Im Rahmen des Referendariats oder im Rahmen von Weiterbildungen können andere Settings sinnvoll sein, bei denen nur ausgewählte Übungen durchgeführt werden.

Es ist sinnvoll, die Nachbereitung in einem Kompaktseminar an zwei zusammenhängenden Tagen durchzuführen. Die Nachbereitung dient der Aufarbeitung von erlebten Schulsituationen, die durchaus konflikthaft und belastend sein können. Allerdings sind die Eindrücke auch so zahlreich, dass viele Erlebnisse rasch in das Vergessen absinken oder verdrängt werden, gerade wenn sie mit negativen Gefühlen verbunden sind. Letztendlich sind die Praktikant*innen froh, das Praktikum hinter sich gebracht zu haben, und möchten sich zunächst nicht mehr damit befassen. Das ist verständlich, jedoch ist die Reflexion von Praktikumserfahrungen ausgesprochen wichtig, um die Studierenden mit kritischen Situationen nicht allein zu lassen. Ein gemeinsames Frühstücksbuffet ist eine gute Eröffnung der Reflexionstage. Die Gruppe ist nun bereits länger zusammen und hat mit dem Praktikum und den ersten eigenen Unterrichtsversuchen eine gemeinsame Erfahrung gemacht, die die Gruppe zusammenführt. Informelle Gespräche in einer angenehmen Atmosphäre mit der Möglichkeit, etwas zu essen und einen Tee oder Kaffee zu trinken, fördern die Bereitschaft, sich einzubringen und nochmals genauer auf das vergangene Praktikum zu schauen. Die Angebote stellen einerseits den schulischen Alltag mit all seinen Herausforderungen und Anforderungen in den Fokus und andererseits den Kunstunterricht im engeren Sinne.

> **Programm für zwei Tage**
> **Tag 1 (9 bis 16 h)**
> **Vormittag**
>
> - Einstiegsübung mit Kunst-Kalenderblättern (ca. 45 Min.)
> - Frage-Antworten nach Impulskarten (ca. 90–100 Min.)
>
> **Nachmittag**
>
> - Gesprächsthema: Meine Lehrer*innenrolle finden (ca. 45 Min.)
> - Reflexion von U-Versuchen der Studierenden mit Fotos aus dem Unterricht (ca. 120 Min. mit Pause)

Tag 2 (9 bis 16 h)
Vormittag

- Kurzvortrag zur »Kooperativen Beratung« (KoBe) nach W. Mutzeck (ca. 20 Min.)
- Übung: Dialogkonsens (ca. 30 Min.)
- Demogespräch zur KoBe mit einem/einer Teilnehmer*in, Gruppe hört zu

Nachmittag

- Übungen in 3er Gruppen zur KoBe (ca. 120 Min.)
- Reflexion der Übungen (ca. 15–30 Min.)
- Abschlussreflexion des gesamten Moduls (ca. 15–30 Min.)

13.1 Tag 1

Abb. 35: Kalenderblätter als Reflexionsanlass

13.1.1 Einstiegsübung mit Kunst-Kalenderblättern (ca. 45 Min.)

Auf einem Tisch sind ca. 100 oder mehr Kalenderblätter (ca. 15x15 cm) mit Kunstwerken ausgebreitet, es können aber auch andere Kunstreproduktionen verwendet werden (Postkarten o. Ä.). Die Teilnehmer*innen werden aufgefordert: *Gehen Sie zum Tisch und wählen in Ruhe ein oder mehrere Bilder aus, die symbolisch für*

Ihr Praktikum stehen können. Anschließend setzen sich alle in einen Stuhlkreis. Nacheinander zeigen die Teilnehmer*innen ihr Bild und begründen, warum es für ihr Praktikum stehen kann (1–2 Min.). Naheliegende Rückfragen sind sinnvoll, die einzelnen Beiträge sollen aber nicht zu lang werden. Hier kann bereits der Hinweis erfolgen, dass noch Gelegenheit sein wird, näher auf Einzelsituationen und Begebenheiten am zweiten Tag einzugehen.

Die Übung zielt direkt auf den Gesamteindruck, welcher das Praktikum bei den/die Einzelne*n hinterlassen hat. Die Kunstwerke bieten eine Projektionsfläche, in die wesentliche Bedeutungen hineingelegt werden können, um sie dann in der Gruppe mitzuteilen. So gelingt recht schnell ein Einstieg in das Zentrum der Erfahrung mit allen positiven und negativen Aspekten. Neben den positiven Eindrücken werden auch größere Schwierigkeiten, Barrieren und Enttäuschungen mitgeteilt und kommen der Seminarleitung zur Kenntnis, die zu Beginn des Reflexionsseminars ein Stimmungsbild erhält und überlegen kann, wie weiter zu verfahren ist. Eine Option ist auch immer das Angebot von Einzelgesprächen bei Themen, die nicht in der Gruppe besprochen werden möchten.

13.1.2 Frage-Antworten nach Impulskarten (ca. 90–100 Min.)

Die Gruppe nimmt weiterhin im Stuhlkreis Platz. Es werden Aufgabenkarten zufällig verteilt (▶ Tab. 9), die nach und nach mit genügend Zeit beantwortet werden. Diese Impulse bieten die Gelegenheit, über verschiedene Themen ins Gespräch zu kommen und nicht zu lange bei einem Thema zu verweilen, es findet also Abwechslung statt. Hierdurch kommen möglichst alle in eine aktive Rolle. An jeder Antwort kann sich ein kurzer Austausch (Nachfragen, Ergänzen, Teilen von Erfahrungen) anschließen (ca. 5–7 Min.). Wenn noch Zeit zur Verfügung ist, werden die Karten neu verteilt. Einige Karten werden schriftlich oder durch eine Zeichnung beantwortet, die an die Tafel geheftet wird. Wenn ein*e Teilnehmer*in Zeit zum Nachdenken braucht, wird diese eingeräumt, jemand anders führt dann die Reihe fort. Vielleich erscheinen die Fragen auf den ersten Blick banal und vordergründig. Sie sind aber geeignet, wesentliche Motive des schulisch-professionellen Alltags für ein Gespräch aufzuschließen: Einzelbeobachtungen zu Schüler*innen, Lehrperson/Schüler*innen-Verhältnis, Rollenverständnis, Belastungssituationen, Planung und Durchführung von Unterricht, Impulse für das weitere Studium.

Tab. 9: Fragekarten (siehe *Download*)

Vollenden Sie den Satz: »Bei der Vorbereitung des Praktikums hätte ich mir mehr gewünscht …«. Sprechen Sie dann darüber.	Vollenden Sie den Satz: »Vor der Klasse zu stehen, ist für mich wie …«. Sprechen Sie dann darüber.	Vollenden Sie den Satz: »Das Praktikum hat für mein weiteres Studium die Folge, dass … Sprechen Sie dann darüber
Meckern Sie nach Herzenslust über Organisation, Durchführung, Betreuung,	Stellen Sie einem/einer Kommiliton*in eine gezielte Frage zur Vorbereitung oder	Stellen Sie in einer Körperhaltung (Mimik/Gestik) ihre*n Mentor*in dar. Spre-

Tab. 9: Fragekarten (siehe *Download*) – Fortsetzung

oder ... des Praktikums. Sprechen Sie dann darüber.	Durchführung seines/ihres Praktikums.	chen Sie über ihre Wahrnehmung.
Stellen Sie in einer Körperhaltung (Mimik/Gestik) dar, wie Sie sich nach dem ersten U-Versuch gefühlt haben, sprechen Sie dann darüber.	Schreiben Sie einen Rat an die Kommiliton*innen auf, die im nächsten Durchgang in das Praktikum gehen. Sprechen Sie dann darüber.	Erzählen Sie eine lustige Begebenheit aus dem Praktikum. Sprechen Sie dann darüber.
	Stellen Sie das Schüler-Lehrer-Verhältnis durch ein Symbol (kleine Zeichnung) dar und erläutern sie es den anderen.	

13.1.3 Gesprächsthema: Meine Lehrer*innenrolle finden (ca. 45–60 Min.)

Das Gespräch kann ebenfalls im Stuhlkreis stattfinden. Die Teilnehmer*innen werden aufgefordert:

- Erzählen Sie von Lehrer*innen aus Ihrer Schulzeit, bei denen der Unterricht angenehm und gut war, und von anderen, bei denen es nicht so war – begründen Sie, warum.
- Berichten Sie von Lehrer*innenpersönlichkeiten jetzt im Praktikum, die Sie beobachten konnten: Umgang mit der Klassenführung, Umgang mit Konflikten, mit Disziplinschwierigkeiten, mit schwierigen Schüler*innen, mit Gesprächsführung, mit Transparenz und Berechenbarkeit.
- Reden Sie über das Thema: So möchte ich sein und so nicht – begründen Sie ihre Aussagen.
- Sprechen Sie über das Annehmen der Lehrer*innenrolle für Sie persönlich. Wie ist das Verhältnis zu den Schüler*innen jetzt bei Ihnen? Was möchten Sie entwickeln und verändern? Was brauchen Sie dazu?
- Gibt es Themen zu diesem Bereich, die Sie für Ihr Studium aufgreifen können (Hausarbeit, Prüfungsthemen)?

13.1.4 Kunstunterricht reflektieren (ca. 2x 60 Min. mit einer Pause)

Die letzte Übung für Tag 1 ist das Anschauen von Unterrichtsprozessen und Ergebnissen. Die Teilnehmer*innen sind bereit, Fotos von ihrem Unterricht zu zeigen (Beamerpräsentation). Sie berichten über die Entstehung der Unterrichtsidee, die eigene Erprobung und Recherche und schließlich die Umsetzung. Im Verlauf der Vorbereitung sind genügend theoretische Aspekte erarbeitet worden, auf die man nun in der Gruppe gemeinsam zurückgreifen kann: Um die Reflexionen zu ergänzen, können Inhalte und Schaubilder des Seminars benutzt werden. Das Anwenden der Theorie auf die eigenen Unterrichtsversuche oder auf die der Kommiliton*innen bewirkt oft den entscheidenden Erkenntniszuwachs. Was vorher nur blasse Theorie war, wird nun vor dem Hintergrund der Praxis als hilfreich und bereichernd verstanden. Die Rolle der Seminarleitung liegt hier vor allem darin, Erweiterungen und Alternativen aufzuzeigen, an die die Teilnehmer*innen noch nicht denken.

> **Einige Führungsfragen zur Unterrichtsreflexion**
>
> - *Wie haben Sie das Unterrichten erlebt?* Wie ging es Ihnen mit der Rolle? Was hätten Sie noch gebraucht, um sich sicherer zu fühlen? Waren Sie gut vorbereitet?
> - Wie stehen die *Elemente* der Planung und Durchführung (Didaktischer Kreis) hier konkret im Zusammenhang? Wo gibt es Brüche?
> - Nach *Anschlussstellen* fragen: Warum sollten die Schüler*innen Anstrengungsbereitschaft entwickeln? Was hat der Unterricht mit ihnen zu tun, weshalb sollte Interesse und Motivation entstehen?
> - Gibt es einen *Kunstbezug*? Welche Kunst wurde thematisiert, welche kommt außerdem in Frage? Gibt es Kunstderivate, die hier hilfreich wären (visuelle Kultur aus Medien, Literatur, Illustrationen, populäre Filme, beliebte Medien und Bilder, die einen Bezug zum Thema darstellen und Brücken in die Kunstgeschichte bauen können)?
> - *Doppelte Loyalität* »Kind und Kunst« (Legler, 2011, S. 297): Kommen in der Aufgabe beide Seiten zu ihrem Recht? 1) Gibt es einen Anschluss an die Perspektive der Heranwachsenden und 2) ist die eingesetzt Kunst noch in ihrer Struktur erkennbar oder wird sie zugunsten einer Aufgabenstellung unangemessen vereinfacht?
> - Das *Stundenziel* befragen, umformulieren, präzisieren: »Worum ging es mir eigentlich?« Was passt dazu in der Aufgabenstruktur, was nicht?
> - Die *Struktur einer Aufgabenstellung, deduktive oder induktive Struktur* des Unterrichtsgegenstandes und passende Aufgabenstellung. Die Aufgabe und das Stundenziel zusammendenken.
> - Wurden die gestellten *Aufgaben ausreichend unterstützt?* Gab es genügend Hilfestellungen bei Überforderungssituationen, wurde im Vorfeld daran gedacht, etwas bereitzuhalten? Gab es weiterführende, sinnvolle Aufgaben für schnelle Schüler*innen?
> - *Methodenvielfalt*, Methodenwechsel und Rhythmus besprechen. Wie ist die Stundeneröffnung, Erarbeitung, Umsetzung, Reflexion methodisch strukturiert? Gibt es Möglichkeiten, die Phasen interessanter zu gestalten, mit mehr *Aktivität auf Seiten der Schüler*innen*: Kleingruppenphasen, Zwischenübungen, Zwischenreflexionen, Lockerungsübungen, Lernbuffet, Lernstationen, vertiefende Übungen, Einbeziehung von Literatur, Höreindrücken, Köperübungen?

- Hatte die *Reflexion* am Ende einen Bezug zur Erarbeitung zu Beginn der Stunde oder fiel die Reflexion schwer? Warum war das so?
- *Alternativen* entwickeln: anderes Material, andere Aufgabenstellung, Einbeziehung von Körperübungen, andere künstlerische Technik, anderer Aufbau der Stunde.
- Was kann an den *Schüler*innenergebnissen* abgelesen werden? Wie wurde die Aufgabe angenommen und umgesetzt? Welche Vorübungen wären sinnvoll gewesen, weil offenbar Probleme aufgetaucht sind?
- Erweiterung und *Weiterarbeit*: in anderen künstlerischen Techniken das Thema fortführen, kunstgeschichtliche Stunden einfügen.
- Struktur von *Reihenplanungen* durchdenken: Wie könnte eine U-Reihe oder ein *Projekt* zu dieser Stunde aussehen?

Abb. 36: Eigenen Unterricht reflektieren (siehe *Download*)

13.2 Nachbereitung – Tag 2: Kooperative Beratung (KB)

Tag 2 der Nachbereitung wird mit der Beratungsmethode der Kooperativen Beratung nach Wolfgang Mutzeck gestaltet. Eine Beratungsmethode ist nicht allein durch Textstudium zu erlernen, dennoch möchte ich sie hier darstellen, weil ich gute Erfahrungen im Seminarzusammenhang gemacht habe und in der Einbeziehung der Beratung eine Möglichkeit sehe, schulisch-professionelle Situationen vertiefter zu reflektieren und nicht nur recht oberflächlich davon in der Gruppe zu erzählen. Vielleicht kann diese Darstellung Anregung sein, sich mit dieser oder einer anderen Beratungsmethode zu befassen und sie in die Seminararbeit einzubeziehen. Das ursprüngliche Modell der KB ist umfangreicher als das hier vorgestellte. Mutzeck hat sein Modell allerdings vielfach für verschieden Beratungssituationen variiert (Coaching, Unterrichtsreflexionen für Lehrer*innen, Supervision, Gruppensupervisionen, Beratung mit Kindern u. a., siehe *Methodenbuch*, Mutzeck, 2008b). Ich habe das Modell für das Nachbereitungsseminar vereinfacht, 1) weil das Gespräch somit nicht mehr so lange dauert und 2) weil die ursprüngliche, vertiefte Version für Anfänger*innen zu komplex erscheint, denn die Teilnehmer*innen sollen nach einem Demonstrationsgespräch selbst aktiv werden und Gespräche führen und dies ist in dieser angepassten Version bereits möglich. Ein Gespräch dauert ca. 60 Min., in der Urversion ca. 120 Min.

> **Warum eine spezielle Form der Gesprächsführung?**
>
> In der kooperativen Beratung spielt das *genaue Verstehen* eine herausragende Rolle, das durch den Dialogkonsens immer wieder gesichert wird. In Alltagsgesprächen wird oft nicht genug nachgefragt, ob die Darstellungen auch richtig verstanden wurden. Gerade bei komplexen Sachverhalten sind Alltagsgespräche häufig eine Aneinanderreihung von Missverständnissen. Die Gesprächsteilnehmer*innen nehmen zwar an, verstanden zu haben, ergänzen aber viele Details aus der eigenen Lebenserfahrung und Perspektive, ohne dies durch Nachfragen abzusichern. Daher wird im Dialogkonsens nachgefragt: *Habe ich das richtig verstanden, ist es richtig, wenn ich sage: ..., Kann man das auch so ausdrücken: ... Kann ich das so zusammenfassen: ...* Die beratende Person wiederholt also wörtlich das Gehörte (spiegeln) oder paraphrasiert es, nicht ohne nachzufragen, ob die Paraphrasierung auch zutrifft, und bittet um Ergänzung oder Korrektur.

Das Beratungsgespräch unterscheidet sich weiter von einem herkömmlichen Gespräch dadurch, dass *Erklärungen und Ratschläge* möglichst weit aufgeschoben werden und die Ursachensuche erst am Schluss eine Rolle spielt (Mutzeck, 2008a, S. 94). In Alltagsgesprächen wird recht schnell zurückgemeldet: *Das kenne ich, dann würde ich dies oder jenes machen.* Die Ratschläge sind gut gemeint, man will möglichst schnell helfen und eine Lösung finden, diese Ratschläge passen jedoch nicht unbedingt zu den Ratsuchenden, sondern vielmehr zu den Ratgebenden und beenden vorschnell das genaue Betrachten, Beschreiben und Analysieren der Situation. Wir alle kennen Gespräche, in denen uns die gut gemeinten Ratschläge als unannehmbar erscheinen, weil sie noch nicht oder gar nicht zu uns passen. Die Ratschläge helfen dann nicht, sondern werden sogar als Last erlebt. In der Kooperativen Beratung werden Situationen genauer und vertiefter dargestellt und beleuchtet.

Der *Perspektivwechsel* ermöglicht zudem eine Erweiterung der Wahrnehmung aus der Sicht der Konfliktpartner*innen, ohne deren Sicht zu übernehmen. Bewertungen und Annahmen über die Ursachen eines Konflikts und daraus hervorgehende Ratschläge beinhalten immer – bewusst reflektiert oder nicht – *eine Theorie über die Ursachen eines Problems oder eines Konfliktes*. Ist eine Theorie aber erst einmal formuliert, fällt es schwer, sie wieder zu hinterfragen, zu erweitern und neue Aspekte hinzuzuziehen. Häufig sind diese voreiligen Theorien auch von Gefühlen überformt, insbesondere, wenn es sich um Konflikte handelt, die von Selbstzweifeln und Befürchtungen begleitet werden. Daher werden Theoriebildungen im Beratungsgespräch erst nach dem Perspektivwechsel einbezogen und auch die *Warum*-Frage im ersten Teil zunächst ausgeklammert, denn die Frage nach dem *Warum* ist immer auch die Frage nach Begründungen und Erklärungen und somit nach einer Theorie. Wertungen, Theorien und Ratschläge hinauszuschieben, fällt den Seminarteilnehmer*innen häufig schwer. Der Sinn der Übung wird jedoch im Verlauf der Gespräche schnell deutlich. Wenn ich nach den Übungen frage, ob es die Teilnehmer*innen in den Kleingruppen geschafft haben, keine Ratschläge zu erteilen, wird häufig schmunzelnd zugegeben, dass es noch nicht geklappt hat. Dies stellt kein Problem dar und gehört zum Lernprozess.

13.2.1 Grundlagen der kooperativen Beratung (KB)

Die Grundlagen der KB können hier nur in der gebotenen Kürze angerissen werden, für eine vertiefende Darstellung verweise ich auf die Literatur (Mutzeck, 2008a). Die kooperative Beratung ist keine Therapie und grenzt sich von ihr ab. Sie ist ein klar definiertes und strukturiertes Gesprächs-Setting, das eine klare Rollenverteilung (Ratsuchende und Berater*in) vorsieht. Zwar werden auch Gefühle angesprochen, weil diese stark handlungsleitend sind, es wird aber nicht therapeutisch mit weit zurückliegenden, biografischen Inhalten gearbeitet. Wird im Gespräch deutlich, dass das eingebrachte Anliegen nicht mit der KB bearbeitet werden kann und therapeutische Maßnahmen notwendig sind, wird dies von dem/der Berater*in benannt, das Gespräch nicht weitergeführt und nach Alternativen gesucht – dies ist aber die Ausnahme.

Die KB steht in der Tradition eines *humanistischen und personenzentrierten Menschenbildes*, wie es etwa Carl Rogers und Anne-Marie Tausch/Reinhard Tausch entwickelt haben. Dem/der Einzelnen wird Handlungskompetenz zugetraut, die Fähigkeit, selbständig zu reflektieren, zu kommunizieren und zu handeln und selbständig Lösungen für schwierige Lebenssituationen zu finden (Mutzeck, 2008a, S. 50–56). Daher ist der oder die Berater*in nicht der/die Expert*in, der bzw. die die Lösung kennt und mitteilt, sondern ein*e Begleiter*in, der/die die eigenen Ressourcen der Ratsuchenden anspricht und hervorzuholen hilft. In der KB wird nicht mit Widerstand gearbeitet, sondern mit dem Material, das die Ratsuchenden freiwillig einbringen. Die Ratsuchenden werden ermutigt, Unstimmigkeiten und Unklarheiten stets rückzumelden, um sie möglichst auszuräumen. Ratsuchende werden nicht behandelt, sondern in einen selbstbestimmten Dialog geführt, allerdings mit einer transparenten Gesprächsstruktur, die sich von Alltagsgesprächen unterscheidet.

»Somit ist das Menschenbild, das die Grundlage einer Beratungskonzeption bildet, mehr als ein philosophisches Problem. Es entscheidet mit darüber, wie mit den an einer Beratung teilnehmenden Personen umgegangen wird, d. h. welche Fähigkeiten ihnen zugestanden und welche genutzt und gefördert werden. Da gerade beim Menschen geistige und emotionale Fähigkeiten durch Wachstum und Reifung gekennzeichnet sind (Maslow/Tausch/Rogers), kommt es darauf an, Situationen zu schaffen, die ein Ausbilden und Weiterentwickeln fördern« (Mutzeck, 1996/2008, S. 50).

Die subjektive Konstruktion von Wirklichkeit der Ratsuchenden wird genau beschrieben und durch einen Perspektivwechsel (▶ Kap. 13.2.3) möglichst erweitert. Sie ist auch die Grundlage für die subjektiv passende Lösungsfindung und Umsetzung der Lösung.

13.2.2 Darstellung der Übungen

Tab. 10: Übungsformen zur Kooperativen Beratung

Version a: Der ganze Tag (5–6 Stunden)	Version b: Reduzierte Übung zum Perspektivenwechsel (ca. 2 Stunden)
➤ Einfügungsvortrag zur Methode (15–20 Min.) ➤ Kleine Übung Dialogkonsens (20 Min.) ➤ Demo-Gespräch, Seminarleitung mit einem/einer Teilnehmer*in ➤ vor der Gruppe (60–90 Min.) ➤ Gesprächsreflexion, Nachfragen ➤ üben in 3er Gruppen (Triaden), ca. 2–3 Stunden inkl. Pausen ➤ Pause ➤ Gesamtreflexion im Plenum	➤ Einführung der Methode (10 Min.) ➤ Demo-Gespräch »Perspektivenwechsel«, Seminarleitung mit einem/einer Teilnehmer*in vor der Gruppe (ca. 10 Min.) ➤ Gesprächsreflexion, Nachfragen ➤ üben in 3er Gruppen (Triaden), ca. 1 Stunde inkl. Pause ➤ Gesamtreflexion im Plenum

Im Nachbereitungsseminar verwende ich in der Regel einen ganzen Tag auf die KB (Version a). Es ist aber auch möglich, eine reduzierte Version durchzuführen (Version b), die nur den Perspektivwechsel beinhaltet (▶ Tab. 10). Im Folgenden beschreibe ich die Version, die den ganzen Tag umfasst.

Gegenstand und Thema für eine Kooperative Beratung kann jede Situation sein, die im Praktikum auftaucht und als belastend oder herausfordernd erlebt wird: Konflikte mit Schüler*innen, Verhältnis zu dem/der Mentor*in, eigenes Zeitmanagement bei der Planung und Vorbereitung des Unterrichts, Disziplinprobleme, Finden der eigenen Rolle als Lehrer*in, Verlauf eines selbstgehaltenen Unterrichts u. v. m. Es ist wichtig, dass keine »ausgedachten« oder konstruierten Situationen eingebracht werden, sondern nur solche, die im Praktikum tatsächlich erlebt wurden und die bei den Praktikant*innen eine echte Beteiligung ausgelöst haben und sie noch beschäftigen.

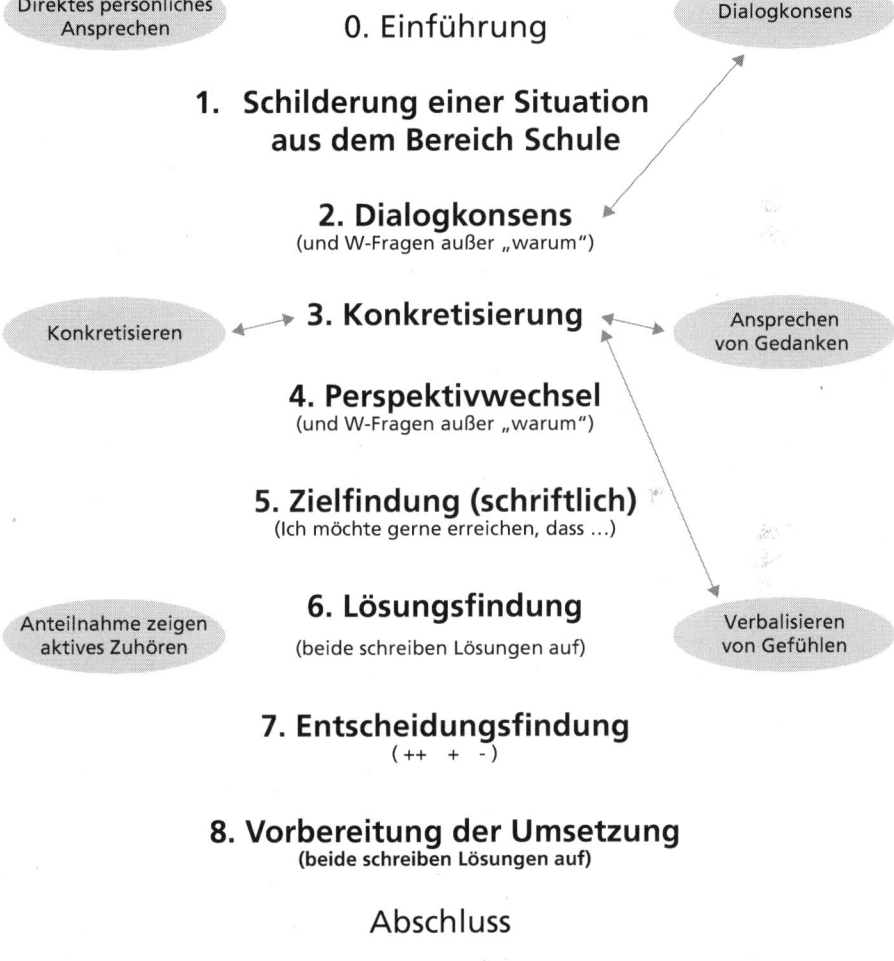

Abb. 37: Gesprächsablauf kooperative Beratung (in Anlehnung an Mutzeck, 2008a, S. 82; siehe *Download*)

Kurzvortrag und Übung zum Dialogkonsens

Zu Beginn des Seminartages hält die Seminarleitung einen Kurzvortrag zur Methode der KB (15–20 Min.) und spricht über Herkunft, Menschenbild und das Grundverständnis von Beratung. *Die Studierenden erhalten den Gesprächsablauf als Handout und können sich Notizen machen* (▶ Abb. 37, Handout S. 187 f.). Der Ablauf des Tages wird mit seinen Übungen vorgestellt, das Demo-Gespräch (ca. 1 Stunde) wird angekündigt und in die Gruppe gefragt, wer sich vorstellen könnte, ein Anliegen aus der Praktikumserfahrung einzubringen. Dies wird in der Regel zunächst mit verständlicher Zurückhaltung aufgenommen, weil die Teilnehmer*innen nicht wirklich wissen, was auf sie zukommt. In aller Regel findet sich aber ein*e Teilnehmer*in, der/die bereit ist, das Gespräch mit der Seminarleitung vor der Gruppe zu führen, auch weil es tatsächlich Erlebnisse aus dem Praktikum gibt, die noch nicht hinreichend bearbeitet wurden und bei einigen ein echter Bedarf besteht. Um einen kleinen ersten Einblick in die Methode zu vermitteln, kann nach dem Vortrag eine *Übung zum Dialogkonsens* (2 Personen üben miteinander, ca. 15 Min.) durchgeführt werden. Wieder demonstriert zunächst die Seminarleitung mit einem/einer Freiwilligen. Die beiden Gesprächspartner*innen setzen sich über Eck an einem zentralen Tisch im Raum. Nicht so geeignet ist das Gegenübersitzen, weil die Gesprächspartner*innen dann zu wenig Möglichkeiten haben, den Blick von dem/der Partner*in weg im Raum umher schweifen zu lassen, was aber wichtig für das Nachdenken ist. Die Übung kann folgendermaßen eingeleitet werden:

> Erzählen Sie bitte, wie Sie heute Morgen hierhergekommen sind, vom Aufstehen bis zum Seminarraum. Erzählen Sie nur, was Sie erzählen möchten, ich versuche dann, alles so gut ich kann wiederzugeben. Wenn ich etwas nicht ganz richtig wiedergebe, korrigieren Sie mich bitte. Sagen Sie es, wenn Sie etwas stört.

Der oder die Teilnehmer*in berichtet von seinem/ihrem morgendlichen Ablauf und dem Weg zum Seminar. Die Seminarleitung wiederholt nach einer gewissen Zeit, was sie verstanden hat: Spiegeln, paraphrasieren, nichts hinzufügen, nachfragen, ob es so richtig wiedergegeben wurde, um Korrektur bitten. Bei Unklarheiten kann nachgefragt werden (W-Fragen außer der Warum-Frage). Dann können die Rollen getauscht werden. Nach der Übung wird im Plenum kurz reflektiert, wie sie erlebt wurde, und es besteht die Gelegenheit zum Nachfragen.

13.2.3 Demogespräch, Darstellung der Schritte

Nach einer Pause wird nun das Demo-Gespräch durchgeführt. Ein*e Freiwillige*r setzt sich mit der Seminarleitung über Eck an den Tisch, es liegen Stifte und Papier für Notizen bereit, alle Notizen bekommen anschließend die Ratsuchenden. Das Gespräch dauert ca. eine Stunde. Die Außengruppe hört nur zu und macht sich ggf. Notizen, die übrigen Teilnehmer*innen können sich nicht aktiv in das Gespräch einschalten. In Abbildung 37 ist das gesamte Beratungsgespräch dargestellt. Die Punkte 0–8 stellen die einzelnen Gesprächsschritte dar, die im Folgenden einzeln beschrieben werden. Die grauen, ovalen Felder rechts und links beinhalten Gesprächsaspekte, die übergreifend in dem Gespräch immer wieder eine Rolle spielen. Die Pfeile verweisen auf Gesprächsschritte, in denen diese Elemente eine besondere Bedeutung bzw. ihren Platz haben, teilweise sind die Schritte mit den übergreifenden Prinzipien identisch. Die Quadrate unten bezeichnen organisatorische und allgemeine Voraussetzungen, die für ein Gelingen notwendig sind.

Schritt 0 – Einführung

Zur Einführung gehört, den Ratsuchenden das Gesprächsmodell in wenigen Worten vorstellen: Der zeitliche Rahmen und die Übung des Perspektivwechsels werden kurz erwähnt. Wichtig ist, darauf hinzuweisen, alle Störungen und Unklarheiten gleich zu benennen, um sie möglichst auszuräumen. Durch den Kurzvortrag ist das meiste davon aber bereits den Teilnehmer*innen bekannt. In die Einführung gehört zudem noch das Versichern der Vertraulichkeit. Der/die Berater*in versichert, dass alle Informationen (Orte, Namen, Sachverhalte), die zur Sprache kommen, im Raum bleiben, vertraulich behandelt und in keinem anderen Kontext weitergegeben werden. *Dies versichert auch die gesamte Seminargruppe, die dem Gespräch beiwohnt.* Die Vertraulichkeit ist eine sehr wichtige Voraussetzung für ein gelingendes Beratungsgespräch und ernstzunehmen.

Schritt 1 und 2 – Schilderung einer Situation und Dialogkonsens

Der/die Berater*in spricht den/die Ratsuchende*n mit Namen an – hier in der Sie-Form – und fordert ihn/sie auf, sein/ihr Anliegen zu schildern, um das es geht:

> Herr/Frau …, erzählen Sie von ihrem Anliegen, worum geht es? Ich werde ein paar Fragen stellen, wenn ich nicht genau verstanden habe. Nach einer Zeit werde ich Sie unterbrechen und wiedergeben, was ich verstanden habe. Wenn ich etwas Falsches sage, korrigieren Sie mich bitte.

Wenn sich mehrere Themen mischen und der oder die Ratsuchende sich nicht entscheiden kann, worum es gehen soll, weil die Dinge komplex zusammenhängen, versucht der/die Berater*in eine Klärung herbeizuführen. Manchmal ist es sinnvoll, Themen zu trennen, manchmal gehören sie doch zusammen, das ergibt sich im Gespräch. Es kann sinnvoll sein, einige Symbole für Personen und deren Beziehungen auf einem bereitliegenden Bogen Papier aufzuzeichnen (Visualisierung), wenn viele Personen, z. B. Personengruppen aus dem Lehrer*innenkollegium, involviert sind. Die Visualisierung hilft, Übersichtlichkeit herzustellen und im Gespräch darauf zurückzukommen. Bei Notizen wird immer gefragt, ob der/die Ratsuchende diese gestattet. Der/die Ratsuchende erhält die Notizen am Ende des Gesprächs. Der bzw. die Berater*in fragt mit W-Fragen, außer der Warum-Frage, nach, um ein noch klareres Bild zu erhalten, und sichert alles im Dialogkonsens ab.

Schritt 3 – Konkretisierung

In der Konkretisierung fordert der/die Berater*in auf, eine prägnante Situation zu schildern, in der das Problem besonders deutlich geworden ist:

> Bitte schildern Sie jetzt einmal eine Situation, wo das Verhalten von Jens ganz besonders deutlich war.

Nach der Schilderung fragt der/die Berater*in nach Gefühlen und Gedanken:

> Als das so war, in dieser Pause, was ist Ihnen da durch den Kopf gegangen? Was haben Sie gedacht? Welches Gefühl hat sich dabei eingestellt?

Gefühle und Gedanken können sinnvoll nur im Zusammenhang mit einer konkreten Situation ausgedrückt werden, daher ist es wichtig, die Frage an eine solche zu knüpfen. Es sollte genügend Zeit hierbei eingeräumt werden, ggf. nachgefragt werden:

> Da war Erstaunen und Unverständnis bei Ihnen, war da noch etwas? Erinnern Sie sich noch einmal genau, nehmen Sie sich genügend Zeit!

Schritt 4 – Perspektivwechsel (PW)

Der/die Berater*in schlägt einen Perspektivwechsel vor. Wenn Probleme oder Konflikte mit anderen Personen bearbeitet werden, ist die Sichtweise auf eine Situation oder den/die Konfliktpartner*in häufig durch negative Gefühle (Angst, Befürchtungen, Selbstzweifel, Misstrauen) verengt. Der Perspektivwechsel kann wieder zu einer Erweiterung der Wahrnehmung führen. Dafür stellt der/die Berater*in einen weiteren Stuhl bereit.

> Wir könnten jetzt eine kleine Übung machen, ich hatte sie schon kurz erwähnt: Sie gehen einmal für 5–10 Min. in die Rolle von Jens. Können Sie sich das vorstellen? Sie setzen sich auf den anderen Stuhl und ich spreche Sie mit Jens an. Dann stelle ich Ihnen als Jens ein paar Fragen. Wenn Sie die nicht beantworten können, sagen Sie es einfach, dann stelle ich eine andere Frage. Sagen Sie uns kurz, wie Jens aussieht und wie alt er ist, dass wir ihn uns in etwa vorstellen können.

Der Perspektivwechsel ist keine einfache Übung, meistens kommt er aber im Gespräch zustande. Wenn die Ratsuchenden sich nicht in der Lage sehen, den PW vorzunehmen, kann man auch indirekt fragen:

> Was meinen Sie: Ist Jens in der Klasse integriert? Hat er Freunde? Kommt er gerne zur Schule? Wie ist das Verhältnis zu seinen Lehrer*innen? Was sind seine Lieblingsfächer?

Die Ratsuchenden werden versuchen, diese Fragen zu beantworten. Nach dem PW fordert der/die Berater*in den/die Ratsuchende*n auf, sich zurück auf den eigenen Stuhl zu setzen, der leere Stuhl bleibt zunächst noch stehen. Der bzw. die Berater*in spricht den/die Ratsuchende*n wieder mit dem eigenen Namen an:

> Frau/Herr ..., was ist Ihnen im Perspektivwechsel deutlich geworden?

Der/die Ratsuchende erzählt, wie er/sie den PW erlebt hat, und berichtet, wie er oder sie Jens und die Gesamtsituation jetzt sieht. Hat sich etwas verändert? Der/die Berater*in bietet danach an, auch seine/ihre Sichtweise mitzuteilen: *Möchten Sie wissen, wie ich das Gespräch mit Jens erlebt habe?* Der/die Berater*in ergänzt dann die Sicht der Ratsuchenden mit seiner/ihrer eigenen. Nach dem PW wird nun das erste Mal nach einer Theorie (dem *Warum*) gefragt:

> Können Sie sich vorstellen, warum Jens so handelt? Was hat Jens von seinem Verhalten? Profitiert er irgendwie davon? Haben Sie eine Idee, warum Sie das so beschäftigt? Erinnern Sie sich an andere Jugendliche, denen Sie schon begegnet sind, die auch so waren wie Jens? Was haben Sie damals gemacht? Wieso reagiert die Lehrerin so auf Jens, was meine Sie?

Nach dem PW ist es sinnvoll, einen Dialogkonsens des gesamten Gesprächs, inklusive PW, durchzuführen. Die Notizen können dabei helfen, alle wichtigen Informationen zusammenzufassen, dann wird gefragt: *Habe ich etwas vergessen? Fehlt noch etwas?*

Schritt 5 – Zielfindung

In der Zielfindung soll der/die Ratsuchende *ein* Ziel aufschreiben, das sich aus dem bisherigen Gespräch ergibt. Die *schriftliche* Formulierung kann beginnen mit:

> Ich möchte erreichen, dass ...
> Ich hätte gerne erreicht, dass ...

Es soll nur *ein* Ziel notiert werden, obwohl man wohl viele unterschiedliche Ziele formulieren könnte. So bleibt die Aufgabe übersichtlich und stellt keine Überforderung dar. Der/die Berater*in achtet darauf, dass das Ziel nicht »zu groß« ist, also auch eine realistische Umsetzungsmöglichkeit besteht. Außerdem soll das Ziel so formuliert sein, dass die Handlungsimpulse bei dem/der Ratsuchenden liegen und nicht bei einer anderen Person. Das Ziel soll *sprachlich positiv formuliert* sein, also *keine Verneinung* enthalten. Das Ziel wird notiert und auf den Tisch gelegt. Der/die Berater*in fordert auf:

> Lesen Sie Ihr Ziel noch einmal laut vor, stimmt es so? Wollen Sie es verändern? Passt es?

Der/die Berater*in darf Formulierungsvorschläge machen, allerdings hat das letzte Wort immer der oder die Ratsuchende. Wenn die Ziele zu unrealistisch sind, weist der/die Berater*in darauf hin und regt eine Alternative an.

Schritt 6 – Lösungsfindung

Für die Lösungsfindung liegen ca. 20 Zettel (Größe von Karteikarten) und Kulis bereit. Ratsuchende*r und Berater*in schreiben getrennt voneinander ihre Ideen auf, wie man das formulierte Ziel erreichen kann.

> Schreiben Sie jetzt still für sich ihre Ideen auf, wie Sie das Ziel erreichen können, ich mache das auch. Denken Sie noch nicht darüber nach, ob die Lösungen auch realistisch sind oder ob man das auch wirklich umsetzen könnte. Darüber denken wir später nach. Schreiben Sie alles auf, was Ihnen in den Sinn kommt, einfach alles. Nehmen Sie für jede Lösung einen neuen Zettel.

Die zuhörende Außengruppe kann auch Lösungsvorschläge notieren, diese werden dem/der Ratsuchenden später übergeben.

Schritt 7 – Entscheidungsfindung

In Schritt 7 werden die unterschiedlichen Lösungen sortiert, dafür gibt es drei Sparten, diese werden durch Symbole (auf Papier) gekennzeichnet:

- Unter die *beiden Plus-Zeichen* (++) werden Lösungen gelegt, die gut umsetzbar sind und die man ohne weiteres angehen könnte.
- Unter das *einzelne Plus-Zeichen* (+) werden Lösungen gelegt, die man gerne umsetzen möchte, weil sie wichtig sind, bei denen man aber Schwierigkeiten sieht, die einer Umsetzung im Wege stehen.
- Zu dem *Minus-Zeichen* (-) werden Lösungsvorschläge gelegt, welche der/die Ratsuchende nicht für geeignet hält.

Zunächst liest der/die Ratsuchende die eigenen Lösungen laut vor und sortiert sie, ggf. kann der/die Ratsuchende dazu laut nachdenken, damit die Entscheidungen nachvollziehbar werden. Der/die Berater*in kommentiert die Sortierung nicht, sondern akzeptiert sie so, wie sie ist, auch wenn er/sie anderer Meinung ist. Wenn der/die Ratsuchende fragt: *Wie soll ich das sortieren, ich weiß es nicht ...?* können

Ratsuchende*r und Berater*in das *Für und Wider* kurz gemeinsam abwägen, der/die Berater*in gibt aber nicht vor, wo die Lösung einzuordnen ist.

Danach liest der/die Ratsuchende die Lösungen dem/der Berater*in laut vor und sortiert diese ebenfalls unter die drei Kategorien, auch hier akzeptiert der/die Berater*in die Entscheidung, ohne einzuschreiten. Wenn noch Zeit ist, können auch noch die Lösungen der Gruppe sortiert werden, dies kann aber auch noch später, nach dem Gespräch erfolgen, wenn die Zeit ausreicht.

Schritt 8 – Vorbereitung der Umsetzung

In Schritt 8 entscheidet sich der oder die Ratsuchende für *eine Lösung*. Vorher fragt der/die Berater*in:

> Schauen Sie noch einmal auf ihre »++ Sortierung«, möchten Sie noch etwas umsortieren?

Zumeist kommt die gewählte Lösung aus der Kategorie, es kann aber auch jede andere Lösung gewählt werden. Nun wird die Umsetzung der Lösung besprochen:

> Was könnte Sie hindern, die Lösung umzusetzen? Gibt es Hemmnisse in Ihnen, also bei Ihnen selbst? Gibt es Hemmnisse, die von außen kommen, z. B. mangelnde Zeit im Tagesablauf? Was könnte da helfen?

Es wird also nach Hemmnissen gefragt, die von außen und von der Person selbst kommen. Dann wird gefragt, wie die Hemmnisse überwunden und abgebaut werden könnten.

> Könnten Sie jemanden bitten, Sie zu begleiten? Gibt es jemanden, der Sie an Ihr Vorhaben erinnern könnte? Könnten Sie sich eine Erinnerung in Ihr Handy schreiben, damit Sie Ihr Vorhaben nicht vergessen oder immer wieder aufschieben?

Bei der Befragung kann auch als Ergebnis stehen, dass das Ziel und die Lösung doch überfordernd sind und noch einmal überdacht werden müssen. In Seminaren stand häufig auch als Ergebnis am Ende, sich vermehrt im Studium mit den erlebten Praktikumsthemen theoretisch auseinanderzusetzen, Seminare dazu zu besuchen oder Hausarbeiten dazu zu schreiben, die Themen also in das Studium zu integrieren: Unterrichtsstörungen, Lehrer*innenrolle, Schulleben, schwierige Schüler*innen, häusliche Gewalt, sexueller Missbrauch, Drogenprobleme, Unterrichtsplanung, Selbstverletzung bei Schüler*innen, Mobbing, häufiges Fehlen usw.

Schluss

Am Ende des Gesprächs bedankt sich die Seminarleitung bei dem oder der Teilnehmer*in für die Bereitschaft, mitzuarbeiten und das Gespräch vor der Gruppe durchgeführt zu haben. Sie fragt ein letztes Mal, ob noch etwas zu sagen bleibt, ob noch etwas fehlt, bevor das Gespräch gleich beendet wird. Dann wird die Gruppe in eine Pause entlassen (mindestens 30 Min.).

Gesprächsreflexion

Nach der Pause wird im Plenum Gelegenheit geboten, das Gespräch in seinem Ablauf zu reflektieren und Fragen zu stellen. Es soll nicht mehr auf den Fall (Inhalt) des Gesprächs eingegangen werden, obwohl bei der Gruppe häufig das Bedürfnis besteht, über das Anliegen weiter zu diskutieren. Dies kann aber besser in Nebengesprächen geschehen, auch weil der/die ratsuchende Teilnehmer*in vor der Gesamtgruppe zu sehr im Fokus stehen würde, was unangemessen erscheint. Wenn das Bedürfnis der inhaltlichen Auseinandersetzung sehr groß ist (sexuelle Gewalt, häusliche Gewalt), kann das Thema in allgemeiner Form, losgelöst von dem konkreten Fall, später noch einmal aufgegriffen werden.

Wichtig ist es aber auch, den Gesprächsverlauf, also die Methode der KB zu besprechen und aufzuzeigen, *dass die Gesprächstechniken auch im Schullalltag gute Anwendungen finden können.* So können der Dialogkonsens, die Lösungs- und Entscheidungsfindung sowie die Begleitung bei der Umsetzung einer Lösung wichtige Gesprächstechniken sein, die im Elterngespräch oder im Gespräch mit Kolleg*innen hilfreich sind.

Übungen in Triaden

Nach dem Demogespräch und der Reflexion gehen die Studierenden in Dreiergruppen (Triaden), um nun selbst mit der Kooperativen Beratung zu üben.

Übung 37

Gespräche zu Dritt mit der Kooperativen Beratung führen (siehe Handout dazu)
 Finden Sie sich zu Dritt zusammen, um die KB zu üben. Verteilen Sie die Rollen und erproben Sie ein Beratungsgespräch. Das Handout skizziert noch einmal die Schritte zur Unterstützung. Wenden Sie sich bei Fragen an mich. Führen Sie ein oder zwei Gespräche durch, wechseln Sie bei dem zweiten Gespräch die Rollen.

Während die Gruppen üben, geht die Seminarleitung herum und fragt, ob Anregungen benötigt werden oder sich Fragen ergeben haben, die das Gespräch blockieren. Die häufigsten Schwierigkeiten ergeben sich, weil

- die Rollenverteilung nicht eingehalten wird.
- die Berater*innen Theorien und Ratschläge einbringen, diese dann diskutiert werden, dadurch die Gesprächsstruktur zerfällt und zum Alltagsgespräch übergegangen wird.
- der Perspektivwechsel nicht gelingt und der Rollenwechsel nicht wirklich vollzogen wird (kein Stuhl wurde bereitgestellt, der/die Rollenspieler*in wird nicht mit anderem Namen angesprochen, es gelingt kein sinnvoller Dialog).

In der Regel verlaufen die Gespräche aber erfolgreich, auch wenn nicht immer alles so umgesetzt wird wie vorgesehen.

Gesprächsreflexion nach den Übungen

Die Reflexion nach den Gesprächen im Plenum ist ebenfalls sehr wichtig und verläuft analog zu der Reflexion nach dem Demogespräch (siehe oben).

Handout für die Übung: Kooperative Beratung – siehe dazu auch
▶ Abb. 37
Schulische Situationen oder Unterrichtsphasen anschauen und reflektieren

Die Ziffern bezeichnen den aktuellen Schritt des Beratungsgesprächs.

Ablauf
Dreier-Gruppe bilden und Rollen verteilen: Wer stellt eine Situation dar (Ratsuchende*r), wer berät (Berater*in), wer ist Beobachter*in?
Beginn des Gesprächs: Ratsuchende*r stellt eine Situation dar (**1**); Berater*in führt Dialogkonsens (**2**) durch, bis die Situation gut verstanden wurde und stellt W-Fragen, außer Warum; (**3**) Konkretisierung, Gedanken und Gefühle ansprechen.

Perspektivwechsel (4):

➤ (Anschlussfrage: Was ist dir deutlich geworden?)
➤ Frage nach Gründen/Funktionen von Verhalten/Mustern
➤ Dialogkonsens über das gesamte bisherige Gespräch, inklusive PW

Zielfindung (5): *Ratsuchende*r* legt ein *realistisches*, konkretes Ziel fest

➤ Ich würde gerne erreichen, dass ...

Lösungssuche (6):

➤ Beide schreiben getrennt Lösungsmöglichkeiten auf

Entscheidungsfindung (7):

➤ Die Zettel werden vorgelesen (erst die Zettel des/der Ratsuchenden, dann alle Zettel des/der Berater*in, Ratsuchende*r liest alles vor).

Nur die Ratsuchenden bewerten die Lösungsvorschläge (auf Tisch legen und unter Symbole sortieren, laut dabei nachdenken (wieso, weshalb).

Symbole:
++ ist gut geeignet, das kann ich machen
+ käme in Frage, aber ... (passt aus irgendeinem Grund dann doch nicht)
- nein, würde nicht funktionieren

Vorbereitung der Umsetzung (8):

➤ Beide überlegen, welcher Schritt nun angegangen wird, was unterstützten könnte, was hinderlich ist; innere und äußere Hemmnisse, Unterstützungsmöglichkeiten besprechen.

Feedbackrunde im Anschluss: Reflexion – Nachbetrachtung zu dritt:
Wichtig: Bitte Reihenfolge beachten, die Feedbacks nicht unterbrechen!

1. *Ratsuchende*r* hat das erste Wort, der/die Ratsuchende beginnt und äußert sich: Was hat mir geholfen, was hat mich unterstützt? Was war hinderlich? Habe ich neue Anregungen bekommen?
2. *Berater*in* äußert sich danach, schildert, wie er/sie die Beratung erlebt hat.
3. *Beobachter*in* äußert sich zuletzt, ergänzt seine/ihre Beobachtungen.
4. *Austausch ohne Regeln:* offenes Gespräch, informelles Gespräch ist jetzt möglich.

Beendigung des Nachbereitungsseminars

Nach der Reflexionsrunde zu den Gesprächsübungen zur Kooperativen Beratung wird in einem letzten Plenum auf das gesamte Modul zurückgeschaut: Vorbereitung, Durchführung und Nachbereitung. Die Gruppe hat seitdem viel Zeit miteinander verbracht und ist wichtige Schritte des Nachdenkens und Erprobens miteinander gegangen. Jetzt ist noch einmal Gelegenheit, letzte Fragen zu stellen und sich gegenseitig ein Feedback zu geben.

Gesprächsangebot: Die Seminarleitung bietet über das Modul hinaus Gespräche an, ob mit der Kooperativen Beratung oder ohne. Es wird auch noch einmal angesprochen, dass es wichtig ist, aufkommenden Zweifeln am Berufswunsch nachzugehen und nicht wegzuschieben. Auch zu diesem Thema ist die Seminarleitung im vertraulichen Rahmen weiterhin ansprechbar und steht für Gespräche zur Verfügung.

14 Einen Praktikumsbericht verfassen

Nachdem das Praktikum und die Nachbereitung beendet sind, besteht eine wichtige individuelle Reflexionsleistung in dem Verfassen eines Praktikumsberichts, der dann auch die Grundlage für eine Bewertung darstellt. Es ist sinnvoll, sich bereits im Praktikum Notizen zu machen, um die vielfältigen Momente des Schulalltags nicht zu vergessen. Liegen diese Notizen bereit, ist es recht einfach, einen Bericht zu verfassen, weil die Erinnerungen schnell wieder zurückkommen. Der Bericht sollte ca. 40 Seiten plus Anhang umfassen. Der Bericht soll in einer gewählten, fachlichen Schriftsprache verfasst sein, umgangssprachliche Wendungen sollten vermieden werden. Tabelle 11 enthält den Vorschlag für eine Gliederung.

Hinweis: Didaktische und methodische Überlegungen sollen im Entwurf getrennt dargestellt werden. Zwar ist in vielen Veröffentlichungen von *methodisch-didaktischen Kommentaren und Entscheidungen* die Rede, weil die Kategorien zusammenhängen, allerdings ist es für Anfänger*innen wichtig, die unterschiedlichen gedanklichen Zugriffe zu erkennen und zu differenzieren.

> - Die **Didaktik** *begründet*, weshalb ein Unterrichtsgegenstand mit dieser Lerngruppe sinnvoll und wichtig ist (Absichten, Intentionen, Ziele).
> - Die **Methodik** *wählt die Schritte aus*, die geeignet sind, um die Absichten zu erreichen, *und begründet sie.*

In Praktikumsberichten, in denen beide Kategorien undifferenziert zusammenfließen, ist meist eine Überbetonung der Methodik sichtbar und eine Vernachlässigung der Didaktik. Dieser Mangel an Bewusstsein für die Absichten und Schwerpunkte einer Unterrichtsstunde/-reihe zieht sich dann bis hinein in die Aufgabenstellungen und wirkt sich negativ aus. Sich klar zu werden, was eigentlich in der geplanten Stunde das Hauptanliegen sein soll, was im Vordergrund steht und was nicht, ohne alles vorzugeben und festzulegen (Didaktik), gehört zu den schwierigsten Aspekten von Unterrichtsplanung im Kunstunterricht überhaupt und bedarf einer gesteigerten Aufmerksamkeit.

> Literaturempfehlung: https://kunstlinks.de: Hier finden Sie die Richtlinien aller Bundesländer und diverse weitere Angebote, die als Referenz herangezogen werden können.

Tab. 11: Inhalt Praktikumsbericht

Inhalt	ca. Seiten	Erläuterungen
Inhaltsverzeichnis		
1 Anfangsüberlegungen – Erwartungen	1	
2 Rahmenbedingungen: Beschreibung der Schule, Beschreibung der relevanten Klassen (Lernvoraussetzungen)		Auf ca. einer Seite kann die Klasse beschrieben werden (Lernatmosphäre, besonderes Verhalten, Verhältnis Jungen/Mädchen, Besonderheiten). Im förderpädagogischen Bereich ist es sinnvoll, die einzelnen Schüler*innen zu beschreiben.
3 Beobachtungsschwerpunkt mit pädagogischer Konsequenz		Beobachtet werden kann alles, was den Schulalltag beeinflusst, von der Situation an den Schulbussen, Pausen oder auch Unterrichtsstile von Lehrer*innen, einzelne Schüler*innen, Klassendynamiken usw. Wichtig ist es auch, darüber nachzudenken, welche pädagogische Konsequenz eine Beobachtung hätte. Literatur: Grunder/Ruthmann/Scherer, 2007, S. 304ff.; ▶ Abb. 38
4 Eigene Unterrichtsversuche (tabellarisch) Verlaufsplan 1 Verlaufsplan 2 Verlaufsplan 3 Verlaufsplan 4	13	▶ Tab. 3 Alle tabellarischen Verlaufsdarstellungen beinhalten: bei Kunstpraxis eine eigene praktische Erprobung (Fotos) die Aufgabenstellung, siehe ▶ Kap. 8.2.3 ein Stundenziel (Ziel-Inhaltsverbindung), siehe ▶ Infobox 4 und ▶ Infobox 5 Phasenziele eine Reflexion mit Auswahl von Schüler*innenergebnissen (Fotos) alle erwähnten Arbeitsblätter und Abbildungen (Quellen)
5 Ausführlicher U-Entwurf (*ein Entwurf* von den tabellarischen Verläufen 1–4)	25	Siehe Erläuterungen zum ausführlichen Entwurf in diesem Kapitel
Sachanalyse (mit Literaturrecherche und eigener Erprobung, dokumentiert mit Fotos)		▶ Abb. 39; ▶ Abb. 40
Didaktische Analyse und Lernziele (mit kunstpäd. Fachliteratur, nicht nur Richtlinien)		
Methodische Überlegungen		Übung 26, ▶ Infobox 6
Verlaufsplan (tabellarisch)		▶ Tab. 3
Reflexion mit Fotos (Auswahl) von Schüler*innenarbeiten		

14 Einen Praktikumsbericht verfassen

Tab. 11: Inhalt Praktikumsbericht – Fortsetzung

Inhalt	ca. Seiten	Erläuterungen
6 Schlussreflexion zum Praktikum (soll Bezug zu 1) haben)	37	Sollte einen Bezug zu den Anfangserwartungen haben.

Anhang: Literatur, Fotos der Schüler*innenarbeiten, Arbeitsblätter, selbsterstellte U-Materialien, die schriftlichen Rückmeldungen aus dem U-Besuch, benutzte Bilder – bitte so beschriften, dass man es den U-Versuchen und Reflexionen zuordnen kann. Alle Arbeitsblätter, die erwähnt werden, müssen auch vorliegen. Der Anhang kommt zu dem Umfang von 40 Seiten hinzu.

Zum Beobachtungsschwerpunkt

Eine Praktikantin forderte eine sechste Klasse auf, einen Menschen so gut zu zeichnen, wie er oder sie es kann, und fügte sie dem Bericht bei (▶ Abb. 38). Diese Zusammenstellung gibt Anlass für viele pädagogische Fragestellungen:

Abb. 38: Auswahl von freien Menschzeichnungen einer 6. Klasse ohne Unterricht (siehe *Download*)

➢ Welche Differenzierungsstufen der Menschdarstellung gibt es in der Klasse (sortieren nach Ausdifferenzierung)?
➢ Welche Besonderheiten/Auffälligkeiten kann man feststellen?
➢ Welche kunstpädagogischen Ideen können sich an die Schüler*innenarbeiten anknüpfen lassen? *Form und Inhalt betrachten*

Im Bericht ist ein ausführlicher Unterrichtsentwurf vorgesehen, das hat den Grund, sich differenziert über die einzelnen Schritte und deren Interdependenzen in der Planung bewusst zu werden. Wie aus Tabelle 11 ersichtlich ist, besteht der Entwurf aus Sachanalyse, didaktischen Überlegungen mit Zielen, methodischen Überlegungen, tabellarischem Verlauf und einer Reflexion nach der Durchführung des Unterrichts.

Sachanalyse (▶ Kap. 7.2.5 und ▶ Kap. 7.3.2)

In der Sachanalyse wird der Unterrichtsgegenstand oder der Unterrichtsinhalt näher beschrieben und in seiner Struktur dargelegt, soweit das möglich und sinnvoll ist. Bei praktischen Anteilen ist es wesentlich, alles zunächst im Vorfeld selbst zu erproben, was man später mit den Schüler*innen umsetzen möchte. Hinzu kommen in der Regel kunsthistorische/kunstwissenschaftliche Recherchen, dies ist jedoch immer vom Einzelfall abhängig. Die Sachanalyse soll nicht zu ausufernd ausfallen (1–2 Seiten plus ggf. Fotos der eigenen Erprobung) und nur die Bereiche ausführen, die in der Stunde wirklich eine Bedeutung haben, dies wird wiederum im Zusammenwirken mit der Didaktik bestimmt. Bei förderpädagogischen Absichten werden die Förderbereiche (Förderziele) dargestellt, z. B. können das sein: Kooperationsfähigkeit, Empathie, Ausdauer, Motorische Fertigkeiten (z. B. beim Drucken) o. a. Hier gibt es eine Überschneidung mit der Didaktik, die nicht immer ganz trennscharf differenziert werden kann. Bei der Sachanalyse ist es notwendig, Fachliteratur hinzuzuziehen!

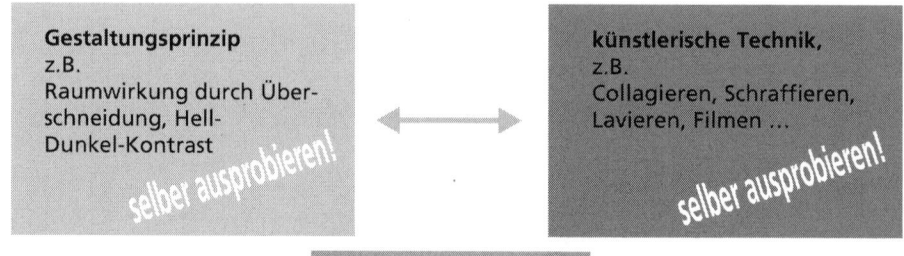

Abb. 39: Sachanalyse für die Kunstpraxis (siehe *Download*)

Didaktik mit Zielen – Übung 12, ▶ Infobox 4 und ▶ Infobox 5, ▶ Kap. 7.5.4: Induktives oder deduktives Denken

Wahrscheinlich ist das Schreiben der didaktischen Aspekte der schwierigste Teil eines schriftlich ausformulierten Entwurfs, weil es hier um die Bestimmung der Absichten des Unterrichts geht und deren Begründungen. Es geht darum, sich klarzumachen: Worum geht es mir eigentlich in dieser Stunde/Reihe? Wo liegen

14 Einen Praktikumsbericht verfassen

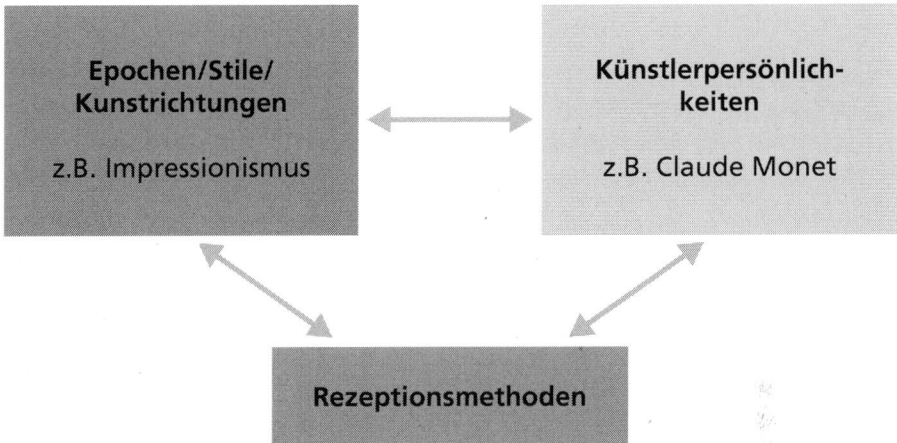

Abb. 40: Sachanalyse für die Kunsttheorie (siehe *Download*)

meine Schwerpunkte? Passen meine Vermittlungsabsichten in der Stunde zusammen oder widersprechen und hemmen sie sich gegenseitig? Muss ich vielleicht etwas herausnehmen und dafür andere Teile durch Übungen vertiefen, damit die Schüler*innen einen roten Faden verfolgen können und nicht von der einen Thematik in eine andere geworfen werden, ohne den Zusammenhang zu verstehen?

Die Absichten (Ziele) können sich ableiten von:

- den *Schüler*innen:* Interessen, Wünschen, Lebensweltbezug, beobachteten Förderbedarfen, Entwicklungspsychologie.
- den *Richtlinien:* Der Richtlinienbezug ist wichtig, kann jedoch nicht die einzige Referenz für didaktische Entscheidungen sein. Richtlinien sind immer auch Zeitdokumente und unterscheiden sich nach politischen Verhältnissen. Sie schwanken je nach Zeitgeist zwischen weit und eng gefassten Lernzielbeschreibungen und beides kann hilfreich sein. Es ist wichtig, kritisch mit Richtlinien umzugehen und auch solche anderer Bundesländer und Zeiten zu befragen, dies kann auch ein Seminarinhalt sein.
- der *Fachliteratur:* Fachzeitschriften, Fachbücher, Sammlungen von Techniken, Verfahren usw. Bei Schulbüchern sind die dazugehörenden *Lehrerbände* besonders hervorzuheben, denn in ihnen werden didaktische Begründungen für die einzelnen Vorhaben geliefert, die ausgesprochen hilfreich sind (siehe Beispiele in den folgenden Kästen). Weiter sollte zwischen relevanter Literatur aus der Fachdidaktik und populären Seiten unterschieden werden, die zumeist »Rezepte« für »Kreatives« anbieten, ohne eine echte Auseinandersetzung anzuregen.
- *eigenen Ideen:* Es ist wichtig, die eigenen Ideen, die bei Ausstellungsbesuchen, beim Lesen oder beim Unterwegs-Sein entstehen, ernstzunehmen und mit der

Fachliteratur und den Richtlinien zu verknüpfen. *Das selbständige Nachdenken über Unterrichtsideen ist das eigentliche Ziel der kunstpädagogischen Ausbildung.*
- *Lehrerbände* erläutern didaktisch und methodisch die Aufgabenstellungen des *Arbeitsbuches*, das gesondert erscheint und für die Hand der Schüler*innen bestimmt ist. Lehrerbände sind somit ein wertvolles Instrument, um eigene Reflexionen zu erweitern (z. B.: Peez, 2013).

Es folgt ein Beispiel für eine *didaktische Begründung* zum Thema »*Eine Performance vorführen*«:

> »**Eine Performance vorführen**
> **Didaktischer Sinn der Aufgabe**
>
> Mit der Aufgabe wird eine Transformation alltäglicher und altersspezifischer (auch kritischer) Themen in eine artifiziell performative Handlungsstruktur angeregt, um ein einprägsames bildhaftes Ereignis zur Darstellung zu bringen. Schüler können sich mit Hilfe körperlich-gestischer, raum- und aktionsbetonter Mittel als Person zur Darstellung bringen und Aufmerksamkeit verschaffen und damit zugleich ein Publikum sensibilisieren für das, was sie beschäftigt.
>
> Im performativen Handeln und im authentischen Sich-Zeigen wird den Jugendlichen die Möglichkeit gegeben, eigene Gefühle und Stimmungen wahrzunehmen und entsprechend auszudrücken, starre Verhaltensmuster zu überwinden, Flexibilität im Denken und Handeln zu entwickeln, Hemmungen abzubauen und ihr Körper- und Selbstwertgefühl damit zu stärken.
>
> Sowohl in der rezeptiven Auseinandersetzung mit künstlerischen Performances als auch im Entwickeln und Realisieren eigener Ideen erkennen die Schüler bildnerische Grundprinzipien des zwei- und dreidimensionalen Gestaltens wieder, lernen diese flexibel in die Dimension des Prozesses zu übertragen und lernen ergänzende ereignisspezifische Gestaltungsmittel kennen.
>
> Reflexionen über den erweiterten Bild- und Kunstbegriff tangieren die performative Arbeit im Kunstunterricht ebenso wie die gemeinsame Erarbeitung gültiger Beurteilungs- und Bewertungskriterien für diese künstlerische Sprache.
>
> Die Unterrichtseinheit vermittelt und fördert folgendes Wissen und Können:
>
> - Kenntnis grundlegender Gestaltungs- und Ausdrucksmöglichkeiten im performativen Bereich,
> - Wahrnehmungssensibilität für die feinen Differenzen und symbolischen Möglichkeiten körpersprachlicher Ausdrucksmittel,
> - Gestaltungsfähigkeit im körpersprachlichen Bereich und im Bereich von ausdruckshaften und symbolischen Ereignissen und Handlungen,
> - Fähigkeit und geeignete Einstellung zur Präsentation einer eigenen Performance.

Hinweise und Probleme

- Doppelstunden schaffen mehr Spielraum für Übungsprozesse
- Raumkapazitäten ausweiten auf Flure, Treppen, Hof, größere Räume
- Achtung: Störfaktor für laufenden Unterricht, Geräusche!
- Arbeit in Kleingruppen von Beginn an fördern
- Fundus an möglichst vielseitig einsetzbaren Materialien bereitstellen, sammeln lassen (z. B. Steine, Kiste mit Salz, großer Spiegel, Leiter, Äste, Stoffe, Folien, Bilderrahmen, Gläser, Besen, alte CDs, Stühle, Tische, Klebeband, Räder, Kugeln, Säcke, Wasser usw.)« (Sowa/Glas/Seydel/Uhlig, 2012, S. 78)

Ziel-Inhaltsverbindungen: Stundenziel und Phasenziele

In den didaktischen Überlegungen werden ebenfalls das Stundenziel (nur eins) sowie die Phasenziele notiert und begründet. Die Aufgabengestaltung kann ebenfalls bereits an dieser Stelle oder beim tabellarischen Verlauf notiert werden. Bei Zielen und Aufgabenstellung ist es wesentlich, eine bewusste Entscheidung für eine deduktive (geschlossene) der eine induktive (offenere) Struktur zu treffen und diese auch zu benennen. Die Ziele sollen so klar formuliert sein, dass die Leser*innen nur beim Lesen der Ziele verstehen, was der Inhalt und die Absicht der Stunde sind, das heißt, *zu allgemeine Formulierungen sind nicht sinnvoll*, Negativbeispiel: *Die Kreativität/Wahrnehmung/Gestaltungsfähigkeit der Schüler*innen soll gefördert werden. Die Schüler*innen sollen ihrer Kreativität freien Lauf lassen.* Die didaktischen Überlegungen kommen ohne das Hinzuziehen von Fachliteratur nicht aus.

Methodische Überlegungen, siehe Übung 26, ▶ Infobox 6

Hier wird dargestellt und begründet, wie die Schüler*innen in eine abwechslungsreiche Aktivierung geführt werden. Wesentlich ist die *Unterstützung der gestellten Aufgabe:* Welche Übungen, Zwischenphasen und Hilfen werden zur Verfügung gestellt, um in eine Vertiefung zu gelangen und Hürden zu überwinden?

> Das Hinzuziehen von Methodensammlungen in Buchform oder online ist hier wichtig, um die eigenen Ideen zu erweitern.

Es folgt ein Beispiel für die Darstellung von Übungen (Methodik) zur Performance *Gedeckter Tisch:*

»Gedeckter Tisch

Material: Ein großes weißes Tuch oder eine Platte o. ä., Sammlung von Gegenständen und Materialien aus Natur und Alltag.

> Spielregeln: Alle Teilnehmer*innen stehen um den ›Tisch‹ auf dem Boden. Es wird nicht gesprochen, nur gehandelt.
>
> 1. Runde: Ein Gegenstand eigener Wahl (es kann auch ein mitgebrachter sein) wird in Bezug zum ›Tisch‹ und zu den bereits liegenden Dingen bewusst platziert. Die Spieler agieren der Reihe nach. Wenn alle vorgesehenen Gegenstände platziert sind:
> 2. Runde: Die Situation der Gegenstände auf dem Tisch kann jederzeit und von jedem Teilnehmenden verändert werden (spontan, nicht der Reihe nach). Dabei darf immer nur eine Person jeweils eine Handlung (wie einen Zug auf einem Spielfeld) ausführen, z. B. etwas öffnen, verknoten, zusammenlegen, umtauschen, hin- und herrollen usw. Mit den Gegenständen entstehen Bilder, vergehen wieder, wandeln sich im Laufe des Spiels durch Handhabung, Veränderung von Beziehungen, räumlichen Anordnungen, Bedeutungszuweisungen. Die Gruppe einigt sich nonverbal über einen Endzustand des ›Tisches‹. Jeder beobachtet aktiv den fortlaufenden Prozess (s. [1, 2]).
> 3. Runde: Jeder Teilnehmende darf sich nun einen Gegenstand vom ›Tisch‹ nehmen, wobei zufällige oder bewusste Auswahl möglich ist. In der darauffolgenden Reflexionsrunde können Aspekte des Zeitempfindens, der Objekt und Handlungsbedeutungen thematisiert werden. Es folgt die Aufforderung, sich die Handlungen am ausgewählten Gegenstand in Erinnerung zu rufen und zu beschreiben. Die Art und Weise der Durchführung einer Handlung wird vergegenwärtigt und diskutiert.
>
> Im Anschluss an den ›Gedeckten Tisch‹ kann eine Übung zum »Experimentellen Handeln« mit den gleichen oder auch größeren Gegenständen angeregt werden (s. [3]).« (Sowa/Glas/Seydel/Uhlig, 2012, S. 79)

Tabellarische Darstellung, siehe ▶ Tab. 3, Übung 13

Die tabellarische Darstellung dient der Zusammenfassung aller Überlegungen und als Handreichung für eine Unterrichtshospitation/einen Unterrichtsbesuch. Hier sollen der Handlungsablauf, das Stundenziel, die Phasenziele und die Aufgabenstellung notiert werden, bei der Didaktik und Methodik kann alles ausführlicher begründet werden.

Reflexion des Unterrichts, nachdem er durchgeführt wurde (▶ Kap. 13.1.4)

Es ist sinnvoll, noch einmal auf die Planung und den tatsächlichen Verlauf des Unterrichts zurückzuschauen und zu reflektieren, was wie erwartet und geplant eingetreten ist und was aus welchen Gründen anders ablief. Diese Reflexion sollte in Verbindung mit einer Auswahl von Schüler*innenergebnissen stehen, um daran abzulesen, wie die Schüler*innen die Aufgabenstellungen und Übungen umgesetzt haben. Die Führungsfragen (▶ Kap. 13.1.4) bieten Anregungen zum Nachdenken.

Auch der *Didaktische Kreis* kann dafür herangezogen und Beobachtungen können stichwortartig dort eingetragen werden, um Zusammenhänge zu erkennen.

Zugabe und Schluss

Der Liedermacher *Hannes Wader*, 1942 geboren und aufgewachsen bei Bielefeld auf dem Land, erzählt in seiner Biografie (Wader, 2019) von seiner Kindheit, die in vieler Hinsicht von Mangel geprägt war. In dem Lied »Der Büffel« (S. 92, ebda) beschreibt er das Modellieren eines Büffels aus eigenem Antrieb, jenseits des Schulunterrichts. Das Lied macht etwas von der Bedeutung sichtbar, welche die Kunst und die Freude am Gestalten im Leben eines jungen Menschen haben kann. Man kann das Lied auch im Netz finden und anhören. Dabei können Sie es belassen und für sich darüber nachdenken.
Suchbegriffe/Internet: Hannes Wader, Der Büffel

Das Lied kann auch im Seminar thematisiert und im Zusammenhang verschiedener Schlüsselbegriffe diskutiert werden: Motivation, Gestaltungswille, Versagensangst, Erfolg, Anerkennung, Wertschätzung, Ich-Stärkung, Materialerfahrung, Technik und Anleitung, Realismus, Eskapismus, Symbolik – und vieles mehr.

Anhang

Zusatzmaterial zum Download

Die Zusatzmaterialien[7] können Sie unter folgendem Link herunterladen:

https://dl.kohlhammer.de/978-3-17-043618-3

---

7 Wichtiger urheberrechtlicher Hinweis: Alle zusätzlichen Materialien, die im Download-Bereich zur Verfügung gestellt werden, sind urheberrechtlich geschützt. Ihre Verwendung ist nur zum persönlichen und nichtgewerblichen Gebrauch erlaubt. Jede Verwendung außerhalb der engen Grenzen des Urheberrechts ist ohne Zustimmung des Verlags unzulässig und strafbar. Das gilt insbesondere für Vervielfältigungen, Übersetzungen, Mikroverfilmungen und für die Einspeicherung und Verarbeitung in elektronischen Systemen.

Literatur

Fachbeiträge

Adriani, G. (1996): Ausstellungskatalog zur Ausstellung RENOIR – GEMÄLDE 1860–1917, Kunsthalle Tübingen. Köln
Aissen-Crewett, M. (1987): Kunst und Therapie in Gruppen. Dortmund
Aissen-Crewett, M. (1992): Kunstunterricht in der Grundschule. Braunschweig
Bätschmann, O. (2001): Einführung in die kunstgeschichtliche Hermeneutik. Darmstadt
Baumeister, W. (1947): Das Unbekannte in der Kunst. Köln
Beißwanger, L. (2021): Performance on Display – Zur Geschichte lebendiger Kunst im Museum. München
Berger, J. (1999): Das Sichtbare und das Verborgene, 3. Auflage. Frankfurt/M.
Bering, K./Bering, C. (Hrsg.) (2011): Konzeptionen der Kunstdidaktik, Dokumente eines komplexen Gefüges. Oberhausen
Bering, K./Heimann, U./Littke, J./Niehoff, R./Rooch, A. (2004): Kunstdidaktik. Oberhausen
Berner, N. (Hrsg.) (2018): Kreativität im kunstpädagogischen Diskurs. München
Berner, N./Hess, M. (2016): Empirisch betrachtet: Gestaltungsaufgaben verständlich stellen, in: Beilage K+U, Heft 407/408, S. 7–8
Blohm, M./Brenne, A./Hörnak, S. (Hrsg.) (2018): Irgendwie anders. Inklusionsaspekte in den künstlerischen Fächern und der ästhetischen Bildung, 2. Auflage. Hannover
Böhmann, M./Schäfer Munro, R. (2008): Kursbuch Schulpraktikum. Weinheim
Brassat, W./Kohle, H. (Hrsg.) (2003): Methoden-Reader Kunstgeschichte, Texte zur Methodik und Geschichte der Kunstwissenschaft. Köln
Brenne, A. (2004): Ressource Kunst, Künstlerische Feldforschung in der Primarstufe. Münster
Brenne, A./Griebel, C./Urlaß, M. (Hrsg.) (2013): MitEinAnder: zur Praxis einer partizipatorischen Kunstpädagogik in der Grundschule. München
Breuer, F./Schreier, M. (2007): Zur Frage des Lehrens und Lernens von qualitativ-sozialwissenschaftlicher Forschungsmethodik, in: Forum Qualitative Sozialforschung/Forum: Qualitative Social Research, 8(1), Art. 30, http://nbn-resolving.de/urn:nbn:de:0114-fqs0701307, abgerufen am 21.2.2022
Bröcher, J. (1999): Kunsttherapie als Chance, Das Ästhetische in der Grund- und Sonderschuldidaktik bei auffälligem Verhalten. Heidelberg
Brög, H. u.a. (Hrsg.) (2006): Korallenstock – Kunsttherapie und Kunstpädagogik im Dialog. München
Buschkühle, C.-P. (2005): Zum künstlerischen Projekt, in: K+U 295, S. 4–9; Kopf: S. 10–13
Buschkühle, C.-P. (2007): Die Welt als Spiel Bd. I und II – Theorie und Praxis künstlerischer Bildung. Oberhausen
Buschkühle, C.-P. (2015): Bildet das Ästhetische? Überlegungen zu einer ästhetischen und künstlerischen Bildung, in: Pädagogische Rundschau, S. 467–486
Buschkühle, C.-P. (2017): Künstlerische Bildung. Theorie und Praxis einer künstlerischen Kunstpädagogik. Oberhausen
Busse, K.-P. (2002): Lernbox Kunst: das Methodenbuch. Seelze
Busse, K.-P. (2007): Kunstpädagogische Situationen kartieren, in: Kunstpädagogische Positionen 14. Hamburg
Busse, K.-P. (2010): Mapping – ein Bildungsprojekt, in: Impulse.Kunstdidaktik, 7, S. 3–16

Busse, K.-P. (2015): Kunst unterrichten. Die Vermittlung von Kunstgeschichte und künstlerischem Arbeiten. Dortmund
Cahn, I. (1998): Die Geburt des Mythos, Gauguin in Frankreich, in: Paul Gauguin, das verlorene Paradies, Ausstellungskatalog, Nationalgalerie Berlin. Köln
Criegern, A. von (1999): Konzepte künstlerischer Auseinandersetzung. Erprobt an einem Bild aus dem 17. Jahrhundert, in: K+U, Heft 233, S. 40–43
Criegern, A. von (2004): Dramaturgie eines Bildes. Staatsgalerie Stuttgart. Tübingen
Dinkelmann, K. (2008): Kreativitätsförderung im Kunstunterricht. München
Duncker, L. (2017): Schulkultur und ästhetische Bildung – zur Bedeutung künstlerischen Lernens in der Schule, in: Fritzsche, M./Schnurr, A. (Hrsg.): Fokussierte Komplexität – Ebenen von Kunst und Bildung. Oberhausen
Ehrhardt, A. (1932): Gestaltungslehre: Die Praxis eines zeitgemäßen Kunst- und Werkunterrichts. Weimar
Ernst, M. (1991) in: Peter Schamoni: Mein Vagabundieren – Meine Unruhe. Dokumentarfilm über Max Ernst, Minute 84
Franke, A. (2007): Aktuelle Konzeptionen der Ästhetischen Erziehung. Forum Erziehungswissenschaften 5. München
Gfüllner, J. (2015): Werkstück Gesundheit, angewandtes Gestalten im Jugendalter unter dem Gesichtspunkt der Salutogenese. München
Giffhorn, H. (1978): Kunst, Visuelle Kommunikation, Design. Unterricht für die Sekundarstufe 1, Teil III, Mode und Statussymbole. Stuttgart
Gilot, F./Lake, C. (1980): Leben mit Picasso. München
Gudjons, H. (2011): Frontalunterricht – neu entdeckt, Integration in offene Unterrichtsformen. Bad Heilbrunn
Hartlaub, G. F. (1922/1930): Der Genius im Kinde. Breslau
Haselbach, B. (1991): Tanz und Bildende Kunst – Modelle zur Ästhetischen Erziehung. Stuttgart
Heimann, P. (1976): Didaktik als Theorie und Lehre, in: Heimann, P. (Sammlung) Didaktik als Unterrichtswissenschaft/hrsg. u. eingeleitet von Kersten Reich u. Helga Thomas. Stuttgart
Heimann, P./Otto, G./Schulz, W. (1965): Unterricht, Analyse und Planung. Hannover
Hentig, H. von (1975): Das Leben mit der Aisthesis (1969), in: Otto, G. (Hrsg.): Texte. Braunschweig
Hentig, H. von (1998): Hohe Erwartungen an einen schwachen Begriff. München
Herzogenrath, W. (Hrsg.) (1988): bauhaus utopien. Arbeiten auf Papier. Stuttgart
Hess, H. (1959): Lyonel Feininger. Stuttgart
Holländer, F./Wiedemeyer, N. (2022): original bauhaus, übungsbuch, bauhaus-archiv. München
Itten, J. (1997): Gestaltungs- und Formenlehre: mein Vorkurs am Bauhaus und später. Nachdruck. Ravensburg
Jank, W./Meyer, H. (1994): Didaktische Modelle, 3. Auflage. Frankfurt/M.
Janssen, H. (1977): Die Kopie. Hamburg
Jenny, P. (1996): Bildrezepte. Zürich/Stuttgart
Kaiser, M./Brenne, A. (2021): Kunstunterrichtliches Lernen im Spannungsfeld von Kind und Kunst – Zur inklusiven Bildung und kunstunterrichtlichem Lernen in der Grundschule, Zeitschrift für Grundschulforschung – ZfG https://doi.org/10.1007/s42278-020-00095-3
Kathke, P. (2019): Sinn und Eigensinn des Materials, Projekte, Impulse, Aktionen. Weimar
Kirchner, C. (2007): Kunstunterricht in der Grundschule. Berlin
Kirchner, C. (2008): Kinder und Kunst – Was Erwachsene wissen sollten. Seelze
Kirchner, C. (2009): Kunstpädagogik für die Grundschule. Bad Heilbrunn
Kirchner, C./Kirschenmann, J. (2015): Kunst unterrichten: Didaktische Grundlagen und schülerorientierte Vermittlung. Seelze
Kirchner, C./Peez, G. (2009): Kreativität in der Grundschule erfolgreich fördern. Braunschweig
Kirschenmann, J./Schulz, F. (2006): Bilder erleben und verstehen, Einführung in die Kunstrezeption. Leipzig
Kirschenmann, J./Schulz, F. (Hrsg.) (2021): Kunst Geschichte Unterricht. Buchreihe, 8 Bände. München

Klant, M./Walch, J. (1996): Praxis Kunst: Zufallsverfahren. Hannover
Klee, P. (1968): Pädagogisches Skizzenbuch. Neue Bauhausbücher, herausgegeben von H. M. Wingler, Erstauflage 1925. Mainz
Klieber, U. (2007): Wege zum Bild: Ein Lehrkonzept für künstlerisches Gestalten. Leipzig
Klieber, U. (2012): Die Linie: Beispiele aus der künstlerischen Lehre. Leipzig
Klieber, U. (2014): Plastische Übungen in der künstlerischen Lehre. Leipzig
Klippert, H. (2006): Methodentraining. Weinheim, Basel
Klippert, H./Müller, F. (2004): Methodenlernen in der Grundschule. Weinheim, Basel
Köhler, K. (2015): Unterricht kompetenzorientiert nachbesprechen: Lehrproben, Unterrichtsbesuche, kollegiale Hospitationen. Weinheim
Kolb, G. (1926/27): Bildhaftes Gestalten als Aufgabe der Volkserziehung (Band 1+2), Stuttgart
Krautz, J. (2020): Kunstpädagogik. Eine systematische Einführung. Paderborn
Krempien, C./Thiesen, P. (Hrsg.) (2004): 50 Bildnerische Techniken. Weinheim, Basel
Dickhoff, D. (Hrsg.) (1994): Per Kirkeby im Gespräch mit Siegfried Gohr, Kunst heute, Nr. 13. Köln
Raap, J. (2017): Ressource Kreativität, Freunde treffen sich – revisited. Kunstforum, Bd. 250, S. 282–283
Kunsthalle Emden (1997): ein fach kunst, Tanz in der Moderne. Von Matisse bis Schlemmer. Emden
Lange, M.-L. (2002): Grenzüberschreitungen, Wege zur Performance. Königstein/Taunus
Legler, W. (2011): Einführung in die Geschichte des Zeichen- und Kunstunterrichts von der Renaissance bis zum Ende des 20. Jahrhunderts. Oberhausen
Legler, W. (2017): Gunter Otto – Begründung und Ende einer Kunstdidaktik, in: Kirschenmann, J./Seydel, F. (Hrsg.), Gunter Otto, was war, was bleibt?. München, S. 15–37
Loffredo, A.-M. (Hrsg.) (2016): Kunstunterricht und Inklusion. Oberhausen
Lucassen, W. (2011): Das Atelier, Kunst im öffentlichen Raum, Malerei, Installation, Objekte (https://www.winfriedlucassen.de/_files/ugd/8059b6_b7279cfe45d44e5bb880629acf03e391.pdf)
Manet (1984): Ausstellungskatalog. Paris, New York, Berlin
Mann, C./Schröter, E./Wangerin, W. (1995): Selbsterfahrung durch Kunst, Methodik für die kreative Gruppenarbeit mit Literatur, Malerei und Musik. Weinheim
Meissner, G. (1993): Franz Marc – Selbstzeugnisse zur Kunst, in: Franz, E. (Hrsg.): Franz Marc, Kräfte der Natur, Werke 1914–1915. Ostfildern, S. 263–271
Meyer, H. (1985): Leitfaden zur Unterrichtsvorbereitung, 7. Auflage, Frankfurt/M.
Mezenthin, R. (1983/1988): Bewegung und Spiel – Schöpferisch spielen und bewegen. Zürich, Wiesbaden
Miller, R. (1986/99): Lehrer lernen, diverse Auflagen. Weinheim, Basel
Möller, H. R. (1970): Gegen den Kunstunterricht. Versuche zur Neuorientierung. Ravensburg
Mutzeck, W. (2008a): Kooperative Beratung, Grundlagen, Methoden, Training, Effektivität, 6. Auflage. Weinheim, Basel
Mutzeck, W. (2008b): Methodenbuch, Kooperative Beratung, Weinheim, Basel
Nille, C. (2021): Auf dem Weg zu einer Erforschung der Praxis der Bilderschließung im schulischen Kunstunterricht. Eine Skizze anhand ausgewählter Beispiele. kubi-online: Wissenstransfer für Kulturelle Bildung https://www.kubi-online.de/index.php/artikel/dem-weg-einer-erforschung-praxis-bilderschliessung-schulischen-kunstunterricht-skizze
Ott, R. (Hrsg.) (1949): Urbild der Seele. Bergen (Oberbayern)
Otto, G. (1969): Kunst als Prozess im Unterricht (erweiterte Auflage). Braunschweig
Otto, G. (1974): Didaktik der Ästhetischen Erziehung. Braunschweig
Otto, G. (1995): Theorie für pädagogische Praxis, Antwort auf Gert Selle, in: K+U, Heft 193, S. 16–19
Otto, G. (1996): Warum über Unterrichtsmethoden nachdenken?, in: K+U, Heft 200, S. 16–18
Otto, G./Otto, M. (1987): Auslegen. Ästhetische Erziehung als Praxis des Auslegens in Bildern und des Auslegens von Bildern, Teil 1 und 2. Seelze
Partsch, S. (2002): Kunst-Epochen 20. Jahrhundert I. Stuttgart
Peez, G. (2003): Ästhetische Erfahrung – Strukturelemente und Forschungsaufgaben im erwachsenenpädagogischen Kontext, in: Nittel, D./Seitter, W. (Hrsg.): Die Bildung des Er-

wachsenen. Erziehungs- und sozialwissenschaftliche Zugänge, Festschrift für Jochen Kade. Bielefeld, S. 249–260
Peez, G. (2009): Beurteilen und Bewerten im Kunstunterricht: Modelle und Unterrichtsbeispiele zur Leistungsmessung und Selbstbewertung, 2. Auflage. Seelze
Peez, G. (Hrsg.) (2012): Werkstatt Kunst, Band 1 Lehrermaterialien. Braunschweig
Penzel, J. (Hrsg.) (2017): Hands on: Kunstgeschichte: Methodik und Unterrichtsbeispiele der gestaltungspraktischen Kunstrezeption. München
Peters, M. (2005): Performative Handlungen und biografische Spuren in Kunst und Pädagogik, in: Reihe Kunstpädagogische Positionen 11. Hamburg (https://d-nb.info/978108841/34)
Pfeffer, I./Hollein, M./Hendricks, J. (2014): Yoko Ono: Half-A-Wind Show. Eine Retrospektive (Ausstellungskatalog). München
Pfennig, R. (1974): Gegenwart der bildenden Kunst – Erziehung zum bildnerischen Denken, 5. Auflage. Oldenburg
Piaget/Inhelder (1972): Die Psychologie des Kindes, darin: Kapitel 3: Die semiotische oder symbolische Funktion. Olten, Freiburg im Breisgau
Regel, G. (1996): Vom frühen Bauhaus zu Beuys. Zur Bedeutung und fraglichen Aktualität von bildnerischen Grundlehren, in: Schulz, F. (Hrsg.): Perspektiven der künstlerisch-ästhetischen Erziehung. Seelze, S. 26–38
Regel, G./Schulz, F./Kirschenmann, J. (1994): Moderne Kunst. Zugänge zu ihrem Verständnis (für den Kunstunterricht ab Klasse 11). Stuttgart
Reiter, O. M.: (2007) Experimentieren, Ästhetisches Verhalten von Grundschulkindern. München
Richter, H.-G. (1981): Geschichte der Kunstdidaktik. Düsseldorf
Richter, H.-G. (1984): Pädagogische Kunsttherapie. Düsseldorf
Richter, H.-G. (1987): Die Kinderzeichnung. Entwicklung, Interpretation, Ästhetik. Düsseldorf
Richter, H.-G. (2003): Eine Geschichte der ästhetischen Erziehung. Niebüll
Richter, H.-G. (1976): Lehrziele in der ästhetischen Erziehung. Düsseldorf
Richter, H.-G. (Hrsg.) (1977): Therapeutischer Kunstunterricht. Düsseldorf
Richter, H.-G./Waßermé, G. (Hrsg.) (1981): Kunst als Lernhilfe. Frankfurt/M.
Richter-Reichenbach, K.-S. (2007): Kunsttherapie, Bd. 1 und 2. Münster
Richter-Reichenbach, K.-S. (2011): Identität und ästhetisches Handeln. Münster
Röhrs, H. (1998): Die Reformpädagogik. Ursprung und Verlauf unter internationalem Aspekt, 5. Auflage. Weinheim
Röttger, E. (1963): Das Spiel mit den Bildelementen: Punkt und Linie, Die Fläche, Die Farbe. Ravensburg
Sautermeister, W. (2013): Das Betreten des Bildes, in: Brenne, A./Griebel, C./Urlaß, M. (Hrsg.): Wolfgang Sautermeister: MitEinAnder: zur Praxis einer partizipatorischen Kunstpädagogik in der Grundschule. München, S. 83–86
Schamoni, P. (1991): Max Ernst – Mein Vagabundieren, meine Unruhe. Dokumentarfilm über Max Ernst
Schäfer, L. (2006): Der Zirkel des Schaffens, Neue Deutungen von Kreativität und ihre Relevanz für den Kunstunterricht. Oberhausen
Schiller, F. (2000): Über die ästhetische Erziehung des Menschen. Stuttgart
Schirmer, A.-M./Werner, K. (2017): Rotierende Kalenderblätter, in: K+U 411/412, S. 37 ff.
Schmoll, J. A., gen. Eisenwerth (1975) Stilpluralismus statt Einheitszwang. Zur Kritik der Stilepochen-Geschichte (1961), in: Heinrich Lützeler (1975), Kunsterfahrung und Kunstwissenschaft, Band 1. Freiburg/München, S. 624–638
Schnurr, A. (2021): Die bildende Seite der Ambiguität. Zum ästhetischen und demokratischen Bildungspotenzialmehrdeutiger Kunsterfahrung, in: Schnurr, A./Dengel, S./Hagenberg, J./Kelch, L. (Hrsg.), Mehrdeutigkeit gestalten. Ambiguität und die Bildung demokratischer Haltungen in Kunst und Pädagogik. Bielefeld, S. 27–54
Schoppe, A. (2019): Schritt für Schritt zu gutem Kunstunterricht, Praxisbuch für Studium, Referendariat und Berufseinstieg. Seelze
Schuster, M. (1994): Kinderzeichnungen, wie sie entstehen, was sie bedeuten. Wiesbaden
Schuster, M. (2003): Kunsttherapie: Die heilende Kraft des Gestaltens, 5. Auflage. Köln
Schwerdtfeger, K. (1965): Bildenden Kunst und Schule, 6. Auflage. Hannover

Seidel, C. (2007): Leitlinien zur Interpretation der Kinderzeichnung – praxisbezogene Anwendung in Diagnostik, Beratung und Therapie. Lienz i. Osst.
Seitz, R. (1998): Phantasie & Kreativität. Ein Spiel,– Nachdenk- und Anregungsbuch. München
Selle, G. (1988): Gebrauch der Sinne. Reinbeck bei Hamburg
Selle, G. (1992): Das ästhetische Projekt: Plädoyer für eine kunstnahe Praxis in Weiterbildung und Schule. Unna
Selle, G. (1995): Kunstpädagogik jenseits ästhetischer Rationalität?, in: K+U, Heft 192, S. 16–21
Seumel, I. (2015): Performative Kreativität. Anregen – Fördern – Bewerten. München
Seydel, F. (2005): Biografische Entwürfe, Ästhetische Verfahren in der Lehrer/innenbildung. Köln
Seydel, F.: Biografieren, in: K+U (2004), Heft 280, 281
Sievert, A. (2000): Kinderarbeiten bewerten – ja aber mit Sinn, in: Die Grundschulzeitschrift, Heft 135, S. 60–61
Sievert-Staudte, A. (1999): Kind und Kunst. Die Kinderzeichung und die Kunst im 20. Jahrhundert, in: Kirschenmann, J./Spickernagel, E./Steinmüller, G. (Hrsg.): Ikonologie und Didaktik. Begegnungen zwischen Kunstwissenschaft und Kunstpädagogik. Weimar, S. 251–268
Skladny, H. (2009): Ästhetische Bildung und Erziehung in der Schule – Eine ideengeschichtliche Untersuchung von Pestalozzi bis zur Kunsterziehungsbewegung. München
Sowa, H. (Hrsg.) (2012): Kunstpädagogische Theorie, Praxis und Forschung im Bereich einbildender Wahrnehmung und Darstellung (Band I). Oberhausen
Sowa, H. (Hrsg.) (2014): Bildung der Imagination 2. Bildlichkeit und Vorstellungsbildung in Lernprozessen (Band II). Oberhausen
Sowa, H./Glas, A./Seydel, F./Uhlig, B. (Hrsg.) (2008: KUNST Arbeitsbuch Band 1 – Lehrerband. Stuttgart, Leipzig
Sowa, H./Glas, A./Seydel, F./Uhlig, B. (Hrsg.) (2009): KUNST Arbeitsbuch Band 3. Stuttgart, Leipzig
Sowa, H./Glas, A./Seydel, F./Uhlig, B. (Hrsg.) (2012): KUNST Arbeitsbuch Band 2 – Lehrerband. Stuttgart, Leipzig
Spampinato, F. (2021) Art Record Covers, 40. Auflage. Köln
Staudte, A. (Hrsg.) (1993): Ästhetisches Lernen auf neuen Wegen. Weinheim, Basel
Stephenson, G. (2004): Kunst als Religion. Europäische Malerei um 1800 und 1900. Würzburg
Theunissen, G. (2006): Kreativität von Menschen mit geistigen und mehrfachen Behinderungen. Grundlagen, ästhetische Praxis, Theaterarbeit, Kunst- und Musiktherapie. Bad Heilbrunn
Tragatschnig, U. (1998): Konzeptuelle Kunst, Interpretationsparadigmen. Berlin
Uhlig, B. (2005): Kunstrezeption in der Grundschule. München
Uhlig, B. (2007): Kunstrezeption. in: Kirchner, C. (Hrsg.): Kunstunterricht in der Grundschule, Berlin, S. 132–140
Ungerer, T. (1983): Slow Agony. Zürich
Urlaß, M. (2007): Pendeln und Bündeln. Potenziale künstlerischer Bildung in der Grundschule, in: Buschkühle, C.-P./Kettel, J./Urlaß, M. (Hrsg.): horizonte. Internationale Kunstpädagogik. Beiträge zum Int. InSEA Kongress – insea Germany. Oberhausen, S. 335–350
Urlaß, M. (2013): Mitdenken, Teilhaberschaft und Eigenes, in: Brenne, A./Griebel, C./Urlaß, M. (Hrsg.): MitEinAnder: zur Praxis einer partizipatorischen Kunstpädagogik in der Grundschule. München, S. 25–35.
Wader, H. (2019): Trotz alledem – Mein Leben, München
Wahl, D. (2006/2013): Lernumgebungen erfolgreich gestalten. Bad Heilbrunn
Wahl, D. (2011): Ungelöstes Rätsel. https://www.prof-diethelm-wahl.de/raetsel.php, abgerufen: 26.3.2022
Werner, K. (2012): Aus dem Stegreif – Spielszenen als visueller Fundus, in: K+U Heft 366/367, S. 22–31
Wichelhaus, B. (1995): Kompensatorischer Kunstunterricht, in: K+U Nr. 192, S. 35–39
Wichelhaus, B. (2004): Sonderpädagogische Aspekte der Kunstpädagogik – Normalisierung, Integration und Differenz, in: Kunstpädagogische Positionen 4. Hamburg (https://hup.sub.uni-hamburg.de/oa-pub/catalog/download/211/ebook/1214?inline=1)

Wick, R. K. (1994): Bauhaus Pädagogik, 4. Auflage. Köln
Wick, R. K. (2000): Bauhaus, Kunstschule der Moderne. Ostfildern-Ruit
Wick, R. K. (2003): Hans Friedrich Geist und die Kunst des Kindes. Bauhaus – Drittes Reich – Nachkriegszeit. Kontext. Schriftenreihe für Kunst, Kunsterziehung und Kulturpädagogik, Band 5. Wuppertal
Wick, R. K. (2009): Bauhaus. Kunst und Pädagogik. Oberhausen
Wirth, I. (Hrsg.) (2009): KUNST... Methodik, Handbuch für die Sek. I und II., Berlin
Zahner, N. T. (2006): Die neuen Regeln der Kunst, Andy Warhol und der Umbau des Kunstbetriebs im 20. Jahrhundert. Frankfurt/M.
Zeitschrift bauhaus (1928), Heft 2/3

Kunst + Unterricht

Heft 190, 1995: Vormachen–Nachmachen
Heft 191, 1995: Thema KOMPENSATION
Heft 207, 1996: Raum und Klang
Heft 217, 1997: Design
Heft 219/220, 1998: Sprache des Materials
Heft 222, 1998: Marcel Duchamp
Heft 234, 1999: Historische Kunst
Heft 235, 1999: Mode
Heft 253, 2001: Assoziative Methoden der Kunstrezeption
Heft 260, 2002: Werkstatt
Heft 261, 2002: Kreative Methoden
Heft 270, 2003: Das Bekannte im Unbekannten
Heft 276/277, 2003: Filmen
Heft 278, 2003: Fantasiereisen
Heft 287, 2004: Beurteilen und Bewerten
Heft 288, 2004: Kunstrezeption mit Kindern
Heft 292, 2005: Paper Art
Heft 293, 2005: Architektur
Heft 298, 2005: Kunst und Mode
Heft 299, 2006: Erfinden
Heft 314/315, 2007: Im öffentlichen Raum
Heft 321/322, 2008: Theater
Heft 323/324, 2008: Ins Museum
Heft 342, 2010: Materialproduktion
Heft 351, 2011: Urban Art Kinder- und Jugendzeichnung
Heft 352/353, 2011: Wohnen: Raum erfassen/Raum gestalten
Heft 357/358, 2011: Schmuck
Heft 359/360, 2012: Paper Dress
Heft 374/375, 2013: Design denken–Machen–Lernen
Heft 384/385, 2014: Architektur – vom Modell zur Realität
Heft 387/388, 2014: Kulturelles Erbe
Heft 389/390, 2015: Szenische Räume
Heft 395/396, 2015: Literatur und Bild
Heft 411/412, 2017: Abstrahieren
Heft 413/414, 2017: Gegenwartkunst vermitteln
Heft 445/446, 2020: Legenden
Heft 447/448, 2020: Warum ins Museum?
K+U Sonderheft 246, 2000
Heft 307/308, 2007: SONDERBEILAGE »Fördern« (u. a. zum dialogischen bildnerischen Arbeiten und Diagnostik mit Kinderzeichnung)

Internetquellen

http://methodenpool.uni-koeln.de/

https://www.kubi-online.de/index.php/artikel/dem-weg-einer-erforschung-praxis-bilderschliessung-schulischen-kunstunterricht-skizze

https://www.winfriedlucassen.de/_files/ugd/8059b6_b7279cfe45d44e5bb880629acf03e391.pdf abgerufen am 16.6.2023

https://www.bildungsserver.de/

https://www.kunstlinks.de/

Meilensteine (SWR 1) – Alben die Geschichte machten, The Beatles: »Revolver«, Entstehung und Wirkung eines besonderen Albums, 17.2.2020 veröffentlicht, Minute 10:50 bis 15:30, von Werner Köhler, Frank König, Katharina Heinius, https://www.swr.de/swr1/rp/meilensteine/swr1-meilensteine-the-beatles-revolver-100.html

https://improwiki.com/de/wikis

Klee, P. (1925): Pädagogisches Skizzenbuch, S. 11. https://de.m.wikipedia.org/wiki/Datei:Paul_Klee_P%C3%A4dagogisches_Skizzenbuch,_Seite_11.jpg, **abgerufen am 13.2. 2023**

https://www.zeitraumexit.de/